河出文庫

弾左衛門と車善七

江戸のエタ頭と非人頭

塩見鮮一郎

河出書房新社

まえがき

弾左衛門や車善七らは、戦後民主主義が喧伝された時期にライトがあてられてもよかった。それが、かえりみられなかったのは、当時の唯物史観を柱とする学者の知識が借り物だったからだ。というか、かれら自身が日本の農村をつぶさに見てなかったし、まして本村《ほんむら》からすこし離れた悪地に、たたずまいがすこしちがう家が数軒かたまっているのに気がつかなかった。古文書に書かれている「穢多」とか「非人」は知っていても、目にしている光景については考えなかった。維新後も最深部に押しこめられたかれらが見えなかったのは、知識人の知見のかたよりによる。

日本史の基幹部を貫いて存在したかれらは、歴代のどの政権よりも長く生きのびた。政権は栄枯盛衰、律令から貴族の世に藤原氏に平家、鎌倉源氏、室町足利、江戸徳川と変転きわまりないが、いちばん貧しく、なんの生産手段もなく、ただ早く死ぬことをだれからも望まれている者が、時代の底に生きてきた。
かれらに照明をあて、その存在の意義を問うことは、時代そのものを問うことにもなるが、大学の研究室は硬直していて、卒論に吉原を取りあげることすら躊躇した。ましていて、病死した遊女の死体をムシロにくるんで不浄門から運び出すときにしか郭内に入れなかった「非人」の研究などは論外だった。

いつから貧者はいたのか。わかるはずがないが、考えないで歴史を書くのは怠惰だろう。ただ貧者貧民という言葉にしても古くないし、社会的弱者とか浮浪者とか放浪者、ホームレスとか路上生活者などと呼ぶのは近年のことだ。そういうなかで、「こじき」という命名は、ずばぬけて古く、いつの時代でも通用した。聖徳太子も法隆寺ちかくの片岡山という丘を散歩していて「こじき」に出会い、着ていたものをあたえた。大伴家持はこじきの歌を万葉集に収録したが、そこには、被圧迫者の視点で書かれた文芸史上初めての作品がある。人間に殺される弱者の鹿から見た光景である。貴族の歌にそのようなものが生まれるはずはなく、この歌の作者は「こじき」なのだ。わたしは感動して、『差別の日本史』の巻頭の随筆に記した。

しかし、また「こじき」もそんなに古くない。「乞食」という字を当てるのがいちばん妥当なら、仏教が伝わってきてからということになる。聖徳太子が片岡山の貧者に衣《ころも》をあたえる行為には、お布施《ふせ》に通じるものがある。仏法僧を社会の中心に置こうとした聖者の行為として、宣伝するにふさわしいエピソードだが、仏法伝来以前にも生活体から疎外された貧者はいた。縄文時代は列島の人口もすくなく、血縁者があつまって竪穴住居でくらし、緊密な関係を維持して災害や飢餓や病魔に耐えた。そのちいさな共同体からなにかの理由で追放された者は、どこへ行けばいいのか。腹をすかせた熊や狼や猪《いのしし》がうごめく森で休めというのか。果実をむしって食べたところで、そう長くは生きられない。

弥生時代になれば、水稲《すいとう》の普及によって生産力は桁《けた》はずれに上昇した。物々交換の市《いち》が形成され、壺や、木工の用具、刀や鋤《すき》を作る鍛冶師《かじし》などがあつまり、やがて「町」になる。

土地も持たず、手に技術のない貧民は、歌ったり躍《おど》ったりするしかない。踊りの才も持ちあわせていない者は、憐《あわれ》を乞《こ》い、食べ物をせびった。のちの仏教の教えは、かれらが頭を下げるしかなかった行為に、その所作が僧の托鉢《たくはつ》の行為につながると教えた。

生産に余剰がうまれ、市が形成されて、貧民が誕生した。

エタ身分については本文にゆずるが、代表の弾左衛門の系列は、「隠蔽された武士集団」の一味と言っていい。その前史は、馬牛に関するプロの集団だと思うが、かれらを組織することを考えたのは平清盛で、弾左衛門に「こじき」一般を管理させた。

その利発な発想は敵方頼朝に受けつがれ、鎌倉極楽寺門前に土地をあたえた。このシステムは頼朝を尊崇する家康へと伝わる。弾左衛門を一門の棟梁と定め、無税の土地と屋敷をあたえた。こじきを公式に「非人」と呼び、八百八町に小屋を分散させ、町内の保安と清掃の役を課した。それは同時に、貧民救済の制度になった。

塩見鮮一郎

二〇二三年春

＊本文庫は、『弾左衛門とその時代』（河出文庫、二〇〇八年一月刊）、『江戸の非人頭　車善七』（同、同年三月刊）を、それぞれ前半（第Ⅰ部　弾左衛門）、後半（第Ⅱ部　車善七）とし、合本にしたものです。

（編集部）

弾左衛門と車善七

◉

目次

第三章 弾直樹の生涯（小伝） 72

第三章 車善七vs.弾左衛門 297

弾左衛門と車善七

江戸のエタ頭と非人頭

第Ⅰ部

弾左衛門

弾左衛門の墓。台東区今戸の浄土真宗「本龍寺」にある。正面に、矢野氏墓と刻む。「丸に笹竜胆紋」とその替え紋「竜胆車」が彫られている。

第一章
はじめに　弾左衛門《だんざえもん》とはなにか

1

職名であるとともに人名でもある「弾左衛門」について、簡潔に語るのが、本部の目的になる。

それにしても、明治維新で廃された「弾左衛門」という制度とその人について語ることが、今日において、どれほどの意味を持ち、なにをわたしたちに教えてくれるのだろうか。明治維新からやがて百四十年になろうとし、最後の「弾左衛門」であった弾直樹《だんなおき》が死んで百年をすぎている。今日の日本の社会が――いや先進資本主義国のそれぞれの社会が、いまなおその内部にきびしい差別意識を残しているにしても、日本近世における身分差別の制度が、なにほどのメッセージをわたしたちに送ってくれるのだろうか。

この問いも本部の隠されたテーマになるだろう。

2

明治維新後、東京と名を変えた「帝都」に、おびただしい数の「浮浪者」が出現した。ロンドンやパリを模《も》して、昼はウォール街、夜はイルミネーションの輝くシャンゼリゼにしようとしていた新政府の指導者は、帝都のあちらこちらにいつのまにかできたスラム街におどろく。シルクハットをかぶり燕尾服《えんびふく》を着て、手にはステッキかこうもり傘を持った人たちが散歩するはずの街路に、ぼろぼろの小袖《こそで》に縄切れの帯《おび》をしめた人がたむろした。

これらの者は、いったいどこからきたのか。旧幕府のころはどうしていたのか。生まれてまもない近代ジャーナリズムもこの問題に目をむけざるをえなくなる。江戸時代の瓦版《かわらばん》に記された非人の紙くず拾いの記事が、あらたな意味を持ってきた。その頭《かしら》にいた車善七《くるまぜんしち》とはなに者でどのような制度であったのか。ひとたびそのように関心がうごきだすと、車善七を支配していた弾左衛門とは、いったいなにであったのか、という問いになる。

《関東での穢多《えた》無慮《むりよ》一万戸。これを総轄《そうかつ》したるものを弾左衛門といふ。弾左衛門は関東穢多の中央政府とも主権者ともいふべきものにて、今《いま》当時の実際に就《つい》て聞く所一《ところひとつ》として奇警《きけい》ならざるはなし。試《ためし》にそが生活の有様《ありさま》を問へば云《いわ》く、少くとも百万石以上の一諸侯《いちしよこう》に比すべしと。そが貨殖《かしよく》の有様を問へば云《いわ》く、殆《ほと》んど東洋の「ロスチャイルド」とも謂《い》ふべき財産ありしと》（『江戸の下層社会』明石書店）

明治二十五年（一八九二年）の「朝野新聞《ちようやしんぶん》」の記者がやっと探りあてた報告である。今日の目から見れば、すこしオーバーな表現だが、この新聞に載《の》った「穢多の一大族《いちだいぞく》制《せい》」「非人の族制」「囚獄《しゆうごく》の部」「乞丐《こじき》の群《むれ》」「非人の群」「仁太夫《にたゆう》の企業」というシリーズこそ、近代による前近代の最初の発見ということになる。

すでに指摘したように、この発見にはゆがみがつきまとう。明治のジャーナリストにとっては、天皇を頭《あたま》にいだく近代こそが「夜明け」なのであり、江戸は徳川を頭におく暗愚な「封建社会」なのだ。だから、発見された「穢多」も「非人」も「乞胸《ごうむね》」も、色眼鏡を通して描きだされることになる。江戸八百八町の周辺に、奇っ怪にして怪異な集団があった。

わたしたちもこれから、その奇っ怪にして怪異な集団のうちに入って行くのだが、もしわたしたちが近代を批判する視点を有していれば、それらは奇っ怪でも怪異でもなくなる。冷静に眺めれば、江戸の非人集団が資本主義下のスラム住民へと、断絶しながらも継続しているのがわかる。非人とスラム住民のちがいについてあれこれ思考するのは、江戸という近世都市と、東京という近代都市を、その内包するシステムで比較検討するということである。まさに奇っ怪にして怪異な集団を語ることが歴史の重要なファクターになってくる。明治のメディアはこれを取りあげてみせたが、今日《こんにち》のメディアはマスという意識に自縄自縛されて、問題にできない。タブーとして勝手に封印し、差別の維持にちからを貸している。

そのなかにあって歴史の語り部《べ》は、山の民、川の民、海の民、放浪芸人などにかなりのスペースをさくようになったが、わたしの希望は、その傾向がもっと進み、たとえば弾左衛門がその支配者の武士にかぎりなく似てきたように、支配者に突き刺さる被差別民と、その賤民をかかえこむよりほか「まつりごと」をしえなかった天皇、寺社、武士階級の姿をはっきりとさせることにある。

3

この本であつかう「弾左衛門」は、家康が正式に江戸へ入城した天正十八年（一五九〇年）に、大手門のさきに住んでいた矢野弾左衛門についてである。「弾左衛門」というのは職掌《しょくしょう》をあらわす名称で、武家身分の最下層にされていたが、ケガレ意識がつよまった時代に武士階級から切り離され、「賤民」の地位に置かれた。そのように考えれば、あちこちの城下に「弾左衛門」がいてもおかしくないので、そのうちのひとり、江戸にいた矢野氏が、家康によって「弾左衛門」に採用された。

弾直樹（13代浅草弾左衛門）。文政６年（1823）生～明治22年（1889）７月９日没。法名・心樹院釈深楽居士、行年67歳。この肖像は明治４年（1871年）３月に撮影された写真で、故郷の住吉村に保管されていた。弾直樹49歳のときである。

もっとも由緒がある「弾左衛門」は、鎌倉極楽寺に住んだ由井弾左衛門である。由比ケ浜を職場にしたので、この名がついたが、頼朝のころに摂津の火打村《ひうちむら》からきたことになっている。火打村はいまの兵庫県の川西市で、阪急宝塚線の川西能勢口《かわにしのせぐち》駅の北側である。わたしが訪れた二十世紀の後半、皮産業が盛んであったが、いまはどうなのだろう。近くに多田院（多田神社）などもあり、清和源氏《せいわげんじ》発祥の地である。（『決定版資料浅草弾左衛門』河出書房新社版を参照）

　矢野弾左衛門が大手門の前にいたのは、太田道灌《おおたどうかん》が江戸氏の館《やかた》を改築して江戸城を建てたときからだと思える。古式に通じたこのインテリ武将は、浅草寺《せんそうじ》に通じるほそい一本道の首根っこに「穢多」を置いて街道警備にあてて、鎌倉時代以来のしきたりを踏襲した。周辺には処刑場と牢、それに江戸湊《えどみなと》もちかく、絶好の配置である。

　ここに弾左衛門がいたのは、大道寺友山《だいどうじゆうざん》が『落穂集《おちぼしゅう》』巻の二に「団左衛門居屋敷之事」という一項を書いておいてくれたことで判明する。この記録がなければ、いま東京でもっとも繁華な場所のひとつに弾左衛門がいたなどとはだれも信じないだろう。

《問て云、御入国之砌《みぎり》は只今日本橋の辺《あたり》は穢多村にて、団左衛門の居屋敷なども在レ之たると申は、其通りに被レ及レ聞候哉》

　家康が公式に江戸に入国した天正十八年（一五九〇年）には、日本橋のちかくに弾左衛門の住む屋敷があったといいますが、そのようにお聞きでしたかという問いだ。

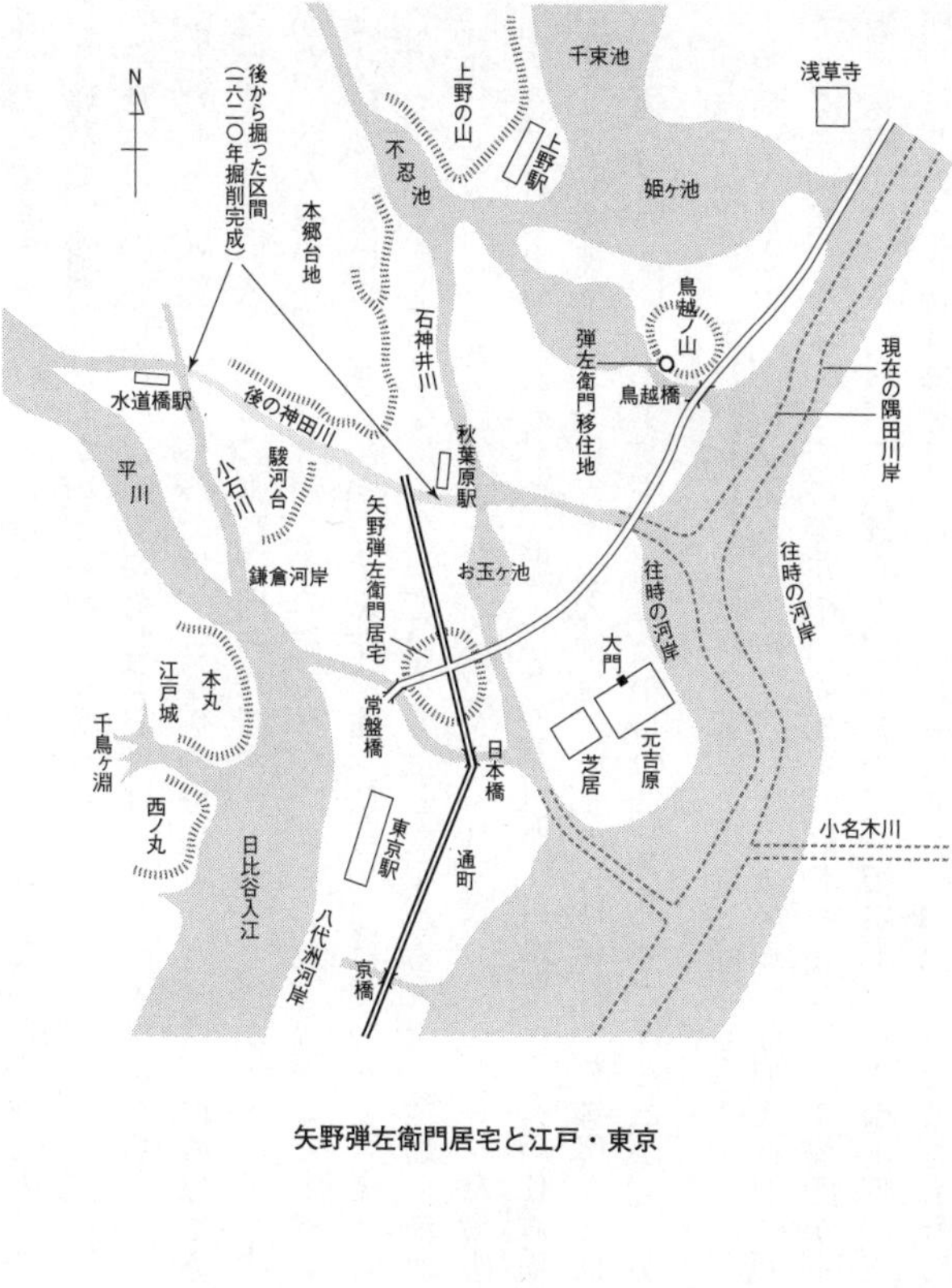

矢野弾左衛門居宅と江戸・東京

あったのですかというのではなくて、そのように聞いているがほんとうなのですかという確認で、信憑性はたかいといわざるをえない。

それへの答えを現代の言葉で要約しておけば、つぎのようになる。

《わたしどもが聞いたところでは、日本橋の尼店《あまだな》という場所に葭《あし》の原があり、すこしたかくなっているところに弾左衛門の住居《すまい》があった。直径が一メートル半ほどの大木がたくさん生い茂り、ひとかまえの穢多村ができていた。入国してすぐに鳥越《とりこえ》に移るようにと家康は申し渡したが、そんなに遠くに行っては商いができませんといって嘆くので、おまえたちはなにを売っているのだとたずねられた。蝋燭《ろうそく》や油皿《あぶらざら》の芯《しん》にする「灯芯《とうしん》」を売っているのだとこたえたので、それでは、こんど移った場所から商いに出てきてよいといわれた。（中略）現在の本町四丁目はそのころの仕置場《しおきば》があった場所で、神田明神や天王《てんのう》（日吉山王大権現《ひよしさんのうだいごんげん》、いまの日枝《ひえ》神社）の神輿《みこし》などはそこをきらって通らないといいます。ずいぶんむかしのことなので、ほんとかどうかははっきりとしません》

尼店《あまだな》がどこかは、菊岡沾涼《きくおかせんりよう》『江戸《えど》砂子《すなご》』によると室町一丁目で、日本橋を北に渡ってすぐの両側になる。のちに弾左衛門の配下が灯芯を売りにきた場所が本小田原町や瀬戸物町だというから、これはもう、いまの日本橋室町、日本橋本町になる。弾左衛門は灯芯の専売特許権を町奉行から保証されており、おおきな富をもたらした。穢多

常盤橋御門内から「尼店」のほうを望む。日本銀行が見えている。

身分の商いとしては、火打石《ひうちいし》や付木《つけぎ》など火に関するものがおおく、これは陰陽五行《いんようごぎょう》の考えによっていると思えるが、灯芯はまさにそのひとつである。なお、付木は「いおうぎ」などともいって、第二次大戦後まもなくの物資欠乏のころには、まだ見ることができた。付《ふ》箋《せん》のようなかたちのヒノキの薄片の端に黄色いイオウがついていた。すぐに燃えあがり、とても安いものであった。

尼店というおもしろい名は、ここが尼崎又右衛門の配領地だからという説もあるが、関西の尼崎《あまがさき》の漁民が移住してきていたとも考えられる。「尼」という字から遊女を想像する人もいるようだが、そういう女性がいただけで地名になることはまずはないだろう。わたしは矢野氏自身も、太田道灌の祖先がいた丹波国太田庄（京都市亀岡市）か、そのあたりから呼び寄せられたのではないかと推測している。

処刑場とともに弾左衛門が移された土地は鳥越《とりこえ》で、当時、鳥越神社は丘陵地にあった。浅草寺についでふるく、かつては白鳥明神《しらとりみようじん》といっていたのを、源氏の頼義・義家の親子がいまの名に変えた。不忍池《しのばずのいけ》から流れてくる石神井川《しやくじいがわ》の末流があり、丘のふもとを隅田川へと流れた。この鳥越川と神社のある丘とのあいだが弾左衛門と仲間たちのあたらしい土地になった。城から見て、川のそとへ穢多村が置かれるスタイルで、正保二年（一六四五年）に再度移転させられた今戸橋《いまどばし》の北の場合もおなじである。こんどは山谷堀《さんやぼり》の向こう岸であった。ときの為政者がどれほど本気でケガレについて考えていたかはわからないが、型だけは踏襲している。水はよくケガレを清めてくれるという教養である。

4

江戸時代には「穢多」という呼称で幕府の文書に登場してくる「身分」は、武士の発生と軌をひとつにしていた。古墳時代からたずさわっていた皮革の精製の仕事と、公権力による処刑の手伝いとが合わさったのは、平安時代、京都の鴨川の河原であったろう。

公家《くげ》につかえる草創期の武士がまず求めたのは、皮革供給者としての技術であった。

エミシとの戦いの前線基地になった関東以北では、皮革の武器や防具をそなえた兵站《へいたん》地《ち》としての部落が交通の要所につくられた。練馬区の有名な白山神社のそばの杉本家の集落はその一例である。

幕府が鎌倉に成立してからは、京都に負けない処刑のノウハウが必要になった。維新までの処刑は「見こらし」という効果をねらっていたから公開が原則で、しかも派手な様式をともなった。そのため鎌倉の入口の極楽寺のそばに、火打村からプロフェッショナルな集団がまねかれ、由比ケ浜の仕置き場で働いた。鶴岡八幡宮の祭礼では、行列の先駆《さきが》けをつとめた。群衆整理というよりは、鳥などの小動物の死体がケガレをもたらさないように、さきまわりしてかたづける。

長年にわたって武家とのつよい関係をたもって生きのびてきた部落が、各地の農村に基盤を置くようになるのは、三代将軍家光のころに「鎖国」してからである。朱印貿易で東南アジアから大量に輸入していた皮革が途絶え、代わるものを日本国内で産出しなければならなくなったのである。農耕の生産手段として、あるいは運搬手段としての牛馬は、大宝律令のころから屠畜を禁じられている。そこで農家で自然死した馬牛を加工するよりほかに手はなくなる。

農家で馬や牛が死ぬと、「捨場《すてば》（草場《くさば》）」まで運ぶことが義務づけられた。人力で運んで行ける距離に捨場がつくられたともいえる。四畳半の広さに、四隅の杭《くい》に竹を四本渡した方形の土地で、馬頭観音《ばとうかんのん》を置いて目じるしにした。明治維新後、その必要がなくなるとあっというまに草におおわれ、その痕跡をほとんど残していない。

この馬牛の捨場を見てまわり、腐敗するまえに解体して皮革を生産する。東北のほうでは農家の人が自分たちでやったが、分業が進んだ地方では専門技術を所有する穢多身分が引きうけた。農家の人が神経質に死穢《しえ》にふれるのをいやがって忌避したため、かれらに役がまわってきたとも解釈できる。

捨てられた馬や牛をむだにしないためには、日々、いくつかの捨場を見てまわらなければいけない。見てまわれる範囲が「縄張り」になり、部落はその数だけ必要になる。由緒のある部落から次男、三男が送り出されて、あたらしい部落が生まれた。水平社運動の人たちが「六千部落三百万人」といい、その数字のおおきさにおどろいたが、江戸時代での皮革の需要に見合っているはずである。

5

明治維新は文化のコペルニクス的な転換をともなった。牛馬の肉食禁止はなくなり、体力のあるおおきな「強兵」を養成するため、逆に肉食は奨励された。牛乳、バター、チーズ、ヨーグルトがはやくも出そろった。殖産興業の一環としてあちらこちらに牧場がひらかれ、乳業がさかんになり、食肉市場が生まれた。皮革は輸入され、工場で加工された。軍備の西欧化の過程で、これまでの「和皮」の必要性は急速に減じて、西洋風のなめし皮で製造された軍靴や紳士靴やベルトがとってかわった。部落に蓄積された技術は、和太鼓などをのぞいてはほとんど不要になった。

また一方、身分制の崩壊とともに、そのトップに君臨していた武士階級が消滅していた。町奉行の命令のもとで処刑や引きまわしの仕事をしていた穢多身分の存在の大義もうしなわれた。ガス灯、電灯の普及は灯芯の売上げに完膚なきまでの打撃になった。仏事《ぶつじ》などに使用される蠟燭《ろうそく》の芯は、蠟燭屋などが灯芯草の産地とじか取引をして買い占めた。「解放令」が出ようと出まいと、穢多身分は必要でなくなっている。

穢多ではなくなった「平民」を、もういちど近代差別の関係性にくみこんだのは、農民の視線である。近代化反対の一揆がひんぱつする世情で、もと穢多身分は明治政府や欧米列強の仲間にされて、農民の反感の的《まと》になった。いちばん身近にいて無抵抗な旧穢多村をおそって憂さを晴らしたのである。

差別者はすぐそばの農民なのに、マルクス主義者は権力者を差別維持者にすりかえて部落民を戦列に引きこんだ。プロレタリアートによる革命が実現してこそ部落民は解放されるとして、労働者・農民とスクラムをくませた。もっとも先鋭で危険な闘争をあたえて、もういちど部落民を利用したともいえる。

当時の運動のなかにいた個々人には尊敬に値する人物がたくさんいたが、それでも誤謬はついてまわる。ながい時間が経過して、ああ、あのときの真実はこのようなものであったかとわかるだけだ。そして、成果はなかったわけではない。就職差別から結婚差別などの非道を訴えつづけた効果はおおきい。いまでは都市に流入してしまえば、差別の指標になった部落の地名をかくすことができる。ふるさとを語れないつらさはあっても、このようにして「解放」された人の数はおおい。かれらを非難する必要はないし、肩身が狭い思いをすることもない。移住を卑劣だといったのはマルクス主義者なので、なんのことはない、自分たちの組織が弱体化するのを警戒したわけだ。

二十一世紀のいま、残存している部落民の集住地に行けば、かつての傾きかけた長屋もないし、瓦の落ちかかった家もない。われたガラスに板を打ちつけたり、ふすまのやぶれに新聞紙を貼りつけた家も見ない。共同炊事場も共同浴場、共同便所などの話はとうのむかしのことだ。玄関があり、応接間があり、おおきなテレビや冷蔵庫などがあり、車庫にはクルマもある。もちろん部落内に貧富の格差があるのは、部落でない土地にもはげしい貧富の差があるのとおなじである。部落以外でも、家を失った路上生活者が数万人はいる。

かつてわたしは部落差別解消のメルクマールは、結婚差別なのかと思っていたが、部落民同士の結婚が五十パーセントをきって久しいのを見ると、あとは部落の地名の公開をもって「解放」としていいだろうと思っている。近代の差別は、差別するものとされるものとの関係性によっている。両者の関係で、なにを「しるし」として差別するのかという知識が共有されていなければならない。部落差別にあっては集住が指標にされた。身体上にちがいが見つけられなかったので、まとまって住んでいる場所が「しるし」になった。住所が判断の基準になったので、運動体は「地名リスト」を隠したのだが、それはまた寝た子を寝たままにするのとかわらない。「告白以前の丑松」のような生き方を批判しながら、一方で部落の所在地を隠蔽するのは、道徳のダブルスタンダードである。それが緊急的な避難処置であったのはよくわかるが、いつまでもそこに安住していてはいけない。部落の責任ある組織でもって地名を段階的に公表して、それでも差別がおこらないのが、わたしたちの目標になる。

第二章
弾左衛門という制度

1　糾《ただ》しのプロフェッショナル

帝都東京のあちこちにたむろする浮浪者を見て、「朝野新聞」の記者は、まずは驚き、その淵源を探った。そして、行きついたさきが、江戸幕府下における被差別民の集団だった。大雑把にいって、穢多《えた》、非人《ひにん》、乞胸《ごうむね》、それに乞丐《きつかい》（乞食《こじき》）たちであった。この無名の記者（永島今四郎《きんしろう》と判明したが）にしたがって、さしあたり、江戸の幕末の弾左衛門を訪ねることにする。ここに私見をはさんでおけば――弾左衛門と、そのほかの非人や乞胸などとは一線を引いて考えられるべきであって、それらの住居が浅草にあったとか、相互に支配・被支配の関係があったからといって、ひとまとめにしてはならない――ということである。「朝野新聞」の記者の目から見れば、似たようなものと思えたかもしれないが、弾左衛門と車善七とはまったく異質な存在であるということ、それも本書のテーマに考えている。

つまり、「弾左衛門」という名は、その十三代目が弾直樹《だんなおき》と改名したことから、弾と左衛門が切れてしまい、弾を姓のように見なしがちであるが、もともとは、「弾左衛門」とひとつながりで職掌《しょくしょう》を現わしていた。その場合の弾の字は、この字面《じづら》からもわかるように、弓ではじくたまであり、どこかで武器とつながるが、この字にはほかに、「ただす」とか「罪をただす」という意味があり、糾すとほぼ同じである。「糾弾」というときの糾と弾は、ともに「ただす」の意味である。また古く律令制では警察機関のことを「弾正台《だんじょうだい》」といったが、このときの弾も、風紀をただすという意である。

弾左衛門が——わたしたちのわかっているかぎり、ずっとむかしから警察の下級機関のような職掌をつとめているというのも、弾左衛門という名がひとつながりであることを証しているのではないだろうか。弾左衛門の本来の役目は、町奉行の手伝いで、警備、牢番、処刑などのご用だった。そして、風紀を糾す、ということと、汚れをとりのぞいて清めるという仕事は、本質的なところでつながっている。

上野戦争で彰義隊《しょうぎたい》が敗れたばかりのころ、つまり維新になってすぐに、弾左衛門は新政府から、どのような御用をこれまでやっていたのかを報告しろといわれる。そのとき、十三代弾左衛門の直樹が書き出した文書が残っている。

重要なので、それを現代語に訳して紹介しておこう。

十四ケ条ある。

1、お仕置《しおき》御用《ごよう》。

2、時《とき》の太鼓、陣太鼓《じんだいこ》、西洋太鼓の革張替《かわはりかえ》。

3、伴綱《はづな》の御用。

4、灯芯《とうしん》御用《ごよう》。

5、ご法事《ほうじ》手伝。

6、両町奉行所への人足差出《にんそくさしだし》と溜《ため》の御用。

7、両町奉行所や牢屋敷火災のおりの消火。

8、御用のお馬の倒れたとき、出役《でやく》の者で埋葬。

9、長吏《ちょうり》以下のお仕置。

10、ご府内の無宿《むしゅく》取締り。

11、お尋者《たずねもの》などの探索。

12、海陸軍つき病院御用。

13、犬追物《いぬおうもの》御用。

14、堀や川筋の不浄物《ふじょうぶつ》片づけ。

このなかで、弾左衛門の本来の役は、1、5、6、7、9、10、11ということにな

伴綱は絆綱とも端綱とも書く。馬の轡（くつわ）につけて引く綱（矢印）で、馬をつなぎとめるときにも使う。乗り手が持って馬を制御する手綱（たづな）とは区別される。

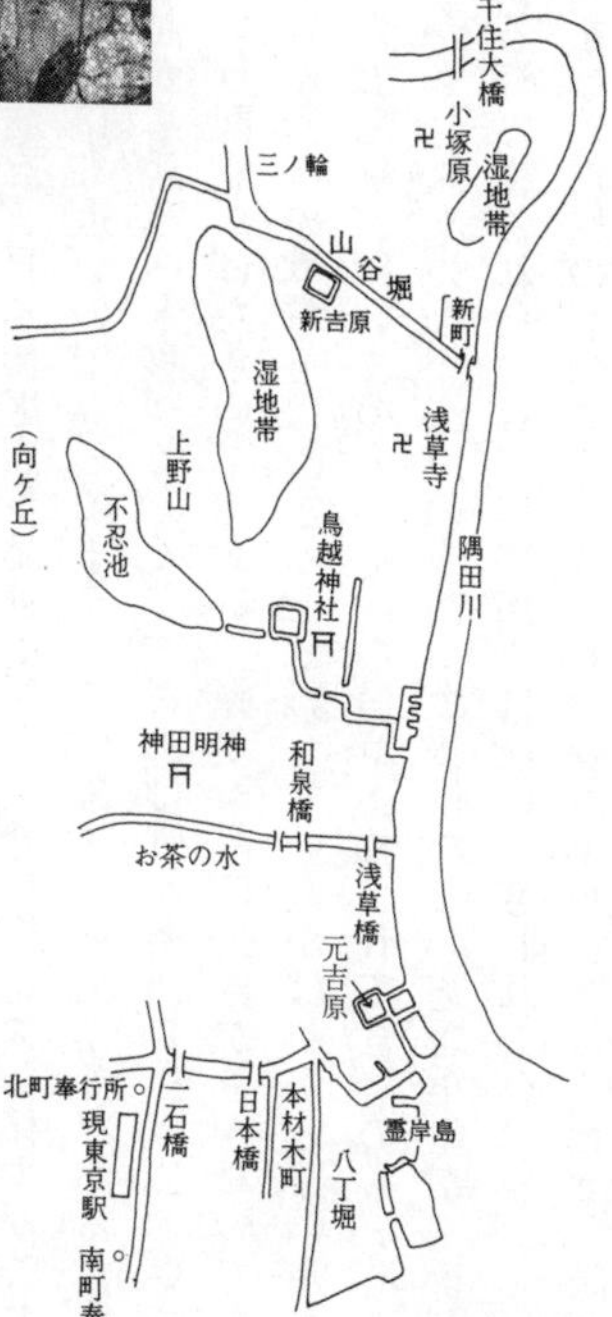

十七世紀中頃の江戸。弾左衛門の住居がしだいに中心部から遠ざけられているのがわかる。日本橋の北から鳥越神社のそばへ。それから山谷堀の北、「新町」の場所へ。

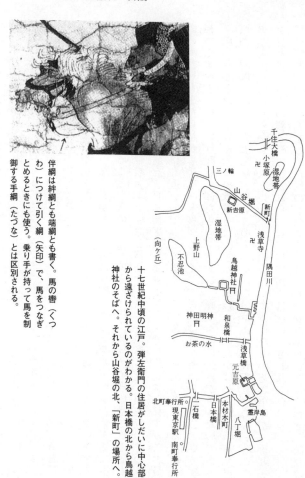

り、革に関係する仕事として、2、3、8、13があげられよう。4の灯芯については、あとで考えるとして、12は幕末にハプニングのようにはじまった仕事であり、14は、江戸ではむしろ非人の役であった。それをあえて弾直樹がここに記したのは、寺社における清めの仕事を頭においてであろう。

弾左衛門が、司法と警察をあわせたような町奉行の配下にいることを、その本来の役目と考えると、いろいろなことがスムーズに理解できる。弾左衛門がたえず処刑場の近くに住居を構えていることもそのひとつである。江戸時代の処刑場は、日本橋本町→鳥越《とりこえ》→三谷橋《さんやばし》（新鳥越橋）→小塚原《こづかつぱら》と移転するルートがあるが、弾左衛門もこのルートを追って、その住居を、日本橋尼店《あまだな》→鳥越→新町《しんちょう》（今戸橋《いまどばし》北）と移す。この最後の浅草新町は、小塚原にも近いので、そのままここで幕末を迎えるのである。非人頭の車善七もまた鳥越から浅草へと移ってくるが、これは弾左衛門のそばにおいて監視しやすいようにという配慮がはたらいてである。弾左衛門の動きがさきなのである。

町奉行がどれほど弾左衛門の職掌をはっきりと認識していたかはわからないが、吉原が、明暦三年（一六五七年）にいまの人形町《にんぎようちよう》から浅草へ移されてきたのも、そこに弾左衛門がいたからかもしれないし、江戸の末期に歌舞伎などの芝居小屋が、新町とは目と鼻のさきの猿若町《さるわかちよう》に移されたのも、無関係ではないかもしれない。

つまり、弾左衛門を被差別民の取締りのプロフェッショナルととらえれば、江戸の

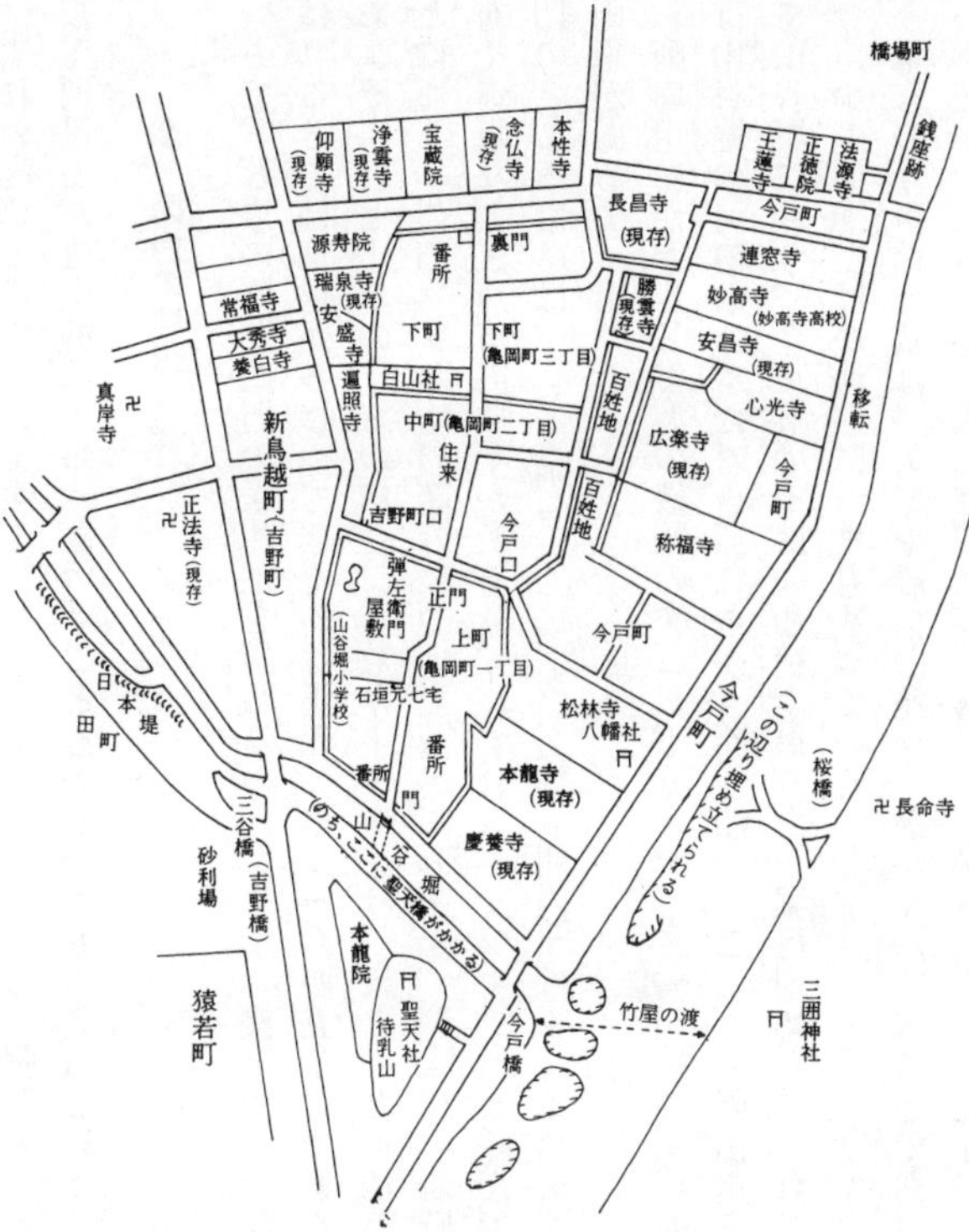
橋場町
銭座跡
仰願寺（現存）
浄雲寺（現存）
宝蔵院
念仏寺（現存）
本性寺
王蓮寺
正徳院
法源寺
長昌寺（現存）
今戸町
源寿院
裏門
番所
瑞泉寺（現存）
連窓寺
妙高寺（妙高寺高校）
勝雲寺（現存）
常福寺
安盛寺
下町
下町（亀岡町三丁目）
大秀寺
養白寺
安昌寺（現存）
白山社
遍照寺
百姓地
移転
真岸寺
心光寺
新鳥越町（吉野町）
中町（亀岡町二丁目）
住来
広楽寺（現存）
今戸町
正法寺（現存）
吉野町口
今戸口
称福寺
弾左衛門屋敷
正門
（山谷堀小学校）
上町（亀岡町一丁目）
今戸町
日本堤
石垣元七宅
田町
松林寺
八幡社
今戸町
（この辺り埋め立てられる）
（桜橋）
長命寺
番所
本龍寺（現存）
番所
門
三谷橋（吉野橋）
山谷堀
（のち、ここに聖天橋がかかる）
慶養寺（現存）
砂利場
本龍院
聖天社
待乳山
竹屋の渡
今戸橋
三囲神社
猿若町

浅草新町とその周辺

はずれの浅草の様相もいますこしちがって見えてくるし、弾左衛門の本質と、ほかの被差別民とが決定的にちがうということもわかってもらえると思う。

2　囲内の移転

さて、幕末の弾左衛門の居住地を訪ねるのだが——「浅草新町」とか「囲内」と呼ばれるそこに鳥越から移ってきたのは正保二年（一六四五年）であるから、江戸時代およそ二百七十年のうちの二百二十数年——つまり、ほとんどを浅草新町で送ったことになる。この「新町」の読みについて調べてみると、幕末に「新町」は、ほかに麻《あざ》布《ぶ》や赤坂など江戸市内に十か所あり、いずれも「シンマチ」と呼んでいるが、弾左衛門のところだけは、「シンチョウ」であった。「囲内」はカコイウチかカコイナイか、両説があるようだ。

隅田川にかかるX字型の桜橋のすこし下流、そして言問橋《こととといばし》の上流の右岸に、かつては山谷堀《さんやぼり》の河口があった。吉原にむかう猪牙船《ちょきぶね》は、ここまで隅田川をさかのぼってきて山谷堀に入り、今戸橋のそばの船宿《ふなやど》でおりた。堀は埋めたてられて公園になったが、今戸橋の欄干だけが地上にいまも残っている。

幕末の今戸橋界隈は、茶屋や船宿が並び、なかなか風流の地であった。が、隅田川の岸辺から一歩なかに入れば、江戸のあちこちから集められた寺が、いつのまにか二、三十になっていた。その寺に囲まれるようにして、新町（囲内）があった。維新後、亀岡町《かめがおかちょう》と呼ばれた地で、いまの台東区今戸一丁目になる。

ここを囲内というのは、南北に細長い一万四千四十坪（約四万六千三百三十二平方メートル）の土地が、塀《へい》と堀で囲まれていたからだろう。幕末にはまだところどころに、幅六尺五寸（約二メートル）ほどの堀が残り、水をためていたという。この囲内が浅草新町である。江戸のご府内《ふない》（朱引内《しゅびきない》）で、長吏《ちょうり》（穢多）身分が住んでよいのはここだけであった。

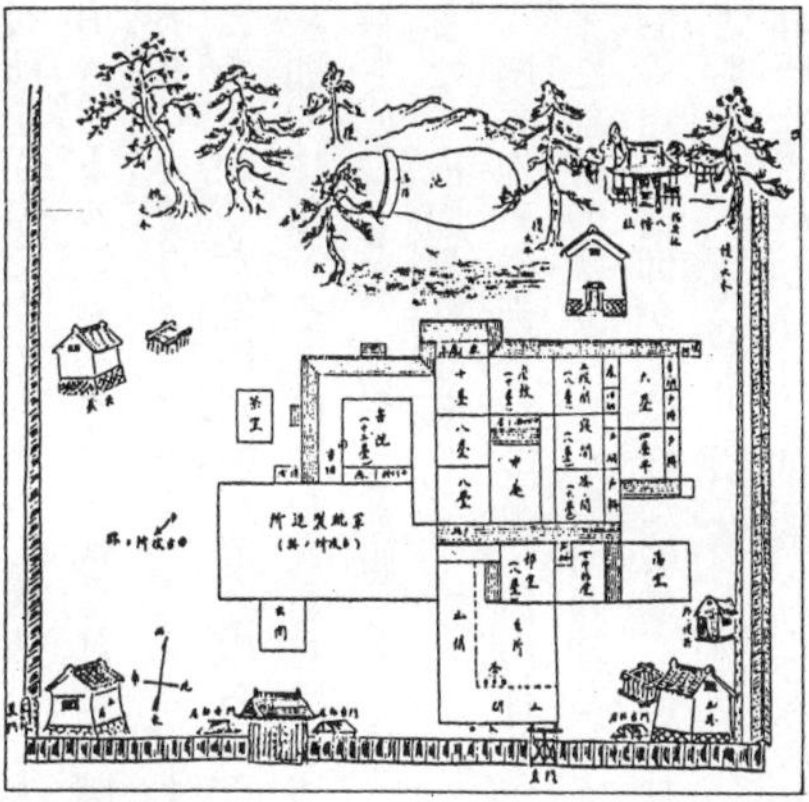
弾左衛門屋敷絵図

寛政十二年（一八〇〇年）には、二百三十二軒の家が数えられ、ほかに、猿飼《さるかい》が十五軒、やはり囲内に家を持っていた。明治元年（一八六八年）に弾直樹が調べたときには、ほぼ倍の四百十七軒になっていた。塀と堀と寺とがぐるりを囲んでいて、外へ広がって行けないのであるから、人口が倍になれば一軒あたりの敷地は半分になる。囲内にあって弾左衛門の屋敷は、そこが役所をかねたためもあって図抜けて大きく、敷地が七百四十坪（約二千四百四十二平方メートル）もあった。残された絵図から敷地西側が庭になっていて、そこには、榎《えのき》や槐《えんじゅ》の木が生え、池もあったことがわかる。右のすみの八幡社が、鎌倉の鶴岡八幡宮にあやかった亀岡八幡宮《かめがおかはちまんぐう》で、のちにこの辺りが亀岡町と呼ばれるゆえんになった。

囲内には、そこに住む人たちにとって必要なもの、銭湯《せんとう》や太物屋《ふとものや》（絹織物を売る高級呉服店に対して、木綿や麻織物を売る店）や寺子屋のほかに、牢もあったし宿もあった。また、白山神社《はくさんじんじゃ》もあった。

関東地方の被差別部落に白山神社が多いのは、代々の弾左衛門によって広められ、また部落のほうでも、疱瘡《ほうそう》の神として崇《あが》めたためといわれている。加賀国に総本社をおく白山信仰が選ばれたのは、他の神道が「屠児《とじ》」を差別し排斥したのにくらべて、こちらは、「濁穢《だくえ》不浄の輩《やから》を済度《さいど》する」とはっきりと主張したからだろう。あるいは中世半ばから白山信仰を広めたのが美濃《みの》の馬場《ばば》関係の御師《おし》（宿坊の経営を主にし、参詣人の案内や宣伝を行なう社僧）だったからという説もある。

ここで問題となるのは、新町にある白山社（一九三二年〔昭和七年〕に、今戸八幡社と合祀された）が、嘉吉《かきつ》元年（一四四一年）に建立されていることである。その記録が、維新のころの神主の中森豊前《なかもりぶぜん》によって残されている。この指摘が正しいとするなら、弾左衛門が、鳥越から浅草新町に移ってきたとき、すでにこの白山社があったことに

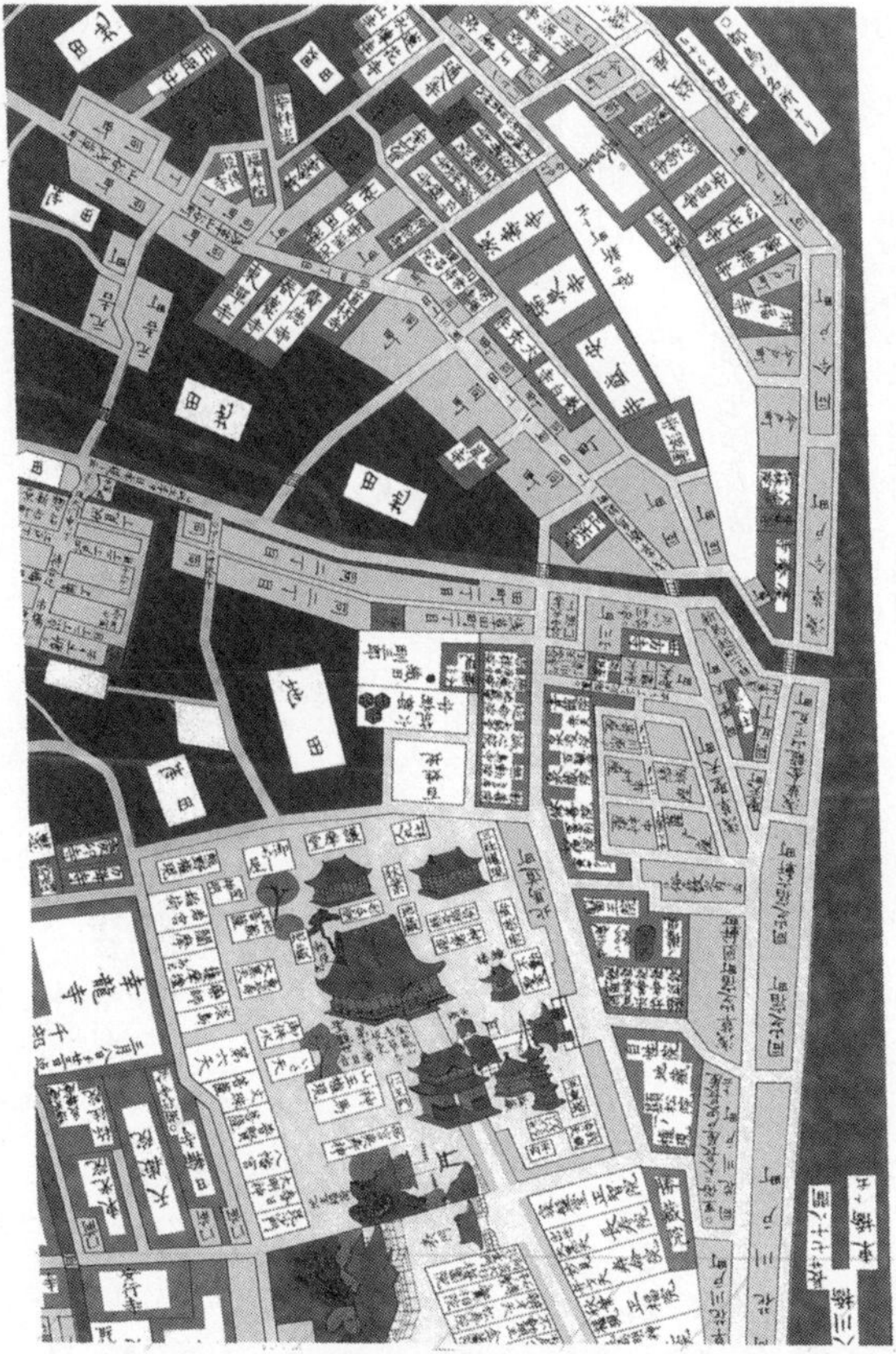

浅草新町江戸絵図。嘉永６年（1853）の切絵図で、右上の空白のところが新町。右端を隅田川が上から下へ流れる。下寄りの一郭が浅草寺。その右上に猿若町、図面中ほどの左に半分だけ吉原が見えている。（人文社蔵版江戸切絵図より転載）

なる。いまの住所でいえば、今戸一丁目十一番地の北側のエリアになる。

弾左衛門がそれ以前にいた日本橋でも鳥越でも、そこに白山社があったとは聞かないから、矢野弾左衛門と白山社の結びつきは、新町に移ってからということになる。

いまひとつ、弾左衛門が鳥越から浅草にきたのは処刑場が移転したのに伴ってであると記した。その場所がどこか、いまだに定説がないまま、「砂利場《じゃりば》」というところでなかったかと思っている。わたしはこの地名を、二代目市川団十郎の書いた「勝扇《かちおう》子《ぎ》」（本部「付録3」参照。全文は、拙著『決定版資料浅草弾左衛門』〔河出書房新社〕に収録）という長文の記録のうちに見出して、ずっと気にしていた。

そこでは、浅草観音の芝居座元の木曾《きそ》山金兵衛《やまきんべえ》というのが、つぎのように語っている。

《私砂利場に住宅仕候故、若《その》穢多共我等を存知、朝夕逢申候》

と。意味は、金兵衛が、「砂利場」に家を持って住んでいるために、新町とは山谷堀をはさんで目と鼻の距離だ。すぐそばには三谷橋（新鳥越橋）もかかっていることだから、朝夕に穢多たちと顔をあわすこともありましょう、ということになる。

待乳山は、金竜山待乳山ともいう。金竜山浅草寺と同じ山号である。江戸開幕期の待乳山は大きな山であった。この山を削って、聖天社から三ノ輪まで日本堤を作った。南千住のほうであふれた荒川（隅田川）の水が、山谷の原をこえて浅草寺のほうに流

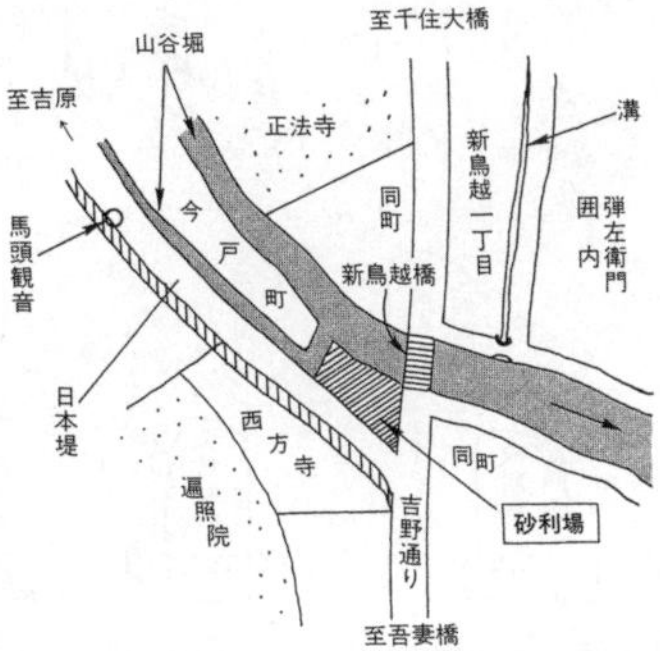

「砂利場」の位置
(幕末の切絵図から作成)

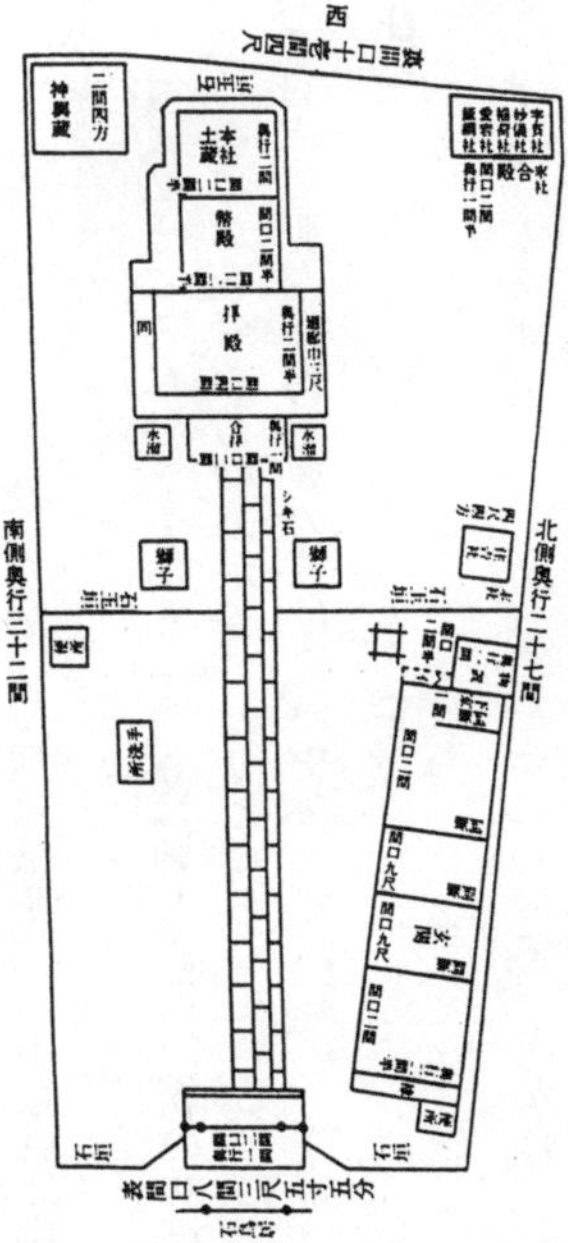

白山神社境内の図面

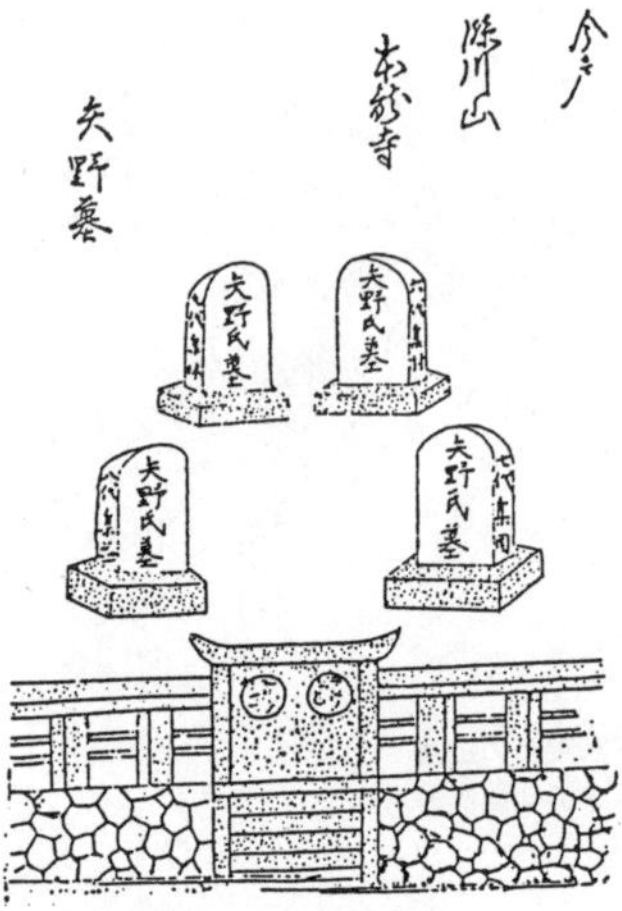

本龍寺「矢野氏」墓スケッチ

れこむのをふせぐためである。

日本堤は山谷堀の右岸に築かれ、ここが江戸の北限であった。その外に置かれた弾左衛門は、ずいぶんと差別（賤視）されていたことになる。

さて、砂利場だが、日本堤を作ったときにできた平たい土地かもしれない。山谷堀南に一時的におかれた処刑場も、もしかすると、ここだったかもしれない。処刑場はすぐに小塚原に動かされ、そのあとに金兵衛らが家を作った。

今戸橋を北に渡ってすぐのところにいまもある本龍寺は弾左衛門一族の菩提寺である。関東大震災や東京空襲での死者たちの墓がぎっしりとならんでいるのにびっくりするだろう。西の奥のほうに弾左衛門一族の墓は追いやられている。

3　新町の人びと

新町は、すでに述べたように南北に長い。それを三つにわけて、南から、上町、中

町、下町と呼んだ。弾左衛門の役所兼居宅は上町にあり、その隣に家老職（手代《てだい》代表）の石垣元七の家があった。さらに隣にも広い地所があり、いまは都立浅草高校（と台東商業高校）の敷地になっている。

江戸の町奉行は、被差別民の裁判と刑の執行を弾左衛門の役所に任せていた。被差別民と町人の争いは町奉行でとりあつかうが、万一、被差別民にかかわる裁判を行なった場合でも、

《穢多の儀に付弾左衛門へ引渡し相当の咎《とが》を申付者也》

という裁決で、科人《とがにん》は弾左衛門に渡された。

そのため、弾左衛門の役所居宅の南側に、「お白洲《しらす》」が設けられていたし、牢も作られ、そこには鍵役《かぎやく》（牢番）が住んでいた。

弘化四年（一八四七年）の弾家の支出のなかに、四十五両ほどの経費が記されていて、

《これは牢番二人、敲役《たたきやく》への給金、牢屋担当医師への給金、囚人の薬代》

と用途も示されている。牢の規模や囚人の数はこれらから推し量《はか》るほかはないし、そのあった場所についてもわからない。ただ、ごく近年になって、「牢は弾家のむかいにあった」という伝聞が残っていると知った。明治の地番でいって、亀岡町一丁目十五番地になるが、そこの地所は、なるほど広い。

被差別民の身分に限っての吟味権が弾左衛門にあるため、在方《ざいかた》（田舎）から新町へと訴えに出てくる者が多い。吟味のために江戸へきた農民が泊まる宿が百姓宿と呼ばれて江戸市中にあったように、被差別民が泊まる宿が囲内にある。これが「新町宿」であった。訴状の作成や弁護などを頼む公事宿《くじやど》（宿泊所であるとともに、訴訟に関する諸事の代行機関）なのだ。

新町にあった公事宿として、小嶋屋、上総屋、武蔵屋、八王子屋、中村屋、尾張屋、釜鳴屋、野田屋、松嶋屋、石坂屋などがわかっているが、新町のどこにあったかは不明だ。地所の大きさから推しはかるなら、新町の中央部の中町かもしれない。また、地方で勢力を持つ小頭《こがしら》と宿との関係は強く、たとえば相模の古沢《ふるさわ》の小頭（本部「第四章　弾左衛門の謎」参照）は屋号を「釜鳴屋」といったが、たぶん、新町宿の「釜鳴屋」と関係があったはずである。

弾左衛門役所には、寛政十二年（一八〇〇年）で、手代（書役《かきやく》をふくむ）が七人、役人六十人がいたといわれる。この七人の手代が、石垣元七などの家老で、役人六十人は、相談役のようなものであろう。慶応四年（一八六八年）に身分引上《みぶんひきあげ》になった手代は六十五人である。ほぼ、右の数字と一致する。

弾左衛門役所からの手代への給金は、弘化四年（一八四七年）で、九十八両が計上されていて、

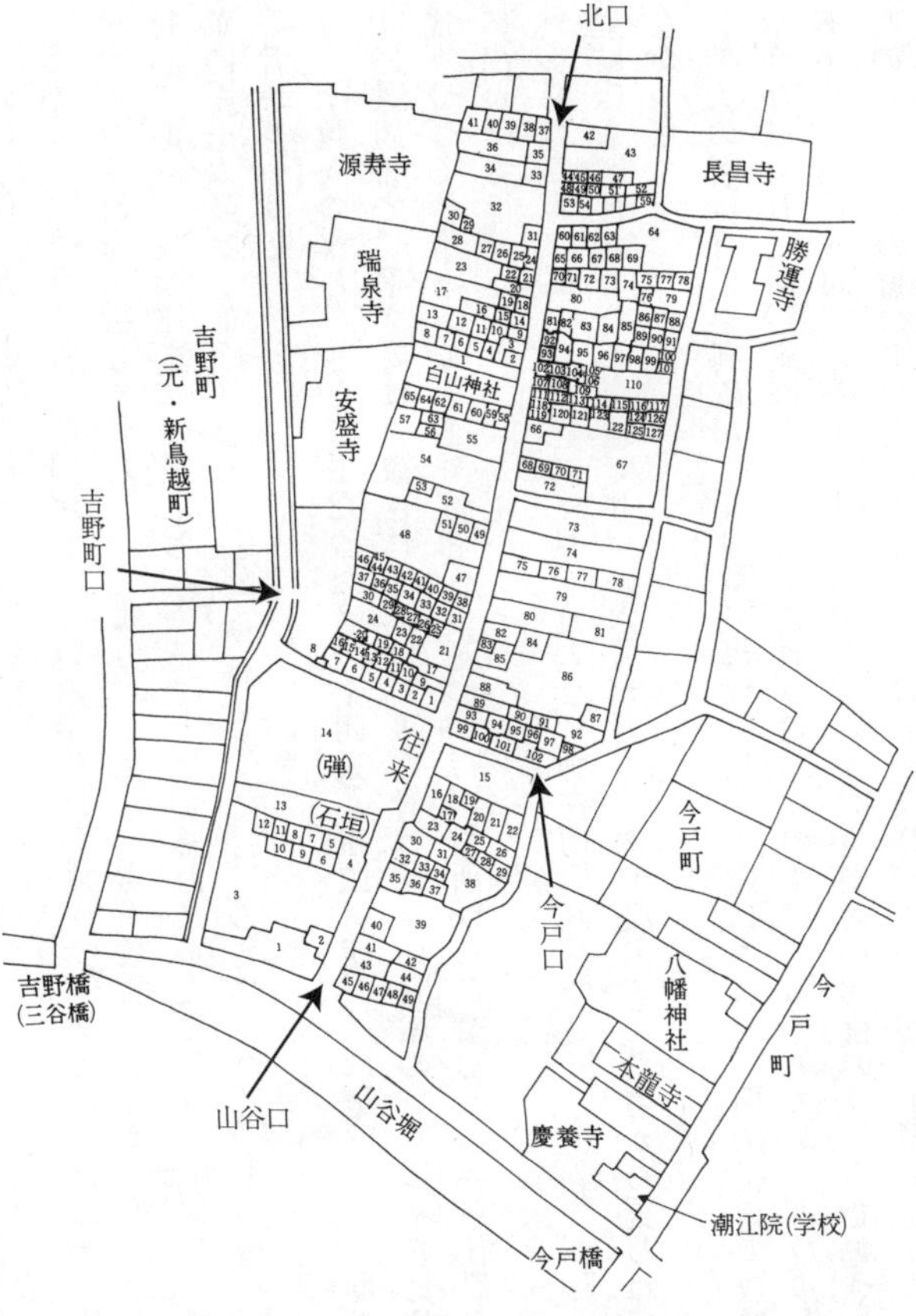

明治はじめの亀岡町地番図。左の吉野町の町家の地所の大きさと比較してほしい。

《これは手代六人、書役三人への給金など》
とある。つまり、弾左衛門が雇っている手代はわずかで、あとの者はほかの仕事でそれぞれ生計を維持していたといえよう。たぶん、六十数名の手代は、新町での地所持ちであり、長屋住まいの平之者《ひらのもの》（手下《てか》）と区別されていただろう。生業《なりわい》としては、革問屋や太鼓屋、革細工《かわざいく》など、「革」関係である。ほかには、「灯芯」を製造し販売する者が多かった。

六十数人のうち、さらに主だった者の十四人が組頭（組長）に選ばれ、一番組から十四番組まで、平之者は組織されていた。平之者はせまい長屋の一室に家族と住み、代々つづく仕事——革細工や灯芯作りをつづけ、役所から命ぜられる「お仕置お役」に出かけて行った。

彼らは新町にある寺子屋に子供を通わせ、弾左衛門直営の湯屋《ゆや》（銭湯）に入った。髪結床《かみゆいどこ》も四軒あった。湿地で井戸の水質が悪く、水を売りにくる者から買わねばならなかった。

非人の者は月代《さかやき》を剃るが丁髷《ちょんまげ》は許されず、散切《ざんぎ》り頭《あたま》にされた。明治維新で散髪脱刀令が命ぜられたが、皮肉なことに、これは日本人のすべてのヘアスタイルの非人化であった。隔月一回、いやがる非人の髪を切らすのも新町のお役のひとつであった。新町の者は、その髷の形や大きさなどにきびしい条件がついたが、丁髷を結うことができた。

前近代の差別の特徴のひとつは、髷《まげ》の例ひとつでわかるように、だれの目にも身分がそれと示されねばならなかった。分《ぶん》を守ることを強要されつづけ、近代でいう「差別」は身体に明示された。見える差別であった。ヘアスタイルだけではなく、服装――型と色と柄《がら》がきびしく制限された。履物《はきもの》や笠（傘）も当然チェックされたし、家も、屋根をどんな材料で葺《ふ》くのかにはじまり、天井や床の間や欄間《らんま》を作るのを許されない身分もあった。

このような社会であったから、渋染《しぶぞめ》一揆（安政二年〔一八五五年〕七月、渋染の衣服の着用を強制されたことに反対して、岡山県南部の被差別民千五百名が吉井川の河原に結集した）で見られるように、倹約令は服装のチェックからはじまった。岡山の池田藩主は、倹約と身分制の強化をねらって、服装を、《穢多どもは元来《がんらい》、身分賤き者であるから、衣類《いるい》は無紋、渋染《しぶぞめ》か藍染《あいぞめ》に限る》と命じ、被差別民はそれへの怒りを爆発させ、前代未聞の大デモンストレーションになった。

4　新町の仕事

非人の髪を切る仕事から晒しの台を作ることなど、浅草新町でやってることは実にさまざまであるが、やはり大きな仕事としては、お仕置御用、灯芯《とうしん》作り、革関係、そして金融であろう。第一の「お仕置お役」については、これまでのわたしの意見をすこし修正して、それを「弾左衛門」本来の役として、すでに述べた。最後の金融は、弾左衛門役所の隠された仕事のひとつで、町人や武士が借りにきた。「エタ金」として蔑《さげす》みながらも、新町の裏口、吉野町口（三九ページ地図参照）の木戸からお忍びで入ってくる。

灯芯についてなのだが、この仕事こそが、弾左衛門に金貸し業ができるほどの資金をもたらしてくれた。もちろん、その収入が激減した天保期などもあるし、蠟燭屋などとのトラブルもあったが、まずは重要な仕事であった。

灯芯は藺草《いぐさ》から作った。藺草は、花茣蓙《はなござ》や畳表《たたみおもて》になったり草履《ぞうり》になったりもするが、草のまわりの緑の皮をむいて、中の髄をとりだす。「中子《なかご》」と呼ばれるこの白い芯《しん》に和紙を巻いて灯芯にする。蠟燭の芯にしたり、そのまま油皿《あぶらざら》に入れて先端に灯をともす。

この灯芯の江戸市中での一手販売権を弾左衛門は所持しているのである。藺草（灯芯草）を産する常陸《ひたち》や上総《かずさ》の土地（六九ページ地図を参照）と結びつくことで実現するのだが、なぜ占売権を手にできたのだろうか。享保十年（一七二五年）に弾左衛門が奉行にさしだした「弾左衛門由緒書」（本部「付録１」参照。ここに掲載したのが、享保四

年（一七一九年）の由緒書であるため、「九十七八年以前」となっている）には、

《九十年程以前、灯心挽候者御城江上燈心細工仕》

とある。九十年まえ、つまり寛永十二年（一六三五年）のころに、灯芯を挽《ひ》く者が江戸城へ参り灯芯細工をした、というのである。つまり、きわめて古くから灯芯との関係ができている。その理由は推測するよりほかはないのだが、享保四年（一七一九年）の「弾左衛門由緒書」には、

《禁中様御藺金剛、大和国長吏差上》

とある。奈良県の長吏は宮中に金剛草履《こんごうぞうり》を献上しているというのである。のちに弾直樹が書き残した文にも、江戸でも年頭には、老中ほか奉行各位に、藺《い》金剛《こんごう》という草履を二足ずつ袋に入れ台に載せて御祝儀としてさしあげたという。金剛草履というのは、普通のものより丈夫で、後部の幅がせまく、主として藺で作る。宮中や幕府ではこれをトイレで使用した。

弾左衛門は、この草履を作るために良質の藺草を探して

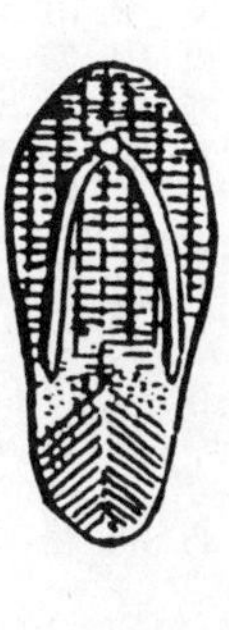

金剛草履（『広辞苑』より）

灯芯売り

いて、藺草を作る百姓と関係が生じ、それが灯芯草にむすびついたのだろうか。

ただ右のことで注意したいのは、弾左衛門がわざわざ、「大和国《やまとのくに》」と記していることである。藺金剛との関係は、まず関西ではじまったとしているのである。宮中と被差別民の関係を、幕府と弾左衛門の関係に置きかえ、それによって自己の権威を高めようとしている、ともいえる。そこで上方《かみがた》に目をむけなければならなくなるが、そこでは、だれが灯芯を販売していたのだろう。神人《じにん》が――つまり神社に隷属する人たちが、灯油の座を作っていたことはわかっている。「弾左衛門」も「由緒書」によれば、鎌倉八幡宮の神人である。神人をキーワードにして、灯油と灯芯をつなぐ道筋はある。

さて、もうひとつの重要な仕事であった皮革関連についてだが、新町においてどうであったのかは、ほとんど不明のままだ。何軒かの革問屋があり、皮細工師がいたことは確かだが、さて、その皮問屋が、どこと交易をしていたのかはわからない。江戸の日本橋の本革屋町《ほんかわやちよう》（三越と日本銀行の間）で、文化文政期に万屋半兵衛《よろずやはんべえ》の革問屋が有名だったが、ここととのつながりも判明しない。本革屋町をすこし神田のほうに行くと新革屋町がある。神田堀（銀町堀ともいい神田川へ流れる）に面していて、革の輸送にも便のよいところだ。こういう町のなかの革問屋と新町の革問屋が幕末では連絡を取っているけれど、古くはどうであったのか。オランダや中国からの輸入の革を別にすれば、江戸での革は、大坂などから送られてくるか、関東地方で産したものであ

本革屋町だった通り。右は三越で、左前方に日本銀行。

る。鞣《なめ》された革は、革問屋へと運ばれる。つまり、新町以外の江戸の革問屋も、弾左衛門とは無関係ではないのだが、商取引がどのようになされたかが、よくわからない。

同じことは、武具屋《ぶぐや》や馬具屋《ばぐや》にもいえる。雪踏屋《せったや》や革煙草入屋《かわたばこいれや》、麻裏草履屋《あさうらぞうりや》、鼻緒《はなお》屋《や》などにもいえる。彼らは、町なかの革問屋だけからではなく、新町の革問屋や細工師とも交渉があったはずである。こういった職業については、皮革にたずさわって生業をたてている人として、弾直樹の文章にしばしば登場してくる。

すこし昔にさかのぼるが、弾左衛門が皮革の仕事をはじめたのはいつごろからだろうか。もちろん、そんなことはわかるはずがない。わたしのいいたいのは、「弾左衛門」という下級警吏の仕事と、皮革の仕事が、どちらがさきにあったのだろうという問いだ。この書では、弾左衛門は、司法の下級の仕事こそが本来のものであるという仮説から出発している。弾左衛門以外の長吏身分の者なら、必ず皮革の取り扱いがさきにきて、それから番仕事をまかされるようになったと断言できるのだが――。わたしの想像だと、どうも「弾左衛門」という存在は、穢多身分一般と、その本質ですこしずれているように思える。つまり、「弾左衛門」という職掌がひとつあって、それは武士階級と強く結びついている。そこへ、武具馬具の材料の生産者として武士階級に必要とされた穢多身分の人が呼ばれていつのまにか弾左衛門といっしょにされたふうにである。

　歴代の弾左衛門は、その「由緒書」で、中世において、自分たちが長吏以下二十八座を支配していたという。それを「頼朝御証文」（本部「付録2」参照）と呼んでいて、

《長吏　座頭　舞々　猿楽　陰陽師　壁塗　土鍋師　鋳物師　辻目暗　非人　猿曳
弦差　石切　土器師　放下師　笠縫　渡守　山守　青屋　坪立　筆結　墨師　関守
獅子舞　蓑作り　傀儡師　傾城屋　鉢扣　鉦打
右の外は数多付有之、是皆長吏は其上たるへし、此内盗賊の輩は長吏として可行之、湯屋風呂屋るい、傾城屋の下たるべし、人形舞は廿八番の外たるべし》

　というのが主文である。ここに名をあげられた座がどのようなものかは、本書の末尾に絵を集めておいたので、そちらを眺めてもらいたいが、ここでいいたいのは、

「右のほかにまだたくさんあるが、全部長吏の下で、長吏が一番上だ」という注記のほうにある。彼らは、賤民一般のうちでも「長吏」だけは別だというのだ。それでは長吏はどれほどのランクかといえば、「盗賊の輩《やから》」と同じぐらいだ、というのだ。ここにいう「盗賊」は、たぶん武士階級出身の盗賊をイメージしているはずで、いいかえれば、ランクは、「武士の最下級」だということになろう。もちろん、この文書は長吏身分の手で作られているので、そのことを思えば、ピーアールにすぎないともいえよう。だが、こういった文書の提出する先が、彼らの生殺与奪の権をにぎる町奉行に対してであることを思うと、一概にホラだとするわけにはいかない。

それにしても、斃牛馬《へいぎゆうば》の独占権を弾左衛門と長吏（穢多）が一手に独占しえたという意味は、再度、検討されたほうがよい。まずは、武士階級が武具馬具の原材料をスムーズに入手するため、その独占を長吏に許した。その過程で――あるいはそれ以前からか――革を鞣す技術までも長吏が独占してしまった。農民はそのことができなくなった。当然、このような背景があって、そのあとで、仏教による殺生を禁ずるイデオロギーが農民の頭に入ってくるので、たぶん、この逆ではない。仏教のイデオロギーがあって、農民が革鞣しをやめたというふうにはならない。東北地方においては、そこに仏教が深く浸透したにもかかわらず、農民の手によって革鞣しがつづけられているからである。

右のことを踏まえて、もっと深い謎を指摘しておけば——東北以外の農民が革を鞣すテクニックを持っていた時代があるのかどうか、だ。つまり、農民がいて、そのうちの何人かが革鞣しがうまくて、それを専業にしたとする。そのような分業があって、そのさきに長吏身分が生まれてくるのか、どうかなのだ。

東北以西の農民ははたして革鞣しができたのだろうか？　はじめからできなかったのなら、東北の農民はなぜできるのだろうか。

日本で革が古墳時代から活用されていたことは埴輪《はにわ》などで明らかだが、その革を鞣したのはだれだったのだろう。

5　非人たち

明治維新後の混乱期をのぞいてだが、江戸時代の後半では、浅草新町のなかで牛馬の革鞣《かわなめ》しは行なわれなかった、というのがわたしの持論だ。すでに新町囲内は超過密な人口を有していて、内側で、そのような作業は不可能だし、茶屋や船宿、吉原通いの人でにぎわう山谷堀《さんやぼり》も使えなかっただろう。近くの隅田川の河原で、古くは皮を洗い晒《さら》したかもしれないが、待乳山から今戸橋を渡ったこのあたりに、文人墨客の別荘や料理屋ができるようになっては不可能だろう。河原でずっと行なわれていたのは、今戸焼《いまどやき》のほうで、これは入谷《いりや》の朝顔市などにだす鉢や、土の雛人形《ひなにんぎょう》を焼いた。

江戸府内で出る斃牛馬は、武士の馬がもっとも多いだろう。えらい人の馬は埋葬され、そうでないのは弾左衛門に下される。町人の使う荷馬、農民の牛馬も同じである。それらを受けとりに行くのは、私見では、非人である。新町平之者が監督者としてついて行ったかもしれないが、働くのは、各非人頭のもとに組織された抱非人《かかえひにん》たちである。

明治元年（一八六八年）に弾直樹が書いた江戸の非人の数がある。

1、浅草（車善七《くるまぜんしち》）の手下三百六十三軒（うち小屋頭百十一軒）。
2、品川（松右衛門《まつえもん》）の手下百四十三軒（うち小屋頭四十二軒）。
3、深川（佐助）と木下川《きねがわ》（文次郎）の手下六十七軒（うち小屋頭二十二軒）。
4、代々木《よよぎ》（久兵衛）の手下三十七軒。

このうち、1の浅草在住の非人たちの主なメンバーは吉原の裏に住み、新町と近いこともあって、弾左衛門の職掌である「お仕置御用《しおきごよう》」のためにたえず動員された。江戸に流入してくる「潰《つぶ》れ百姓」を追い払う仕事、無宿《むしゆく》の狩込《かりこ》みもしばしば行なわれていたし、小塚原にある番小屋には、たとえば、六人が新町の者（「谷《や》の者」と呼ばれた）で、三人が非人であった。車善七を頭《かしら》に持つ浅草では、このような新町の手伝いのほかに、溜御用《ためごよう》——重病人や十五歳未満の囚人、それに女囚を収容する施設の番も命ぜられていた。忙しかったはずで、この周辺でも斃牛馬の処理はあまり行なわれなかっただろう。

品川は浅草とならび、非人の集まったところである。品川と浅草の両非人頭《ひにんがしら》は日本橋を堺にして縄張りをきめていた。西のほうの品川にも、溜がおかれたし、近くの鈴ケ森の刑場の手伝いをしなければならなかった。非人頭の松右衛門の屋敷は京浜急行の青物横丁駅に接した品川寺《ほんせんじ》のそばにあった。この付近は当時、浅草にくらべるとまだ都市化されてなく、農業に従事していた死牛馬が多く出た。そのような環境は、深川も木下川《きねがわ》も同じで、そこの非人は、河川の不浄物《ふじょうぶつ》の片づけなどのほかは、革鞣《かわなめ》しを手伝わされていたのではなかろうか。

弾左衛門は、しばしば非人頭と対立しながらも、彼らを配下に統轄する役目をはたしたと同時に、革口銭《かわこうせん》を徴収していた。ちなみに幕末の牛馬の革の口銭は、雄の牛皮は一枚につき銀四匁《もんめ》（一匁は六十分の一両）、雌は三匁。馬は二匁である。江戸の場合は、たぶん非人頭が集めて、年頭の挨拶に弾左衛門役所に出頭するときに上納した。このときにはまた、抱《かかえ》非人の人別帳《にんべつちょう》を持参し、新たに「掟証文《おきてしょうもん》」に署名するのがならわしだった。

非人頭が弾左衛門に約束する「掟証文」は、たとえば、つぎのような項目であった。

1、盗人《ぬすびと》やキリシタンは訴えます。

2、博奕《ばくち》をする者や怪しいものをそばにおきません。

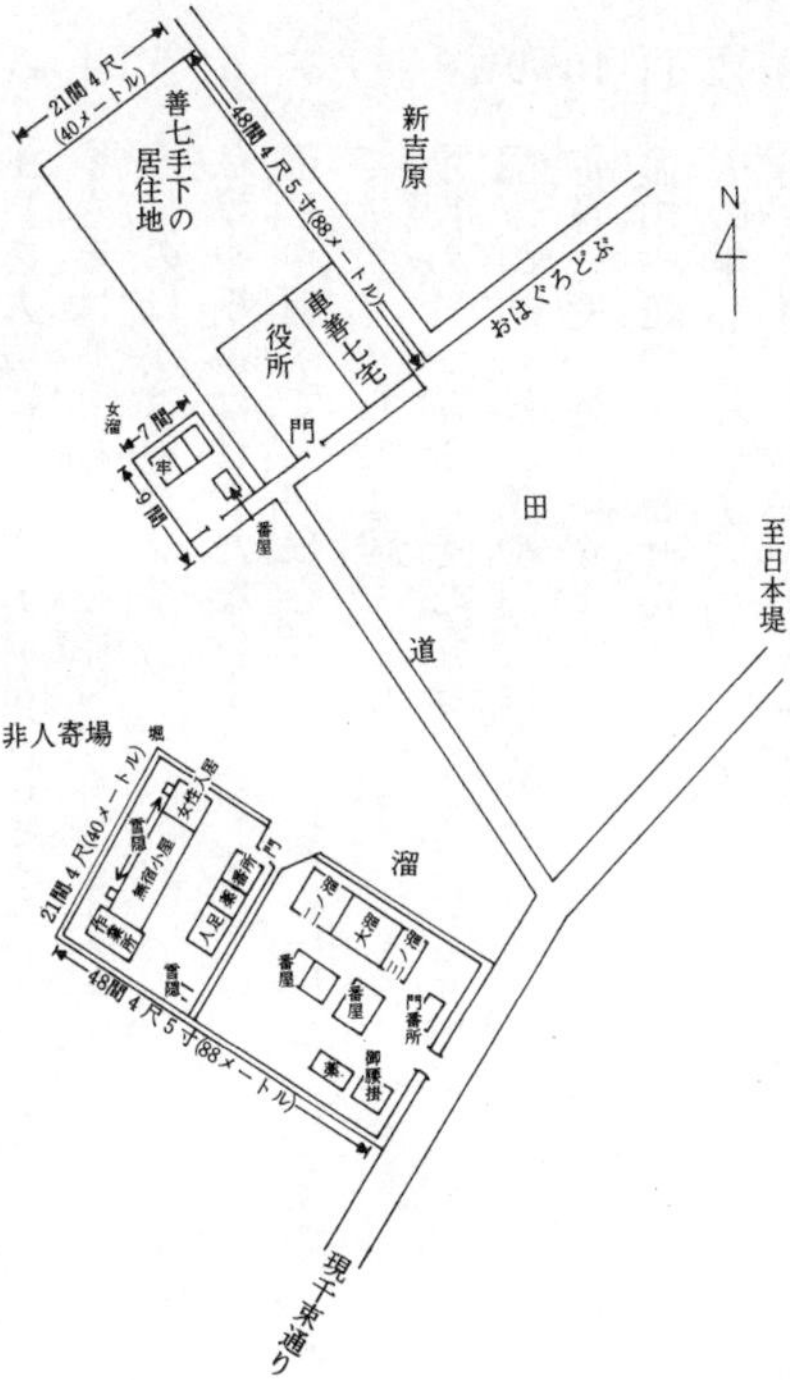

浅草小屋と浅草溜

今戸界隈の地図（『江戸時代部落民の生活（増補版）』高柳金芳、雄山閣）

3、生類《しょうるい》を大切にし、捨子《すてご》は報告します。
4、槍などはもちろん、脇差《わきざし》も刀も持ちません。
5、木綿《もめん》のほかは着ません。
6、仏事や祝事は目立たないようにします。
7、正しく調べて人別帳《にんべっちょう》をだすよう場主《ばぬし》に申しつけます。生死の増減や逃亡についてはすぐ知らせます。
8、場役《ばやく》の者が命令にそむかないようにします。
9、配下の非人に細工や商売はさせません。
10、毎月一度、髪を切ります。
11、頭巾《ずきん》や覆面《ふくめん》をしません。
12、火の用心をします。
13、乞食に出るときタバコは持ちません。
14、抱えている非人に無茶な命令をしません。
15、自分の抱えている非人のほか、みだりに非人をそばにおいたりはしません。

これまで述べたことと矛盾する項目——たとえば髪切りが毎月か隔月か、紙屑拾いをどう見るかなどの矛盾もあるが、時代の推移のうちに変化したり、証文が守られなかったりもしただろう。ゆるやかに考えてこれらの項目を読むと、当時の非人の生活

松右衛門と品川溜
左半分の上のところが男溜である。品川は非人小屋と溜がいっしょになっている。

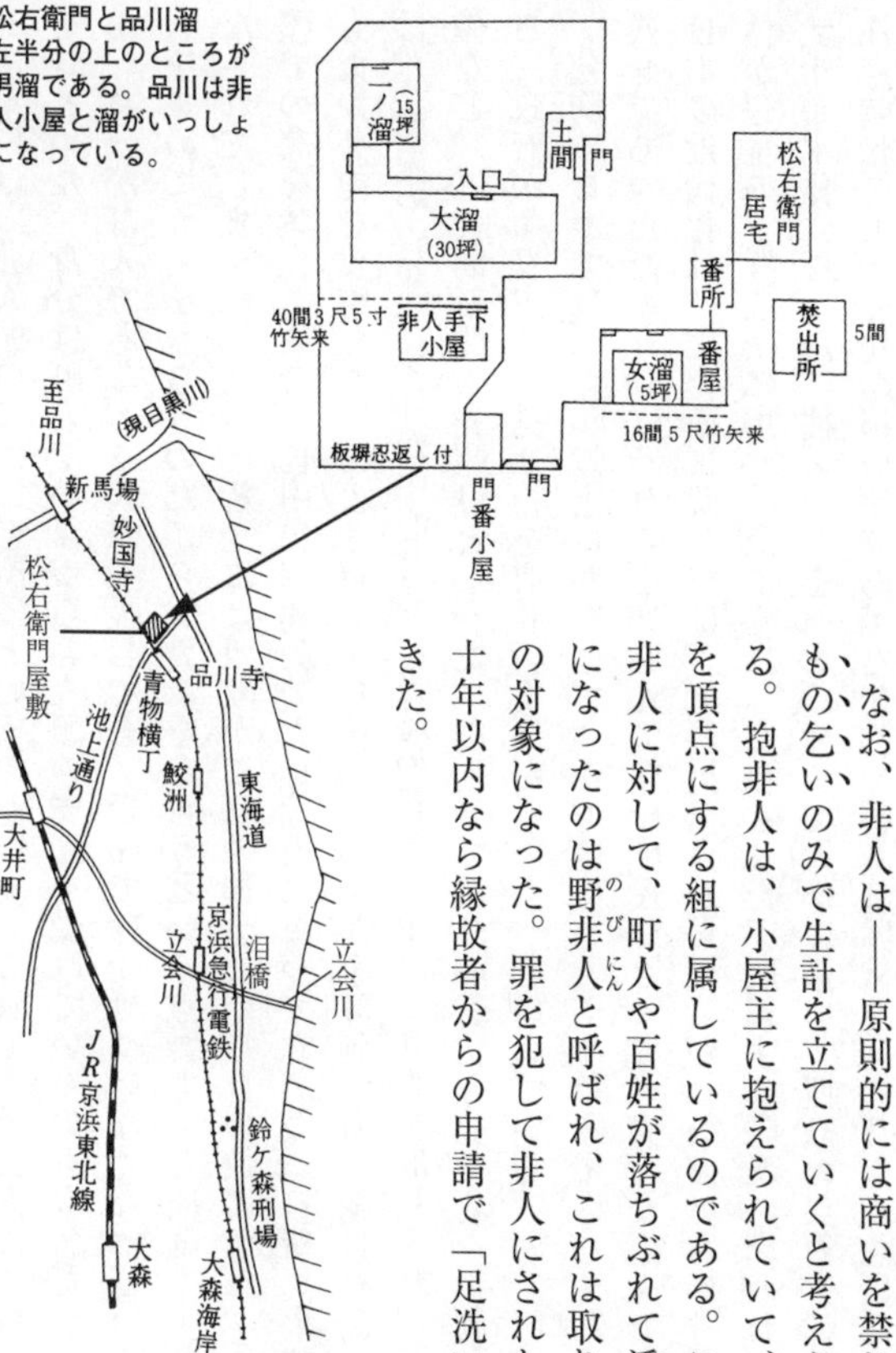

がいくらかは見えてこよう。

なお、非人は——原則的には商いを禁じられて、もの乞いのみで生計を立てていくと考えられている。抱非人は、小屋主に抱えられていて、非人頭を頂点にする組に属しているのである。これら抱非人に対して、町人や百姓が落ちぶれて浮浪の徒になったのは野非人《のびにん》と呼ばれ、これは取り締まりの対象になった。罪を犯して非人にされた町人は、十年以内なら縁故者からの申請で「足洗い」ができた。

浅草には、非人頭のほかに乞胸頭《ごうむねがしら》というのがいて、これは大道芸人のプロンプターをつとめた。身分は町人でいながら非人頭の支配を受けていたのも有名だが、いつしか、身分が町人であると本人が主張しても、世間では受けつけなくなっていた。芸で人を集めてカネをもらうのだから、カネをもらうという点で非人と同列——乞食と見なされてしまった。明治維新後には西欧かぶれの進歩人から目の敵にされ、ついに街頭での芸を禁止される。自由民権運動の火付け役になって有名な『日新真事誌《にっしんしんじし》』なども大衆芸能を攻撃した。およそ百二十年後、この新聞を評価する「朝日新聞」の記事は、「商況や官報、事件が中心だった当時の新聞の中で、評論を取り入れ、記事も正確など、近代的新聞の先駆けとなった。創刊号で浅草の低俗な見せ物を批判したところ、政府がすぐ、この見せ物を取り締まったという」とほめている。

乞胸《ごうむね》にとっては二百年以上にわたってつみあげてきた芸を継承できなくなったのは残念であっただろうし、それらを楽しんでいた庶民にとっても大きな損失であった。日本の近代化は、文化面に関しては、その出発点からまちがったのである。革命の主体が辺境の下級武士に担われたように、文化もまた、所属する階級を奪われた元下級武士が主体になった。彼らは刀をペンに替えて大学に通い、西欧の芸術を輸入した。江戸時代の大衆文化の担い手であった乞胸や香具師《やし》、宮芝居《みやしばい》の芸人たちには発言の機会はまるでなかった。彼らは、「伊豆の踊子」のように、地方へと流れていくことに

維新前後の日本の大道芸人（フェリックス・ベアト写真集『幕末・日本の風景と人びと』横浜開港資料館）

なる。

在方《ざいかた》の猿飼（猿廻し）も同じような運命をたどるのだが、新町にいた四、五十人の猿飼はちがった意味で維新とともに姿を消した。新町の猿飼は、長太夫《ちょうたゆう》と門太《もんた》夫《ゆう》という二軒の頭を持っていて、毎年一月十一日に江戸城に行き庭前《ていぜん》の仮舞《かりぶ》台《たい》で芸を見せた。将軍までも列席し、廏《うまや》のお祓いをする。正月のその行事のあとは、旗本や諸大名の屋敷に行って、馬が病気にかからない（病が去ル）ようにと猿を踊らせるのである。つまり、新町にいた猿飼は大道での芸はやらなかったので、武士の没落と運命をともにしたし、馬が他の交通機関にとってかわられて市中から姿を消すと、猿の呪術性も必要がなくなるのである。

6　在方の被差別民

弾左衛門役所は、江戸府内だけではなく、関八州とそのほかの土地の被差別民——穢多、猿飼、非人をも支配していた。ここでは、主として穢多（長吏）身分について見ていくが、関八州にちらばるおよそ六千軒の家がどのように分布していたかは不明のままだ。

ただ、ここ数年、地道な努力によって各地の村から貴重な資料が掘りおこされ、活字にもなって、教えられることが多い。それらの文書のうちには、浅草新町について記したものもあり、たとえば、「上州小頭三郎右衛門文書」（上野国植野村〈群馬県前橋市〉の長吏小頭。享保三年〔一七一八年〕から明治期までの古文書が発表され、雑誌「東京部落解放研究」の第六三号、第六五・六六合併号、第六八号に収録されている）には、はじめて十二代の弾左衛門（周司）が新町に迎えられて、まるで大名のようないかめしさで、白山神社、亀岡八幡宮、本龍寺を回る道中が記されていた。

《亀ケ岡八幡宮之御参詣、同御《ご》菩《ぼ》提所《だいしょ》今戸町本龍寺御廟参《ごびょうまいり》行列》

とか、

《烏帽子《えぼし》狩衣《かりぎぬ》ニて右之通り御参詣ニ付於神前中、森日向正殿御祓《おはらい》有之夫《それ》より周司様其

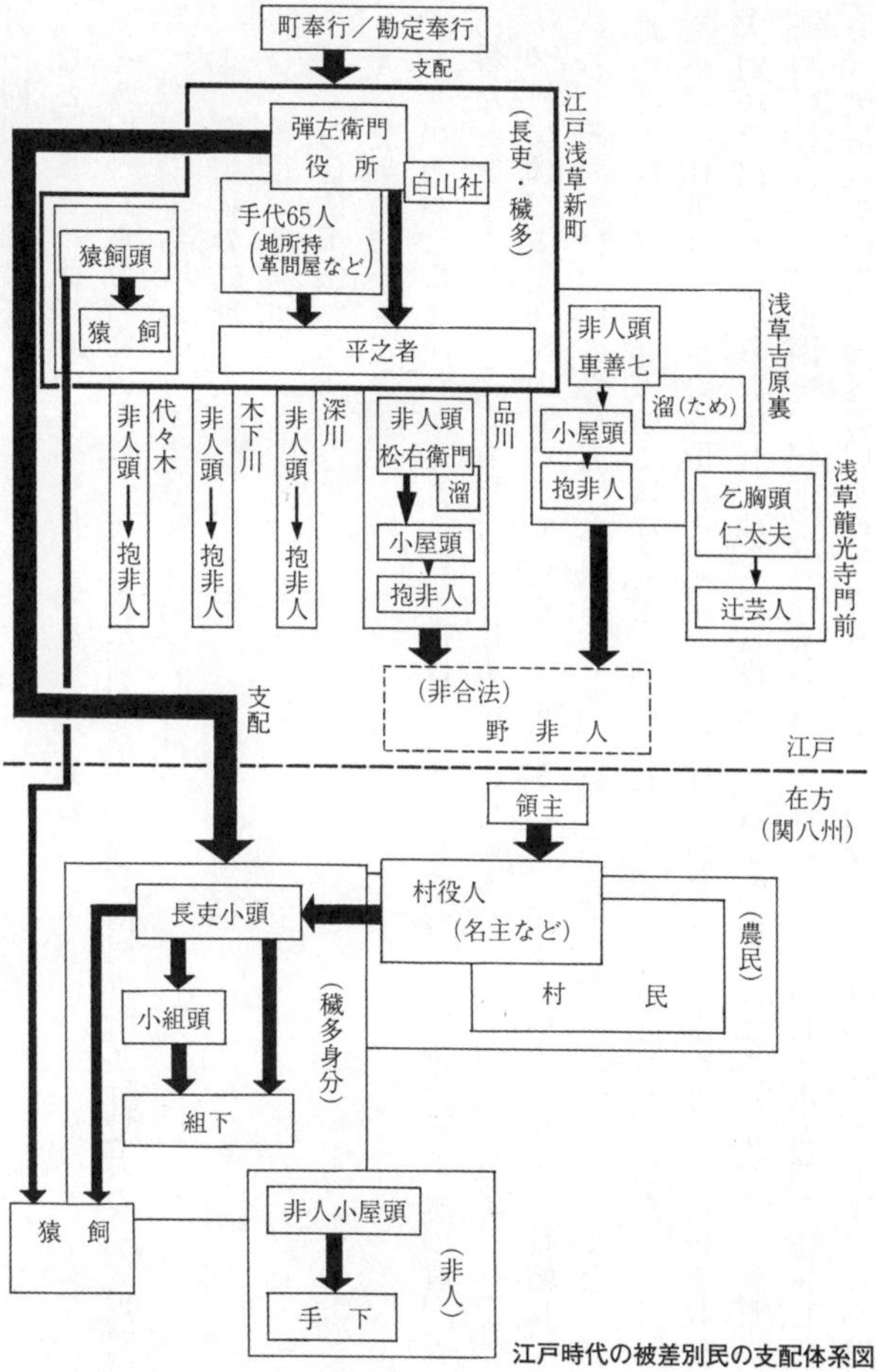

江戸時代の被差別民の支配体系図

外一同同殿ニ御入》
など、まさに徳川家の行列を見ているようである。
そういった地方の文書から、村の被差別部落が、弾左衛門役所と村役人の「二重懸《がか》り」（二重の支配）であったこと、仕事としては、
1、斃牛馬の処理。
2、番役《ばんやく》。
3、お仕置手伝い。
4、農業のほか草履《ぞうり》作り。
などがあったことがわかる。2の番役は、農民に頼まれて、田畑の番や水の番、火の番などをするので、非人もまたこの仕事についている。

各村には、被差別民の頭として「長吏小頭」がいて、代々世襲して配下を統轄している。その下に、穢多身分の「小組頭《こぐみかしら》」とか「組下《くみした》」（平之者）がついた。また、在地の非人は、江戸の非人頭ではなくて、この「長吏小頭」に支配されていた。

小頭の仕事は、けっこう忙しそうで、年始に江戸浅草新町に出かけて、役銀《やくぎん》を収め、人別帳を出さねばならないし、地方の村役人に年貢を納めねばならなかった。新町役所や村役人からの指図を、配下に触れまわらなければならないし、小組頭を任免したり、欠落《かけおち》（失踪者）の者の届《とどけ》を作ったりで、なかなか繁雑であった。このような小頭

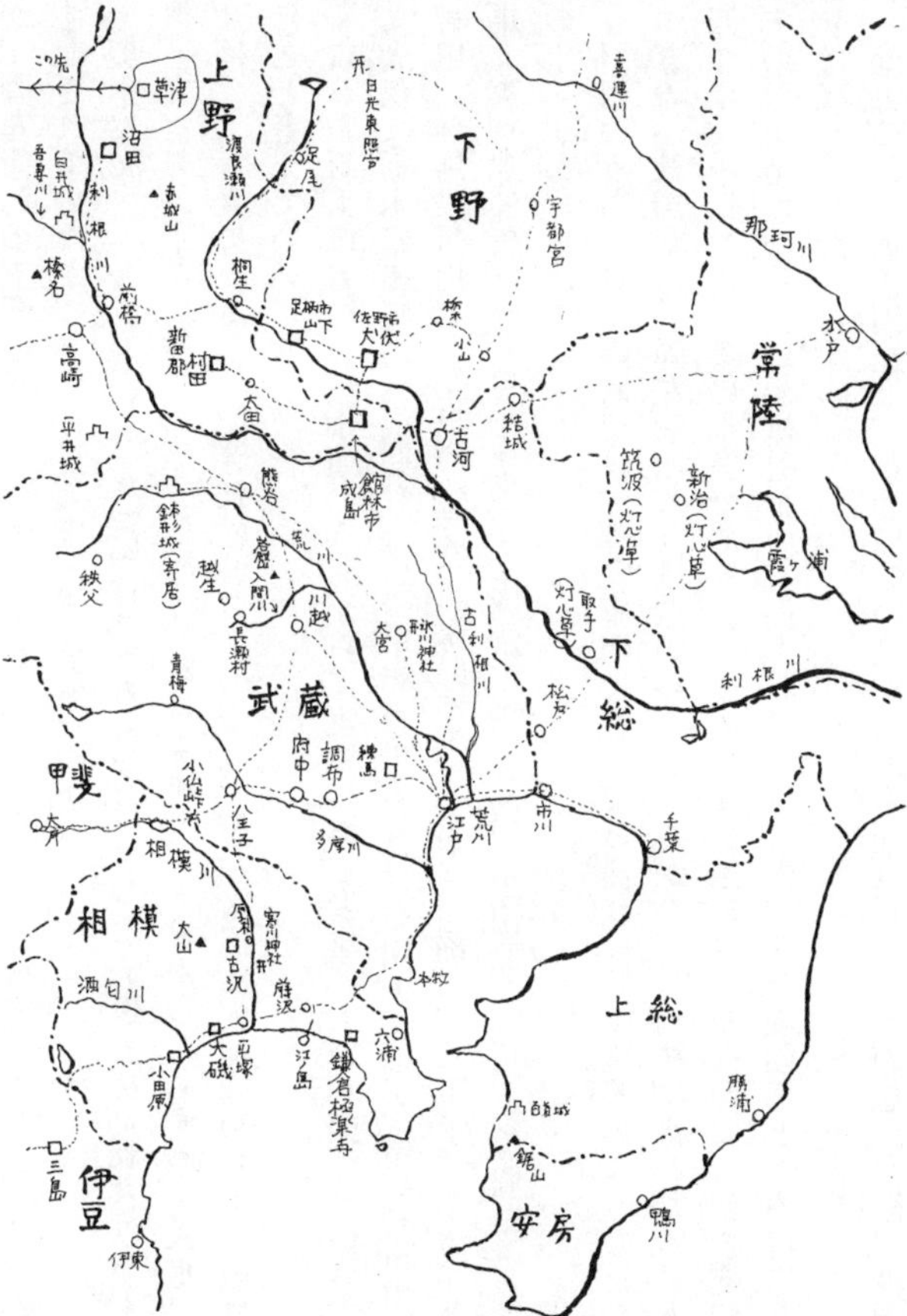

関東地方の地図（□印が「大組小頭」の所在地）

が、弾左衛門の支配の範囲で何人ほどいたのか――かっては五百人という数字がたえず記されていたが、まずは百人ほどではないのか。

慶応三年（一八六七年）の「隠密」が奉行所に出した文書（『決定版資料浅草弾左衛門』の二三九ページに収録）があるが、それによると、一村から二名ずつ「人足」を出せば、二百人になると、記されている。つまり、弾左衛門支配範囲の長吏小頭は百名ほどと考えていいだろう。

これら百人ほどの長吏小頭のうちから、実力のある者を「大組小頭《おおぐみこがしら》」といい、《犬伏《いぬぶし》（栃木県佐野市）、館林《たてばやし》（群馬県館林市成島村）、山下（栃木県足利市山下）、村田（群馬県新田郡）、古沢（神奈川県厚木市下古沢）、沼田、八王子、草津》と《練馬（東京都練馬区）》と《極楽寺（鎌倉市）、大磯、小田原、三嶋（静岡県三島市）》の十二があげられる。

引用のうち、まえの八つは、弾左衛門にとっては譜代《ふだい》にして直参《じきさん》のようなもので、つぎの《練馬》は、弾左衛門家とは深いむすびつきがあり、別格に扱われる。あとの四つは、中世の後北条の本拠であり、小田原の長吏頭の太郎左衛門によって支配されていた土地になる。いわば外様《とざま》で、関八州においても、北方内陸部と相模湾岸との対立は残っていた。

地方に住む被差別民は、革の口銭のほかにも家別役銀《いえべつやくぎん》というのを弾左衛門役所に納めなければならなかった。長吏で一軒につき一年間、およそ五匁、非人は三匁ほどであった。もちろん諸物価にあわせて、数十年ごとに値上げになっていて、ここに記したのは幕末の額《がく》である。

以上で、「弾左衛門制度」ともいうべき組織のアウトラインを述べたが、つぎの章では、これらの具体的な様相を知るためにも、最後の弾左衛門の小伝をつづっておこう。兵庫県に生まれて、東京浅草に養子にきた寺田小太郎こと弾直樹について、わたしは小説『浅草弾左衛門』でかなり細かく描いてきたが、十年まえにはまだわからないことも多かった。それがここ数年、多くの人たちの地道な努力もあって、新資料がいくつか紹介されている。小説のほうはフィクションだからいまのままでよいが、ここでは「事実」にこだわって、その一生を述べておこう。

第三章
弾直樹の生涯（小伝）

1　寺田小太郎の故郷

神戸市の三宮駅を出た東海道本線の上りは、灘《なだ》、六甲道《ろっこうみち》、住吉《すみよし》と駅をたどる。六甲道駅と住吉駅のあいだには、石屋川が流れていて、かつては六甲山で採れる御影石《みかげいし》を船で運んだ。また住吉駅のすぐ東には住吉川が流れている。

住吉駅でおりて、住吉村の坂をくだると中ノ町がある。六甲山と瀬戸内海のあいだの平地で、浜までくだると右手に淡路島が、左手の海のさきに、堺市から和泉市にかけての大阪府の町が見える（いまは埋立てがすすんで海岸が遠くなっている）。

中ノ町は古くからひらけた土地で、四世紀中ごろに建てられた本住吉《もとすみよし》神社があり、求女塚《もとめづか》（東《ひがし》）と呼ばれる前方後円墳もある。いまの住所でいえば、神戸市東灘区住吉町一丁目である。

住吉村は、維新直後のころ、五百五十戸、二千人少しが住み、山田町、空町、西町、茶屋町、吉田町、中ノ町、呉田町の七ケ町にわかれていた。中ノ町が被差別部落で、八十八戸があった。
小太郎《こたろう》が生まれたのは、ここである。当時は摂津国に属し、菟原《むばら》郡灘《なだ》住吉村中ノ町であった。

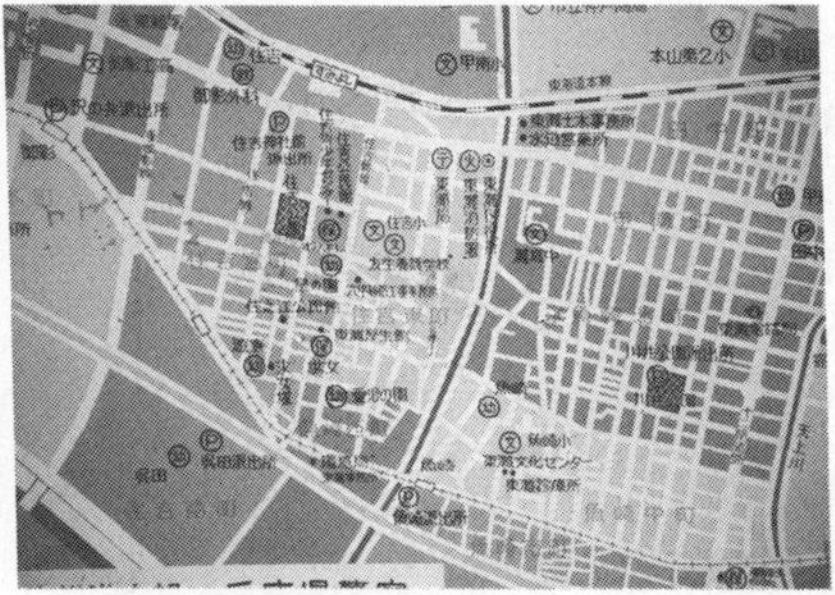
住吉町の案内図。中央上下の黒い線が住吉川で河岸に造り酒屋が並ぶ。阪神本線と交叉する位置が魚崎（うおざき）駅。

父は寺田《てらだ》利左衛門《りざえもん》といった。

寺田家の先祖は、寛永四年（一六二七年）に、婿養子になった利左衛門が分家したのにはじまり、三十六石ほどの田地を持ち、中ノ町の長吏年寄役などをつとめた。また、医業にもたずさわっていたが、しだいに没落し、田畑の多くを手放していた。

小太郎が生まれたのは、文政六年（一八二三年）未《ひつじ》年で、このころ父の利左衛門は二十九歳になっていた。田畑は八石ほどしか残っていなかったが、小太郎に学問をさせることはできた。

母はせんといった。京都の元銭座《もとぜにざ》村の専左衛《せんざえ》門《もん》の娘で、十代の終わりに、中ノ町の寺田家に嫁いできた。利左衛門より四つばかり若く、小太郎が生まれたときは二十四で、そのとき、すでに四歳になる長女のい久がいた。

祖父も利左衛門を名乗ったが、すでに死んでいた。祖母は摂津国の豊島郡から嫁にきたが、これまたすでに亡かった。

ただ父の姉のセう（小太郎の伯母）は広島県の西松原村西の長吏頭《ちょうりがしら》河野平三郎（平三郎による「由緒書」では、毛利輝元が広島城の築城に際して、沼田郡楠村〔広島市安佐《あさ》南区〕から、同郡川田村に移住させられたという）に嫁いでいて、その家は河野家の本家であった。

河野家の分家が佐伯《さえき》郡廿日市村にあり、そこの河野団左衛門家からは、十一代の弾左衛門を出していた。富三郎といい、弾左衛門の十代金太郎に子がなかったので養子に入った。文政五年（一八二二年）に十五で養子になったので、小太郎の生まれた年には十六、すでに浅草新町の屋敷にいたことになる。

しかし富三郎は文政十一年（一八二八年）、小太郎が六歳のおりに、二十一という若さで死んだ。そのあとを継いだのが、長野県松本市出川村《いでがわむら》の長吏頭大友彦太夫《おおともひこたゆう》の弟で周司《しゅうじ》といった。富三郎を出した広島の河野団左衛門家に一度養子に入り、そこから江戸へむかったことになっている。

つまり、広島の河野家の存在は一目おかれていたのであり、そこと縁戚関係のある利左衛門は、いまや斜陽であっても、家柄《いえがら》は認められていた。

文化文政の爛熟期のあと天保の大飢饉が襲ってきたが、小太郎は父のあとをついで中ノ町で一生を送れるはずであった。小太郎五歳のとき、弟の織江《おりえ》が生まれた。妹のてい、末子の勝見《かつみ》とつづいた。祖父母は死んでいないにしても、五人の子で寺田家はにぎやかであったことだろう。

このころ摂津周辺の経済的な活動は他の土地よりはるかに進んでいて、住吉村全体では農業に従事する者は三分の一ほど、あとは菜種《なたね》から絞油《こうゆ》する仕事、御影石の生産と運搬、灘の酒造り、酒樽作りなどに従事するようになっていた。中ノ町の住人も、住吉川で革鞣《かわなめ》しもしただろうが、これらの仕事についていた者も多かった。

私事になるが、わたしは魚崎《うおざき》に親戚があった――まだ高校生だったが、夏休みに何度か行き、住吉川のほとりとか酒倉の並ぶ道を歩いたことがある。そして、こんど住吉神社から中ノ町のあたりを訪ねたとき、わたしはいつのまにか阪神の魚崎駅へと住吉川を渡っていたのだ。用事は終わっていたので、むかし歩いた道を、三十年ぶりに歩き、自分が住吉村出身の人について小説を書くことになった縁を不思議に感じていた。

小太郎にとっては、江戸浅草新町で起こったことが、そのときはまったく関係がなくても、しばらくのちに縁になった。なにがあったのか、よくわかっていないのだが、町奉行と周司はそりがあわなかったし、新町での支配もうまくいかなかったようだ。
周司になにがあったかを推定さす文書は、遠山の金さんとして有名な南町奉行の遠山《とおやま》景元《かげもと》が北町奉行に出した、弘化二年（一八四五年）十二月三日付のつぎの文である。ポイントになるところを引用しておくと、

《右者一体弾左衛門養父周次儀、平生業状不宜より事起、手代共之内ニ而如何之取計等有之趣ニ而、既、右周次者去ル戌年中、筒井紀伊守勤役中、品々風聞入御聴、肥後守殿より御沙汰有之、其節取調伺之上、他行差止、退身為致候程之ものニ付》（『決定版資料浅草弾左衛門』二一六ページに全文収録）

とある。意味は、「これまで述べた右のことは、いまの弾左衛門（小太郎）の養父の周司が、平常の行ないが悪いためにおこったのだ。手代どもの内で、どのように取り計らうかの考えがあるようではある。右の周司は去る天保九年（一八三八年）に、南町奉行筒井《つつい》政憲《まさのり》のおり、悪い評判を耳になされ、肥後守よりの連絡もあって取り調べ、他業差し止め、退身させたほどの者だ」といったところだろう。

「他業差止、退身」とは、謹慎処分と弾左衛門職を罷免《ひめん》させられたことを意味するが、同じことを、

《私儀去ル戌年十月上旬病身相成候ニ付諸御用向之儀事馴候手代共差出御差支無之様可仕段同月五日両御番所様江御訴奉申上候処御聞被置候》

と、周司自身が奉行所へ申しあげている。

素行が悪くてやめさせられたのだが、表向きは病気を口実にしたのだろう。文の意味は、「私は去る天保九年（一八三八年）十月上旬に病身になりましたので、いろいろな御用は、事なれた手代どもにまかせることとし、そのことを訴えて十月五日に聞き入れられました」というものだ。

文政十二年（一八二九年）十二月十八日に弾左衛門十二代目になった周司は、九年目の天保九年十月五日にやめさせられたのだ。

中ノ町の寺田小太郎が十六のときである。

2 復役運動と相続

だが、周司も無念だったろう。味方になる小頭《こがしら》の有力者もいた。

翌年の一月から三月にかけて、周司の復役の運動がくわだてられた。その間の事情を、池田秀一氏が、半右衛門《はんえもん》の『道中日記《どうちゆうにつき》』を読みとくことで明らかにした（池田秀一「天保年間の弾左衛門代替りについて」（『歴史評論』四六四号）参照）。

半右衛門は、永年、山下村《やましたむら》の長吏小頭をつとめていた。栃木県足利市から桐生《きりゆう》にむかってすぐの土地である。この半右衛門が、『道中日記』を残した。しかも、無念の周司が必死に復役の策を練っていた天保十年（一八三九年）の一月と二月の日記であった。

日記によれば、半右衛門は一月十八日に山下村を出た。新町に着くや、周司や手代と相談のうえ、一月二十六日付で、牢屋見廻りの小原清次郎ら役人に「願書」を提出した。

それによると、なかなか弾左衛門の相続人は見つからず、かつ手代だけで代行するのも大変なので、しばらくは周司が弾左衛門に復役したほうがよいのではないか、という訴えである。

一方、各地の主だった小頭――「大組小《おおぐみこ》頭《がしら》」を新町に呼び集め、大がかりな運動をくりひろげようと計画した。

大組小頭の中心になるのが、この山下村の半右衛門で、ほかに佐野市の犬伏村小頭の太郎兵衛、そこからすぐの館林市の近く、成島《なるしま》村《むら》小頭半左衛門の三人であった。

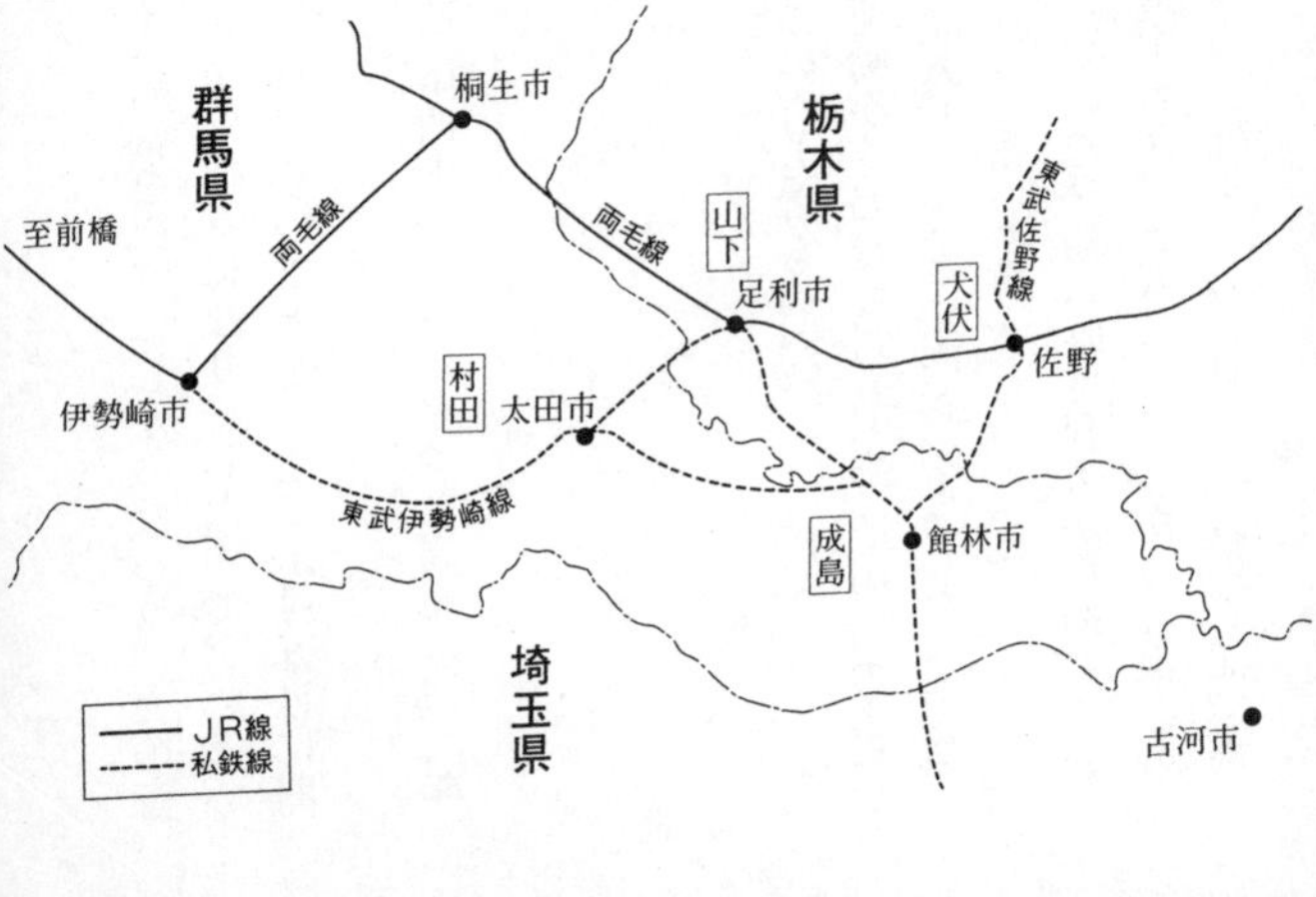

だが、大組小頭のなかには消極的な者もいて、小田原の太郎左衛門は足が痛いといって出府せず、三島や鎌倉、古沢（厚木市）の小頭などは、江戸に出ても急用ができたといってすぐに帰ったりしている。

ただ大磯の助左衛門は、後述するが、かつて弾左衛門のお声がかりで古沢の配下から脱したことがあって、このときとばかりに忠誠をつくしている。が、全体の基調として、北関東の譜代《ふだい》の小頭と、相模の外様《とざま》の小頭は対立している。

復役の願いは、半右衛門と佐野の太郎兵衛を中心に、周司の実家の松本からきていた八三郎、それに新町白山社の別当など二十四人が訴人となって、どうにか提出にまでこぎつけた。しかし、結果だけをいえば、この復役願書は小原清次郎によって却下された。

三月三日に半右衛門は、佐野の太郎兵衛とともに新町を出て、失意の帰途についた。

もはや周司に残されているのは、後任の弾左衛門を早急に探しだして町奉行に申し出ることだけだった。その候補者探しに、どれほど奉行が口をはさんできたか、どのようなルートで寺田小太郎の名があがったのか、細かくはわからない。

寺田小太郎のもとへ現れたのは、渡辺村《わたなべむら》の岸部屋九兵衛で、中ノ町とは皮革の取引関係があった。

大坂の渡辺村は、木津川《きづがわ》ぞいの木津村にあって、三町ほどの長形の囲いになってい

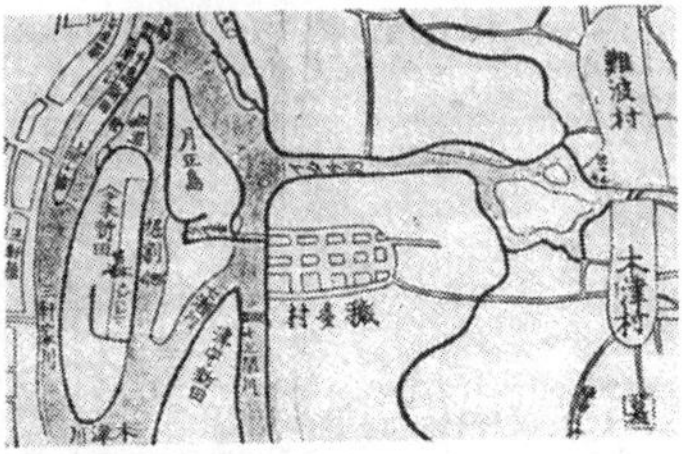

大坂渡辺村の地図（『江戸時代の被差別民衆』久保井規夫著、明石書店より）

た。大坂府内の長吏身分の者はこのなかに集められている。江戸の新町と同じように「役人村」であったが、専制する頭《かしら》がいなくて、革問屋の主だった者の会議で運営されていた。

つまり、周司の後任の人事は、江戸の新町と町奉行のあいだだけではなく、京都や大坂などとも相談されていたのだ。寺田小太郎を推す者は、革問屋の岸部屋九兵衛のほかに、その分家の榎並屋徳兵衛、渡辺村でもっとも力を持つ太鼓屋又兵衛もいた。

はじめ小太郎の父の利左衛門は反対した。わたしが小説『浅草弾左衛門』を書いたころには、利左衛門とせんの名をやっと探りあてたほどだが、養子の話に利左衛門とせんとが驚き反対する場面を入れておいた。たぶん、そのように、母のせんは、もっとも反対しただろう。

しかし、渡辺村の有力者三人が「世話人」に名を並べての説得に、ついに同意してしまう。せんの実家の京都でも、小太郎の養子に賛成だった。

岸部屋九兵衛は、周司のまえの十一代弾左衛門の富三郎が安芸《あき》から入るときにも関係していて、そのことが江戸での合意をとりやすくしたのであろう。話はほぼまとまり、十七歳の小太郎は、とりあえず江戸にむかうことになった。

天保十年（一八三九年）の九月、新町から手代が迎えに住吉村中ノ町へきて、江戸まで同道した。

寺田小太郎が新町に着いたのは十一月二日であった。

十一月四日に、町奉行へ「養子家督相続願い」が提出される。そして、この間、小太郎が「弾左衛門」を相続したあとも影響力を維持しようとする周司支持派の画策がつづいた。足利市山下の半右衛門と、佐野市犬伏の太郎兵衛、館林市成島の半左衛門らは、息のかかった嫁を小太郎のもとに入れようとした。極秘に、小太郎の「御新造」探しがはじめられた。

佐野市犬伏の太郎兵衛の家に、十六と十三の女子がいた。姉をうらといい、妹をくらといった。この姉のほうに白羽の矢が立った。

弾左衛門家にいる七十歳余りになる老母の病気見舞に事よせて、大組小頭のうちの周司派が集まり、この縁組を進めることになった。

十一月四日に提出した「家督相続願い」は、なぜかうまくいかず、年のあらたまった翌年、天保十一年（一八四〇年）六月に、いま一度、「願い」は提出された。七月になって町奉行から新町役所に、小太郎で手下たちは納得するのかと質問、それは心配ないとの返書が提出される。八月になって町奉行は独自に隠密を摂津に放ち、住吉村の寺田利左衛門家について調べあげている。その調査をまって、いま一度、新町役所に、「小頭たちは文句はないのか」と念を押した。十月二十二日に相続が許可となる。

御目見《おめみえ》は、十一月六日と決まった。

御目見とは、両町奉行に会い、正式に相続をいい渡されることである。

十八歳の寺田小太郎は、手代四人を背後に控えさせて、南町奉行所の白洲にすわった。お掛りの南町奉行の筒井《つつい》政憲《まさのり》が、

「穢《え》多頭《たがしら》小太郎事《こと》弾左衛門」

といい、それだけで終わった。

話があってからほぼ二年、あれほど慎重に事をすすめた町奉行だが、儀式はあっけなかった。

ほぼ一ケ月のち、これまた密かに進められていた縁組が行なわれた。

十二月四日、佐野市犬伏の小頭の太郎兵衛のうちでは、娘うらの門出《かどで》の祝宴がはられた。翌日、うらは江戸にむかい、館林の半左衛門親子が同行した。

小太郎は一歳年下の十七のうらを嫁にした。

が、たぶんこの縁組は町奉行の意にはそわなかったのだろう。

一年後に離縁になった。

うらは佐野犬伏の実家にもどり、一生をそこで送ることになった。

3　天保改革と鼻緒一揆

水野忠邦《みずのただくに》が老中首座についたのは、小太郎が十三代弾左衛門を継ぐ前年であった。外国船が沿岸に現れていたし、国内は飢饉のあとで、貧富の差がひろがっていた。大塩平八郎といった武士までが世なおりを唱える時代に入っていた。

水野忠邦は、鳥居耀蔵《とりいようぞう》などを使って市中をきびしく取り締まるとともに、独占をほしいままにしていた問屋《とんや》に対しては、株仲間解散令をだした。天保改革《てんぽうのかいかく》である。江戸の十組問屋《とくみどいや》、大坂の二十四組問屋の解散ののち、いっさいの問屋や株仲間が対象になった。弾左衛門の保持していた灯芯の売買もまた占売り《しめうり》であったため禁じられ、茨城県の新治郡《にいはり》、筑波郡《つくば》、相馬郡《そうま》（茨城県取手市の近くだが、かつては下総国に所属していた。六九ページの地図参照）の灯芯草作りの農民はどこに売ってもよくなった。

弾左衛門になるとすぐにうらと結婚、一年もたたないうちに離婚させられた小太郎は、ついで襲ってきた難問題――この経済的打撃からどう立ちなおればよいのか苦慮しなければならなかったし、他方では、野非人を江戸から追放する仕事をたえず押しつけられていた。飢饉の影響もあって困窮した百姓たちが、田畑を捨てて江戸へ流れこんできたからである。

世相はぎすぎすとしていた。

そのような世相を背景にして起きたのが埼玉県越生《おごせ》での鼻緒騒動《はなおそうどう》であった。

当時、江戸から越生に行くには、内藤新宿へ出て、中野、田無《たなし》、入間《いるま》、飯能《はんのう》を通って行くのが普通であったが、いまは池袋から東武東上線に乗り、川越のさきの坂戸《さかど》まで行く。ここで東武越生線に乗りかえる。

この坂戸で乗りかえずに東松山にむかうと、すぐに左手に物見山《ものみやま》がある。いまでは大学のキャンパスが広がっているが、その山中に岩殿観音《いわとのかんのん》がある。ここに改革の嵐の吹きあれるさなかの天保十三年（一八四二年）三月に、近在の十八ケ村の被差別部落の代表が集まった。当時、集会は禁じられていたので、岩殿観音に天水鉢《てんすいばち》を奉納するためとした。その席で、越生の近くの長瀬村の代表の貞右衛門《さだえもん》が、

「このように集まることはまたとあるまい。今後どんな困難がわれらのうえにふりかかってくるかもしれないが、そのときはお互いに連帯して助けあおう」

といい、全員が賛成した。

鼻緒一揆はその翌年におこった。

事のおこりは、長瀬村の辰五郎というのが、竹皮の鼻緒を売りに越生村にあらわれたのにはじまる。

辰五郎は、越生村の中ほどにある日野屋という雑貨店に入り、

「いつものように鼻緒を買ってください」

といった。

「いや、いらない。もう、おまえたちからは買わない」

と日野屋善兵衛はいった。

飢饉後、生活に困った百姓たちが、それまでは被差別民の仕事であった鼻緒作りを内職にしはじめたのだ。辰五郎はそう直観したが、こんどは店にいた客に、

「買ってくださらんか」

といった。

「いらん、いらん。第一、てめえらと取引してはけがれるわ」

客はいい、店の手代たちも辰五郎をとりかこみ雑言をあびせ、店の表に叩きだしてしまった。

辰五郎はがまんができなかった。長瀬村にもどると仲間と語らい、その日の夜と翌日に日野屋に押しかけた。善兵衛のほうで取りあわないので、ついに暴れまわり、家財や商品を土間に投げつけた。

七月二十三日であった。

日野屋はすぐに関東取締出役《とりしまりでやく》に訴えた。一方長瀬村は、前年に連帯を約束した村に助けを求め、また浅草の弾左衛門に使いを送った。

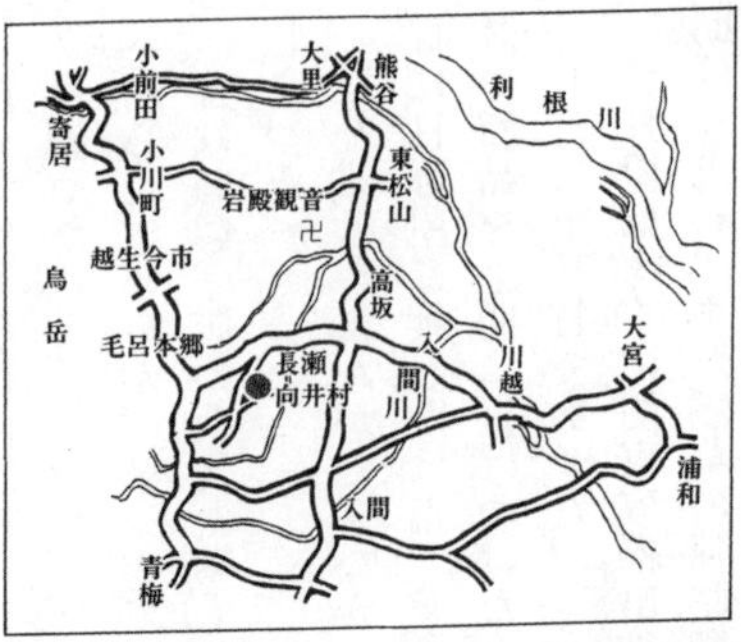

武州長瀬周辺図

八月四日に関東取締出役の手下の小川町《おがわまち》の者が捕方人足《とりかたにんそく》三十人をつれて、長瀬村になだれこんだ。辰五郎を逮捕しようとしたのだが、逆に包囲され、一軒の家に全員がとじこめられてしまった。事態は一気に緊迫した。近在の部落からは岩殿観音の約束どおり救援の人たちが駆けつけてきて、五百人にもなった。それこそ前代未聞の大事件である。

「この騒動、江戸はじまって以来ならば、日本一の騒動。その発頭人《ほっとうにん》と目《もく》されるのは冥加《みょうが》のいたり。一度死ねば二度とは死なぬ。一命を捨てるは本望《ほんもう》である」

と長瀬村のリーダーのひとりがいうが、そのとおりの事件になった。

天保改革が引きおこしたリアクション――改革への大衆の側からの行動であるこの長瀬村の一大一揆については、教科書や通史でもとりあげるべきだが、まだそうなっていない。ただ事件のわかりやすい記述として、和気紀於『被差別部落の大騒動――武州鼻緒騒動記』（明石書店）や川元祥一『物語り武州鼻緒騒動』（批評社）などがあり、わたしも小説『浅草弾左衛門』の第一部で、ほぼ事実どおりに詳述しておいた

（これらの本のもとになった「穢多駆騒動記」の原文は『近世関東の被差別部落』石井良助編〈明石書店〉に収録）。

ここでは、ただ弾左衛門との関係だけを見ておこう。

事件は、国定忠治《くにさだちゅうじ》を探して群馬県に出むいていた関東取締出役と江戸から駆けつけた同役とで暴力的にして詐術的に圧殺される。つかまった長瀬村の九十七人が江戸送りになり、このうち五十人ほどが毒殺された。つまり、「牢死者」と資料に記された者が、九月の十六、十七日にかたまっているため、毒殺の疑いが濃厚なのである。

さて、弾左衛門との関係であるが、長瀬村の者は浅草新町の役所へ助けを求めて走った。八月五日に五名の代表が、新町役所の手代の小鹿野郡《おがのぐん》右衛門《えもん》に訴えた。

「筋が通らぬ」

が手代のこたえだった。

ここのところは、長瀬村の側に立って見れば弾左衛門役所の冷淡さがきわだつが、役所の側から見れば、合点のいかぬことだらけだった。

つまり、長瀬村の者は、事件の発端となった辰五郎の鼻緒売りの話を隠し、突然に二十九人の者が村に踏みこみ、相続講《そうぞくこう》をしていた家に入り金子《きんす》を奪ったので、二十九人全員を村の者がつかまえた、としかいわなかったからである。

「どうして越生の役人にとどけないのか。農民と長吏とのトラブルは、村役人が裁定をくだすという決まりだ」

小鹿野郡右衛門は首をかしげた。

長瀬村の五人にとっては、越生の農民と闘っているのに、そのことを越生の村役人に訴えることなどできはしない。負けるにきまってる。

「まず弾左衛門さまに訴え、お指図を受けようと思いました」

長瀬村の者はいい逃れようとした。

「おまえたちはなにかたくらんでいる。しばらく新町の牢に入れておく」

それが手代の結論だった。が、それでも弾左衛門の役所では、長瀬村の者が持参した訴状《そじょう》に押印《おういん》をして奉行にさしあげもした。ここのところを、どう判断するかで、このときの新町役所の性格もつかめてくる。長瀬村の配下の者に、村役人に訴えなかったといって叱り入牢を申しつけ、一方では訴えを認める印まで押して奉行に届けたのだ。

官僚的処置というべきだろうか。それとも仲間の訴えを無下《むげ》にはしなかったとほめるべきだろうか。

のちに、よく調べないで押印した咎《とが》で弾左衛門周司は信州の実家に送りかえされるのである。押込《おしこめ》という刑であった。もちろんこのとき周司はすでに隠居しており、小太郎が弾左衛門なのである。なのに、町奉行はなぜか周司のほうを罰した。判決のでたときには、すでに天保改革は失敗に終わっていて、水野忠邦は去り、老中は二十歳代の阿部正弘《あべまさひろ》に替わっていた。としても、小太郎弾左衛門が無傷で終わったのは、どうしてなのか。

さらに長瀬村の件では、小太郎弾左衛門を試すようなことがあった。すでに述べたように江戸送りになった半数が毒殺されている。江戸送りになった者たちは、勘定奉行の仮牢に収容しきれないまま、車善七の溜《ため》や、新町の牢や公事宿《くじやど》に分宿させられた。新町に収容されていた長瀬村の者で牢死したのは、弾左衛門のもとで毒殺されたとしか思えない。

公事宿の上総屋《かずさや》に、「上総屋預り」として、はじめに送られてきた被差別民は全部で十七名だった。このうち長瀬村の者は十二名で、小頭や辰五郎らがいた。小頭は九月十七日に牢死。辰五郎は月日が不明だがやはり牢死。新町に訴えて小鹿野郡右衛門から入牢を命ぜられた者——万吉や林蔵も牢死している。弾左衛門が奉行に命じられるまま毒を盛った。

被差別民がこのような目にあったのにくらべて、日野屋の善兵衛など農民の側は、罰金をとられたにすぎなかった。つまり判決は、身分差別を如実に反映したひどいものであった。長瀬村のひとりひとりの胸のうちを思うと、言葉もない。悔しくつらかっただろう。怒りの歯ぎしりが聞こえてきそうだ。

弾左衛門小太郎も、住吉村中ノ町の貧しい被差別民であったのだ。しかもそこで十六、七までをすごしたのだ。長瀬村の仲間の気持がわからぬではなかろう。わかっていてわからぬふりをするのか。それとも、「分不相応《ぶんふそうおう》」な事件を起こしたとして腹立たしい気持になっていたのか。周司は監督不行届《ふゆきとどき》の罪で弘化三年（一八四六年）七月に信州松本の生家へもどされた。

4　非人寄場と箱館人足寄場

都市と農村の対立は、この時代においてもかなり深刻である。社会制度がゆらいでくると、それまでは土地に強制的に縛りつけられていた人が動きはじめる。豊作がつづき、たら腹たべていられるのならよいが、凶作で食べるものに事欠くようになると、百姓でも土地を捨てる。土地が質流れすることもある。都市へ逃げてくるよりほかはない。

都市のほうは、貧民のおびただしい流入が、食物や家賃の高騰をもたらすからだけではなく、治安がおびやかされるため、流入を拒もうとする。流れこんでくる潰《つぶ》れ百姓と、押しもどすよう命ぜられた弾左衛門とが衝突する。

新町役所による「狩込み」と称する押し返しはなんどとなく行なわれている。しかし江戸府内から追い払っても、すぐにもどってくる。田舎では食えないのだ。その者たちを各村々で面倒を見させたこともある。囲補裡場《かこいほりば》という収容小屋を作らせたが、農民にそれを維持する力はない。

右のような事情を、小太郎弾左衛門は、北町奉行の遠山景元に伝えた。遠山の金さんもそのあたりのことはわかっていた。すぐに水野忠邦と相談して、非人寄場《ひにんよせば》というのを作ることになった。すでにある石川島の人足寄場《にんそくよせば》を真似たのだ。人足寄場のほうは、無宿の浮浪人を中心に収容し、のちには受刑者も入れて人足として使った。入所者は渋柿《しぶがき》色の服を着せられた。入所一年目は水玉の模様が入っていて、二年目は水玉の数がへり、三年目からは無地の渋染《しぶぞめ》になる。仕事は大工《だいく》、米つき、油絞りなどで、天保改革のあとで五百人ほどが入所していた。

非人寄場のほうは、狩込んだ無宿野非人や新町役所で有罪になった者を入れた。多いときに百五十人ほどだったが、こちらは手に職のある者がすくなく、草履《ぞうり》か草鞋《わらじ》を作るのが関の山で、寄場の維持費も出なかった。奉行は、ここを発案者の弾左衛門にまかせようとした。が、弾左衛門は承諾しなかった。灯芯占《しめう》売りの禁止で打撃を受けて、その余裕がなかった。婉曲に拒否しつづける文書が残されている。

結局、非人寄場は、天保十四年（一八四三年）十月から嘉永六年（一八五三年）五月までの十年ほどの命運で閉鎖された。まもなく問屋仲間組合の再興が許されるようになり、弾左衛門の収入も持ち直してくるが、潰れ百姓の江戸流入も減少していた。

幕府にとっての問題は、黒船の来航とともに、内憂よりも外患のほうがクローズアップされてくる。周司が許されたのはこのころである。嘉永五年（一八五二年）に新町にもどってきたが、押込という刑は解かれなかった。屋敷から外へ一歩たりとも出てはならなかった。

小太郎のほうの私生活だが、佐野市のうらと別れたあと、このころ再婚していたかどうかはわからない。明治になっての記録から、弘化元年（一八四四年）生まれのさとという女性と結婚したこと、さとの子かどうかわからないが、謙之助（祐之助）という子が安政四年（一八五七年）に誕生している。ほかに、どういう事情があってか、新町の米搗屋《こめつきや》の良祐という子を養子にもらっている。

それらのことと周司の帰宅が関係づけられるのかどうかはわからない。周司の帰宅した翌年にはペリーの黒船が浦賀の沖に現れ、江戸は大変なさわぎとなった。三浦に近い関八州の被差別民には警護の手伝いが命ぜられた。

ペリーは嘉永六年（一八五三年）六月三日に現れ、十二日に浦賀を去った。将軍の家慶《いえよし》が死んだのはこの月だが、同じころ住吉村中ノ町の寺田利左衛門も病死した。跡目は四男の勝見が十七歳で継いだ。次男の織江、三男の某は、このときすでに亡くなっていたのだろうか、わかっていない。せん（小太郎の母）が京都からきたように、勝見の妻のゆのも京都から嫁にきている。ただゆのは勝見よりも四つ年下だから、このときはまだ十三歳だ。

ペリーの帰ったあとにはロシアからの船も現れ、翌年には米・露・英と和親条約を締結することになる。さらにその翌年には江戸大地震で家屋の大半が壊れ、死亡四万というが、その死者の片づけの一方で、小太郎弾左衛門の心配は北のほうにあった。箱館《はこだて》（函館）奉行《ぶぎょう》ができたのだ。つまり、北海道の奉行においてお仕置を行なうようになると、それを手伝う「谷の者（新町の者）」と非人が必要になる。その人選をして、北へ送れというのだ。小太郎弾左衛門の心配は、役所の手伝いぐらいならよいのだが、それが開拓と警備の役へと拡大してくることにあった。大地震で死んだ藤田東《ふじたとう》湖《こ》（水戸藩の尊王攘夷論者）などは、無宿や非人を大挙、北海道に入植させるがよいという意見であった。

住吉村の弾左衛門の墓。
下壇に「弾」の字が見える。

幕府のほうでは、箱館にも「人足寄場」を作ることを決定し、そこに送りこむ者を選ぶように弾左衛門に命じてきた。軽罪の者や女犯《にょぼん》の僧、無宿、いかがわしい婦人をつかまえて送れといってきた。小太郎はその仕事に従事しながらも、気が進まなかった。野非人《のびにん》だけですめばよかった。野非人でたりなければ抱非人も送れというだろう。やがては関八州の長吏身分も送れといってくるかもしれない。

北海道で新しく生活を切り開いていくのもよいかもしれないが、住みなれた土地から離れたくない。配下の被差別民が「開拓」の先兵にされ、北の守りの人柱《ひとばしら》になることを恐れていた。小太郎は、「蝦夷《えみし》」という言葉は知っていても、アイヌ人に対してはなんの思いも持っていなかっただろう。

箱館人足寄場ができたのは文化三年（一八六三年）である。維新まであと五年という年であった。

5　新町銃隊の編成

小太郎弾左衛門がいつのころ、自分たちの「身分引上《みぶんひきあげ》」を考えるようになったか。

歴代の弾左衛門が自分たちでは進んで「穢多」とは使わず、「長吏」としか記さなかったことからしても、この身分をやめて囲内の外に出るのは、むかしからの願望であった。だが、徳川幕府による身分の締めつけは、願意することすらむなしいほど強かった。穢《けが》れをきらう寺の権力もまた絶大であった。

そのような時代が長くつづいたあと、ふと、ほつれを感じたのだろうか。小太郎弾左衛門は「身分引上」を具体的に計画し、それをプログラムにのせることにした。いつごろからだろうか。

西欧の思想や政治について、すこしぐらい聞きかじっていたのであろうか。小太郎がどのような本を読み、どのような人と交流があったのかはわからない。だが確かに、幕末に近づくほど、「穢多」という身分を強制されていることが不思議に思えてきた。この賤称はおかしい。それは廃止されるべきだ。そのことに確信をいだく決意のレベルがあって、奉行に対して「賤称《せんしょう》廃止」を要求していくことができる。

そして、今日ではなんでもない要求が、当時にあっては奉行の意向にそむくものであったことに思いをはせなければならない。行政から司法にいたる権力を一手に握っている町奉行が相手になのである。一命を落とそうがお家断絶になろうとも、文句がいえない。それがわかっていて、なお要求をしていくのである。

つまり、このときの弾左衛門役所の意識は相当に練りあげられたものであったといえよう。「身分制反対」に関してのみでいうならば、相当に革新的であったといえよう。そして、その後の経過をふくめて考えるなら、弾左衛門による執拗にして熱心なこの要求がなかったら、明治四年（一八七一年）の「解放令」もまた、上からの命令だけの身分解放になってしまっただろう。弾左衛門によって、たとえ限界があったにしても要求がつづけられ、それが全国の被差別民に知れていたことの意味は大きい。

弾左衛門による「身分引上」のプログラムと経過を見たいが、いまわたしたちが知るもっとも早い時期の動きは、文久二年（一八六二年）に、関八州の穢多身分の十七歳から四十五歳までの男子のリストを作成したことである。この年は、和宮《かずのみや》降嫁（孝明天皇の妹。公武合体論で、家茂《いえもち》と結婚）を境にして攘夷《じょうい》の気分が高まっていた。将軍家茂が、実に二百三十年ぶりに天皇に会いに上洛していた。江戸では、一橋慶喜《ひとつばしよしのぶ》の将軍後見職がきまった。参勤交代が三年に一回と緩和され、また農民が賦役《ぶやく》として兵卒《へいそつ》に編入され、江戸を守ることになった。わたしが注目するのはこれである。農民が「歩兵組」に加えられて、市中を歩きまわるようになったことである。同じような仕事――「狩込み」などを通して、府内を糾《ただ》す仕事を行なっていた弾左衛門にとって、それはどのように受けとめられたであろうか。ひとつは、農民でも武士と同列に並べられるのかという驚きと、もうひとつは、新町役所の仕事のテリトリーを農民におかされたような危機意識となっただろう。

これが、関八州にちらばる部落の壮年男子の名簿作りをうながしたと思う。

また家茂とともに上洛した浪士組《ろうしぐみ》のうち――近藤勇《こんどういさみ》の新選組は京に残ったが、江戸に帰ってきたものに新徴組《しんちょうぐみ》というのがある。これも江戸の市中の取り締まりを、農民の「歩兵組」と競争するように行なうのである。

このような不安定な政情のなかで、弾左衛門は、自分たちも「お役に立ちたい」と思い、「手柄をあげることで」もって、「身分引上」をしてもらおう、というプログラムを組むことになる。弾左衛門はその方針で奉行とかけあうが、役人は穢多身分の手を借りることをよしとしない。あれこれの方策を講じ、あちこちの人を通し、カネも使ったが、うまくいかない。

　そのようなおりに、幕府の長州征伐《せいばつ》が計画された。第一次のそれは長州藩が恭順を示したからすぐに終わったが、慶応元年（一八六五年）のそれは、将軍家茂自らが大将になって江戸を発ち、大がかりになりそうであった。弾左衛門はこれに、関八州の長吏身分の七百名を参加させたいと申し出ていた。たぶん長州藩の佐波《さば》郡《ぐん》三田尻《みたじり》の長吏で作った屠《と》勇隊《ゆうたい》や一新組《いっしんぐみ》が活躍しているのを耳にしたからだろう。

　長文の「願書《ねがいがき》」が残っていて、それには、関ケ原合戦のおりにも弾左衛門は参加したこと、こんどの軍《いくさ》でも、

《陣中斃馬は勿論、死骸取片付などの役義は当然の儀に之あるべき候》

　と記している。

　自分も参加し指揮したいとも述べた。

　慶応元年の年もおしせまってから、これに南町奉行から返答があった。

　人数はどれほどでもよいから健康で強壮な者を選んで出せ。農夫（百姓）の代りに「かの地」に送ろう。ただ、弾左衛門は江戸で仕事もあろうから行ってはならない。

　それが返答だった。要求のすべてが入れられたわけではないが、大きな第一歩を踏み出したといえよう。

ここでいう江戸での仕事は、ちょうど同時期、非人頭の車善七が弾左衛門の配下から抜け出たいと騒ぎたてていたからである。車善七は浅草本願寺の本堂で密かに寄合を持ち、血判し、檄文まで作った。これらはいずれも禁止されたことだし、町奉行の登城を数寄屋橋の下で待ちぶせしたりした。ちょうど奥州のほうで大一揆がおこっている時期だ。その動きが江戸に広まったらどうするかという危機感が奉行にはあった。それで弾左衛門が江戸を離れるのを許さなかった。

慶応二年（一八六六年）、関八州から選ばれた五百人の長吏は、新町役所の手代の小林与七、笠原忠助につれられ、勘定奉行の馬場五郎の配下に組みこまれて上坂した。ただ、実際に戦火がかわされている長州まではなく、大坂にとめおかれ、ここで荷役に従事させられた。弾左衛門はそれを知って残念がったが、考えてみれば、まるで訓練のできてない者が前線で活躍できるはずもなかった。銃の訓練が必要だ、とこのとき小太郎は思った。

盛夏もすぎた七月二十日に将軍家茂は大坂城で病死した。最期を見とったのは、将軍が「同じ蒲団で寝よ」とまで頼りにした奥御医師《おくごいし》の松本良順だった。徳川家は一橋慶喜が継いだが、戦争のほうは敗色が濃かった。

このとき、弾左衛門はもうひとつ手を打っている。幕府のために、摂津、河内、播磨の長吏身分の者を集めて人足としてさしだそうとした。これは、それぞれの部落で反対されて実現しなかったが、幕府や大坂渡辺村などに弾左衛門の存在を印象づけるには役立っただろう。渡辺村では、翌年の慶応三年（一八六七年）二月に、幕府から御用金を命ぜられたのを潮に、「賤称廃止の嘆願」を提出した。

このことがまた弾左衛門を刺激したのだろう、いよいよ「銃隊編成」にむけて全力でとりくむことになる。勘定奉行の馬場五郎に再度働きかけて、ついに銃百丁を奉行から借り受けることに成功した。あとは練習場を見つけて、関八州の部落から兵を募集する。

すでに江戸の町は、施行《せこう》を迫るデモや伊勢神宮のお札《ふだ》がふったりで混沌をきわめている。京都に残っていた将軍慶喜はついに大政《たいせい》を返上されたという。幕府の屋台骨がゆらいでいるのが弾左衛門にはよくわかっていただろう。

「身分引上」を急ぐ必要があった。そして、だれにもいわなかったにしても、幕府が滅んだときにはどうすべきかを考えておかなければならなかった。鎌倉幕府が力を失ったとき、由井弾左衛門の持っていた権益が、小田原の後北条の配下の太郎左衛門の手に移った。後北条が滅んで、徳川家康が江戸にやってきたとき、いちはやくコンタクトをとって挨拶できたのが矢野弾左衛門であった。そのときうまくやれなかったため、関八州を支配した触頭《ふれがしら》の太郎左衛門のほうは、小田原市だけに力を制限され、弾左衛門の小頭の地位にあまんじることになった。

時代が変るとき、どうすればよいか。
小太郎弾左衛門は大変な時代に立たされていた。

6 身分引上と維新

幕府のほうでも、屋台骨を支えようと必死であった。弾左衛門というそれまではさほど重要視していなかった「穢多頭」に対しても、その離反を恐れた。薩摩藩が三田の藩邸から益満休之助《ますみつきゅうのすけ》を浅草新町に送りこんだという噂もまことしやかに流れた（松本良順の著『蘭疇《らんちゅう》』にある。『松本順自伝・長与専斎自伝』平凡社）。

ほうってはおけない、と考えたのが、さきに家茂の臨終を大坂城で見とった奥医師の松本良順だった。良順は海軍軍医総裁でもあったし、下谷《したや》和泉橋《いずみばし》通りで西洋医学所も開いていた。長崎でオランダ人ポンペから学び、蘭方《らんぽう》の第一人者である。二月に上方《かみがた》から江戸へもどっていた。

「一計を案じた」と、のちに松本良順はいう。

つまり、今戸の町医者の富士三哲《ふじさんてつ》が西洋医学所に勉強に通ってきていた。この三哲は、十二代弾左衛門周司の主治医でもあった。周司は下痢がとまらないという。

「ほうっておいては命が危ない、といえ。もし助かりたいのなら松本良順に見てもらうがよい、といえ。その気があるならわたしが松本良順に頼んでやろう、といえ」

松本良順は富士三哲にこういった。

富士三哲は師のいうとおりにした。

周司も小太郎も、おおいに驚き、また感激しただろう。いやも応もない。奥医師が禁を破って内密に新町に現れた。

松本良順が脈を診ようとすると周司は身をかたくした。

「あなたが恐縮することはない。わたしが医学を学んだのはなにも公方《くぼう》さまお一人を診るためではない。病者ならだれでも診るつもりです」

と松本良順はいった。そういったと自分で書き残している。すこしばかり格好がよすぎるが、いい気分で周司になにかいったのだろう。診察が終わると、ほうっておくとあぶないから、これからもしばしばきて診てあげよう、といった。すべては、松本良順が弾左衛門と結びつくためにしくんだ芝居であった。

松本良順は小太郎弾左衛門に、薩長の誘いに乗らないようにといい、願《ねが》いを出せば自分の力で士分にも取りあげてやろうとつづけた。小太郎は、あまりの僥倖を信じかねる気持であったが、この機会を逃してはならないと思い、醜名を除く願書を老中にあてて書いた。ついで、良順にいわれるまま町奉行あてにも一通を認《したた》めた。

そのころ上方では、薩長が軍を京に集め、慶喜は衝突をさけて二条城から大坂城へ移っていた。いつ干戈《かんか》がかわされるのか、危機感は高まっていた。江戸でも同じで、治安の攪乱をねらった薩摩は江戸城二の丸に火を放った。幕府も、もう黙ってはいられずに十二月二十五日未明に三田の薩摩藩邸を襲い炎上させた。益満休之助は捕えられて勝海舟に預けられた。

慶応四年、やがて明治元年（一八六八年）に改元される年の正月があけた。

銃隊の練習場として浅草田原《たわら》にある的場《まとば》（弓道場）の跡が借りられそうだった。まず百人の長吏を集めて銃隊にする予定だ。

一月二日。手代たちが年始の挨拶にきた。

一月三日。鳥羽伏見で戦いがはじまった。幕府軍は、会津藩、桑名藩、新選組などで一万五千、朝廷は薩長の五千である。弾左衛門はまだ戦火のひらかれたのを知らないまま、つぎのところに年始廻礼《かいれい》に行った。献上品は金剛草履《こんごうぞうり》である。老中、若年寄、寺社奉行、留守居、大目付、両奉行、勘定奉行、作事奉行、火附盗賊改役所、お召馬預お役所の十ケ所である。

小太郎弾左衛門は熨斗目《のしめ》に麻裃《あさかみしも》という士分の礼服で長棒駕籠《ながぼうかご》に乗って行く。羽織袴の先供徒士《かち》や、槍や挟箱、合羽などを持った供がつづく行列である。

一月四日以降は、猿飼頭、非人頭、在方（地方）の小頭の挨拶を、こんどは弾左衛門が新町役所で受ける。

一月六日、多くの藩が寝返り、また幕府のゲベール銃に対して薩長の合衆国製スペンサー銃が優秀であったこともあいまって勝敗は決した。

一月七日、慶喜は大坂城を逃げだして軍艦開陽《かいよう》に乗った。

一月九日、開陽は大坂湾を出航。この日弾左衛門は町奉行から年齢を尋ねられて「四十六歳と相成ります」とこたえた。この年齢をこの時点で質問されたということは、弾左衛門の「身分引上の内慮伺《ないりょうかが》い」を町奉行が老中の稲葉正邦《いなばまさくに》に出すためにであった。この文書の最初に、《穢多頭　弾左衛門　辰四十六才》とある。大坂に人足を送ったことや銃隊を作るプランを功績として認め、《そもそもは汚穢《おえ》にふれる家業のために穢多頭という名があるのだろうが、鎌倉以来の由緒も正しいし、平人と交際できないのはつらいだろうから、身分を平人に引上げてやりたい》と思うがどうか、という内容になっている。

一月十一日、夜に慶喜、品川沖に着く。

一月十二日、朝早く慶喜は江戸城に入る。十五代将軍になってはじめての江戸城である。

一月十三日、松本良順は慶喜を拝診する。後日、松本良順はこのときに、弾左衛門の醜名除去の件はどうなったのかとうかがい、慶喜は在京中は忙しかったがすぐに実行せよ、とこたえたという。が、実はその同じころ弾左衛門は北町奉行に呼ばれていて、歴史的な申し渡しを受けていたのだ。このような例からも、わたしたちは松本良順の回顧録である『蘭疇』をかなり疑ってかからねばならないとわかる。

北町奉行から弾左衛門への歴史的な申し渡しは、
《出格《しゅっかく》の訳《わけ》をもって身分平人に仰せられる》

という一語につきる。たぶん、長い歴史のうちにあって、穢多身分を政治的に脱した第一号が、小太郎弾左衛門だということになる。逆にいえば、幕府はまだ気がついていないのだろうが、このとき身分制社会を守ることを放棄したのだ。平人の弾左衛門が穢多頭として新町に住むのもおかしいし、平人が穢多の家来に取り巻かれているのも、穢多の妻子とともにいるのも、幕府のそれまでの論理では、あってはならないことなのだ。

そういうこともふくめて考えるなら、幕府崩壊まえに、穢多頭のほうからの強い働きかけで、「身分平人」を手にしたことの意味は大きい。それまで被差別民がこうむってきた歴史――「穢多」という文字を押しつけられ、身分制の一部分にきちんとはめこまれ、ゆえもなく忌み嫌われてきた歴史を自らの力で拒否することが、つぎの社会にまで通じていたのだ。小太郎弾左衛門には反幕の気持などなかっただろうが、その主張と要求は幕府の存立を否定していた。瓦解の方向へ押す力になった。

一月十三日に平人になった弾左衛門のつぎの攻勢はきわめてすばやかった。すでに準備していたのか、押せ押せの戦術である。何百年にもわたる沈滞のあとに、革命の時がきていた。いまが革命だということを、弾左衛門は見逃さなかった。

要求の攻勢と結果を並べておこう。

一月十六日。新町の手代六十五人の身分引上を願う。二月上旬実現。

同日には、「年始礼の献上品」を、例の金剛草履二足だけではなく、ほかの品をもさしあげたいと要求し、これは却下される。穢多身分から品をもらうことをよしとしない差別感が原因である。

同日は、ほかに小太郎自身のことで、「弾内記」と改名したい、平人との結婚を許可してほしい、年始礼でこれまでは玄関敷台《しきだい》の下からの挨拶であったが、これからは上にあがって挨拶をしたい、それから、身分引上のことを市中にもれなく伝えてほしい、との要求も出した。これらすべてを町奉行は受け入れた。それどころか、奉行所内で、これまでは白洲にすわっていたのを、「板縁《いたえん》」にあがってよいとまでいわれた。つまり、士分の扱いであった。

小太郎弾内記のさらなる攻勢は、一年間に五十万両を献上するから、穢多身分全員の身分を引上げてほしいというもので、この「内願《うちねがい》」は一月二十七日に両町奉行にじかに申し出ている。この長文の「内願」には、長吏のつぎに猿引、非人、乞胸《ごうむね》の順番で引上げを行ない、だれから「醜名を除く」かは、自分弾内記にまかせてほしい、と述べている（この内願の全文は、『決定版資料浅草弾左衛門』二六二ページに収録）。

一方、銃隊の練習場に浅草田原の的場が正式に決まり、指導教授に陸軍所の修行人《しゅぎょうにん》角蔵左衛門《すみくらざえもん》が選ばれたが、いざ始めようという段階で、鳥羽伏見で負けた幕府軍が大勢江戸にもどってきた。弾内記の手を借りる必要もなくなったので、中止になった。

その代りというわけではないだろうが、松本良順は浅草今戸の銭座《ぜにざ》の跡に病院を建てようとしていて、その手伝いを弾左衛門に命じてきた。二月三日に土地の下見があり、二月二十五日に決定した。薩長軍が江戸に攻め入ると、下谷《したや》和泉橋《いずみばし》通りの西洋医学所だと戦火にあうかもしれない、江戸の北のはずれの今戸のほうが安全だし、奥州街道（日光街道）はすぐそばを通っている——このように松本良順は判断した。また弾内記から「身分引上」賃として、三千両を上納させ、それで病院を建てようとも計画していた。

巨額なカネは二月末に支払われた。

おまけにというか、松本良順は周司の押込の刑を解かすよう努め、やはり二月末に実現した。また、新選組の近藤勇を新町につれてきて、周司を大将にした長吏の部隊を編成しようとした。

これら一連のことや、一芝居を打って新町に入りこんできたことでもわかるように、松本良順という医者は、なかなかに遣手《やりて》である。天保三年（一八三二年）に下総《しもうさ》の佐倉藩の藩医佐藤泰然《たいぜん》の次男に生まれ、幕府の医官の松本良甫《りょうほ》の養子になった。エリー

鴫立庵にある松本良順の墓。大磯の鴫立庵は外郎家（ういろうけ）の一族が江戸時代に庵を作ったのに始まる。日本最初の海水浴をデモンストレーションした海に近い。

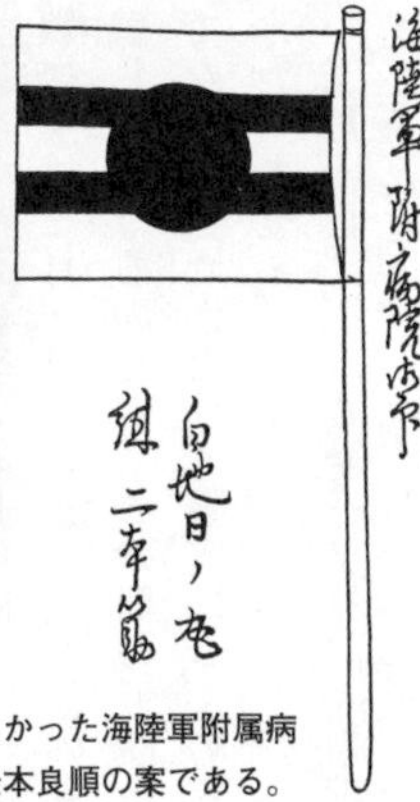

実現しなかった海陸軍附属病院旗。松本良順の案である。

トコースに乗る条件はできている。幕命で長崎に行き、オランダ人の医師ポンペに学び、わが国初の病院を長崎にひらいた。文久年間は江戸にいて、将軍家茂の侍医になり医学所の頭取も引きうけた。近藤勇は、夷人と通じているこの医者を斬りにきて、やがて説得された。鳥羽伏見の戦いのすこしまえ、十二月十八日に近藤勇はかつての仲間から鉄砲の弾をくらったが、その手術をしたのが大坂城にいた松本良順だった。

　吉原でよく遊んだ松本良順は梅毒にも敏感で、検梅院《けんばいいん》を文京区の根津に作ろうと動いていた。十数年後、こんどは健康によいからと、日本で最初の「水泳」をやってみせたのもこの人である。神奈川県の大磯で歌舞伎役者を使って水泳のデモンストレーションをした。大磯の浜にその記念碑が立ち、近くの鴫立庵《しぎたつあん》

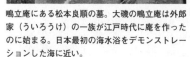

に墓がある。

弾左衛門が松本良順と連絡をとりながら動きまわった慶応四年（一八六八年）二月、幕府はぎりぎりのところまで追いこまれていた。二月十二日に将軍慶喜は天皇へ恭順の意を示すために、自発的に江戸城を出て上野の寛永寺に入った。が、ほぼ同じころ薩長を中心とする「官軍」は京都を出発し、東海道、東山道（中仙道）、北陸道の三方向から江戸を目ざして出発していた。

隊長近藤勇、副隊長土方歳三《ひじかたとしぞう》らの計画は「甲府百万石」を押さえ、そこへ慶喜を移して戦おうというものであった。だが、「甲陽鎮撫隊《こうようちんぶたい》」と称する隊に集まってきた新選組は二十名たらずで、その他は幕末に雨後のたけのこのごとくいっぱいできた浪人たちの「伝習隊」とか「撒兵隊《さつぺいたい》」（フランス式の訓練を受けた部隊）とかといった隊員の一部で、周司の率いる長吏四、五十名をいれても、たいした戦力ではない。この甲陽鎮撫隊は三月一日にいまの東京駅の丸ビルまえを出発し、三月六日に山梨県勝沼で交戦して負けるのだが、この間の近藤勇の行動にはよくわからぬことが多すぎる。どこでなにをしたかという事実はつかめるが、知れば知るほど、本当に戦う気があったのかと疑わせる。

三月一日。江戸城発、夕刻、内藤新宿着。ここで、遊女屋を全部借りきっての大さわぎ。

三月二日。府中《ふちゆう》までくる。新宿から歩いて六時間ほどの距離で、途中、近藤勇の生まれた調布市《ちようふ》を通る。府中で、近藤と土方は、粕谷良順《かすやりようじゆん》宅に泊まる。周司は――この一日に押込をとかれると同時に譲《ゆずる》と改名していたが、府中の小頭の家に泊まったことだろう。府中は古くは名馬の集積地であり、幕府の「御廏《おうまや》」が置かれていた。いまでも東京競馬場がある。

三月三日。多摩川を渡ってすぐの日野宿《ひのじゆく》の佐藤彦五郎の家で歓迎の宴となった。名主の佐藤彦五郎は、土方歳三の義兄にして、かつまた近藤勇の養父近藤周助の高弟であった。

三月四日。この朝、土佐藩は甲府へ入り、城を押さえた。近藤勇はやっと笹子峠《ささごとうげ》をこえて勝沼に入った。つまり、敵に先をこされたわけで、もし甲陽鎮撫隊が普通に進んでいれば、一日早く甲府に入れていたのだ。近藤らには敵の動きを探るという軍《いくさ》のいろはすらも守れなかったのか、なぜ故郷に錦を飾ったかのように遊びうかれていたのか。翌五日の早朝に、土方歳三が神奈川の菜葉隊《なつぱたい》（若菜隊）に救援を求めに走ったところから見ると、死に場所を探していたとも思えない。

三月五日。夜明けまえに、周司の率いた長吏隊は勝沼から逃げ出した。

三月六日。正午より、板垣退助らの土佐軍と交戦。二時間後に近藤らは逃げた。

八日の昼ごろ譲は新町にたどり着き、近藤勇は九日に和泉橋通りの医学所に逃げ帰った。松本良順は近藤らに、官軍に千住宿《せんじゅじゅく》を押さえられるまえに五兵衛新田《ごへえしんでん》（足立区西綾瀬《にしあやせ》）に移るようすすめた。

三月十二日。東海道を進んできた官軍が品川に、中仙道グループが板橋に着いた。江戸城総攻撃は十五日と決まった。

三月十三日。西郷隆盛が薩摩の藩邸に入り、すぐに勝海舟と会談。江戸城無血開城にむけての話が進められた。

三月十四日。近藤勇は五兵衛新田へと江戸を脱出した。

そしてこの日、弾内記もまた重大な選択をしていた。江戸幕府初代弾左衛門のひそみにならって、次の社会の権力者に挨拶に出かけたのだ。「弾左衛門」職が江戸時代において十三代にわたって保証されたのは、初代の弾左衛門が家康に会いに出かけて由緒を話したからだといわれていたからだ。

ただ、今度は弾内記は動いていない。すぐそばに松本良順や近藤勇ら、幕府方の者がいたからだろうか。行ったのは、石垣元七《いしがきげんしち》、笠原禎造《かさはらていぞう》らの手代五名であった。行先は板橋宿の薩摩藩の陣で、樺山休兵衛《かばやまきゅうべえ》、土持左平太《つちもちさへいた》、種田左門《たねださもん》（政明《まさあき》）に会い、奉仕を願い出、精米《せいまい》百俵を献じたい旨を話した。

新しい権力者からのこたえは、精米は不要だから、代りに凶徒の潜伏さきを調べて教えろ、ということだった。「弾左衛門」という職が探索や密偵のイメージとしてとらえられているのが、この薩摩の侍の言葉からもわかる。米が拒否されたのは差別意識からで、幕府が金剛草履二足以外は年始礼で受けとらないというのと同じである。三月十五日、江戸城の開け渡しがきまり、大奥の女たちも去った。四月十一日の朝も暗いうちに慶喜は寛永寺から水戸へ去り、正午に江戸城は官軍に渡された。

徳川幕府は滅んだ。

町奉行が弾内記になにかを命じてくることはもはやなかった。

四月一日に千住宿を官軍が押さえたため、新選組の残党は、五兵衛新田から流山《ながれやま》に陣を移したが、ここで四月三日、近藤勇はつかまり、四月二十五日板橋宿の馬捨場《うますてば》で首をはねられた。

土方歳三は歩兵奉行だった大鳥圭介《おおとりけいすけ》について宇都宮城へむかい、海軍総裁の榎本武《えのもとたけ》揚《あき》は軍艦で江戸湾を外へ出た。

動かせない病者を新町近くの寺に残して、松本良順も江戸を去った。

この年、春が遅かったぶんだけ、梅雨入りも遅かった。

7　江戸から東京へ

梅雨がまた長かった。

暗い座敷で雨にとじこめられている。

このときの弾内記の胸中はどうであったろう。やっと士分に引上げられたと思うと、幕府が滅んだ。旗本や御家人は家族や家来をつれて江戸を去った。参勤交代で江戸にきていた大名も江戸屋敷に詰めていた武士も故郷に帰った。代りに江戸入りしてきたのは、黒い筒袖に黒ズボン、黒い帽子と黒ずくめの薩長土肥の下級武士群であった。彼らは人口が半分ほどになった江戸市中を歩きまわり、空き家のなかを物色したり、彰義隊《しょうぎたい》に斬られたりした。

彰義隊は、慶喜の恭順に反対した旗本や一橋家のゆかりの者が中心になって三月ごろ結成される。浅草本願寺（東本願寺。台東区西浅草一丁目）に本拠をおいていたが、のちに上野寛永寺に移った。江戸に残った幕府方の最後の武装集団であった。決戦はさけられない。両軍は戦闘に備えていた。

弾内記と手代たちは、浅草新町の囲内にいて、両者の動きをじっと見ていただろう。時廻《ときまわ》り（市中見廻り）の者からさまざまな報告を受け、薩摩の屋敷に内報もしただろう。板橋宿で、

《われら弾内記配下の一同は、軍事に関係なく、いつも時の政府に奉仕してきました》

と述べていた。政治体制が代ろうと、弾左衛門はプロフェッショナルな探索集団として、権力に仕えるというのだ。

決戦は五月十五日、午前六時から激しい雨の中ではじまった。上野の山を取りまいた官軍のうち、正面の黒門口《くろもんぐち》から薩摩の兵が攻撃をはじめた。上野の山にこもった彰義隊は千、一方官軍は倍の二千。官軍の総指揮は、長州のモダニスト大村益次郎が江戸城にあって執った。

江戸市民は彰義隊は強いと思いこみ、声援を送った。が、強くはなく、その日の夕方には死ぬか逃げるかした。いまの東大の本郷台にそなえた官軍の大砲は、不忍池《しのばずのいけ》をこえ、動物園の正門のあたりにあった寛永寺の山門や吉祥閣《きっしょうかく》を炎上させた。

彰義隊の死者は水たまりに放り捨てられた。

官軍の死者は、非人が命じられるままに運んだ。

彰義隊の死者を官軍に知られぬようにこっそりと集めて上野山中で荼毘《だび》に付したのは、下谷《したや》の侠客の新門辰五郎《しんもんたつごろう》らで、これも非人が手伝った。

「上野戦争」の五月十五日が梅雨の最後の雨だった。翌日から晴れた。初夏の強い日が、幕府軍の一掃された江戸を照らした。薩長土肥の首脳部がこれからすることは、幕府時代の旧システムをどう扱うか、どのような新システムに移行していくかであった。後世から見ると、すでにこの時点でプログラムでもできていたかのようにつぎつぎと改革が進められるのだが、実際は、論議がかわされ、試行錯誤もつきまとった。ただ、官軍には「西欧近代」というお手本があった。どうすればよいのかわからなくなると、結果はどうなってもかまわない、西欧のシステムと文物を日本に植えつけようとした。

弾内記に関係した改革に目をむけると、まず、五月十九日に、寺社奉行、町奉行、勘定奉行の三奉行が廃止になった。いきなり廃止してしまうと不便が生じるのはわかっていたので、寺社裁判所、市政裁判所、民政裁判所と名を代え、江戸《えど》鎮台府《ちんだいふ》の指揮下に入れた。同時に、小伝馬町牢屋敷、浅草と品川にある溜《ため》、石川島人足寄場も、それぞれの裁判所の管轄に移された。そこで働いていた者たちは、たとえば与力、同心は、禄高をふくめて、これまで通りつづけるようにいわれた。

弾左衛門への処遇は五月二十七日、南市政裁判所（つまり元の南町奉行）で、土佐藩の土方大一郎《ひじかただいいちろう》（土方久元。三条実美らの七卿落ちに従った土佐の藩士）からいい渡された。弾左衛門は士分の扱いを受けて、改めて「市政裁判所づき」になり、家職のことすべてこれまで通りであった。

弾内記はよほどほっとしただろう。徳川の面々が家や財産を失って江戸から去らねばならなくなったなかで、弾左衛門は家を維持し、長吏や非人との上下関係を守り、職権も保持したのだ。弾内記はこのとき、旧幕府から新政府へと、細い細い綱をうまく渡った。いつもわたしはそう思わずにいられない。もちろん、そのことは、長吏・非人・乞胸などの集団が差別されていたこと、新政府もそれに手をつけたくなかっただろうことも理由にある。また、江戸市中にあふれ出した浮浪者を取り締まり、死体などの片づけに、かれらの力が必要なこともあった。そういうことがわかったうえで思うのだが、弾内記が板橋宿に手代を送り、幕府から官軍へいちはやく寝返って探索を引きうけたことなどは、細い細い綱を渡るのに、やはり役立ったにちがいない。上野戦争で死んだ薩摩の益満休之助が、かつて弾内記の屋敷をひそかに訪れ、「どうして獣のようにしか扱ってくれない徳川に忠誠をつくす必要があるのか」とアジテーションをした。松本良順が記しているが、これが事実かどうかはともかく、弾内記の胸に、すこしはこたえた言葉だったろう。

下谷《したや》和泉橋《いずみばし》の医学所にも改革の波はおよんだ。松本良順が東北に去って以降、ここを守っていたのは、手伝いを命ぜられていた新町の手代や平之者だったが、六月になって新政府に正式に渡された。官軍が接収して、それまで横浜にあった軍陣病院《ぐんじんびょういん》を移したのだ。もちろん医学所だけでは手ぜまだったので、隣の藤堂藩邸《とうどうはんてい》と合併され、「大病院」になった（いまは三井記念病院）。ちょうど東北から、幕軍にやられた負傷兵が江戸に送り返されてきていた。弾内記の役所には七月十三日になって、これまでどおり医学所の雑用を引き受けるよう通達があった。

江戸が東京と名を変え、江戸鎮台府が東京鎮将府《ちんじょうふ》になったのは七月十七日である。

南北の市政裁判所が合併されて東京府になったのは九月二日である。それまでは、数寄屋橋《すきやばし》と呉服橋《ごふくばし》門内にあった町奉行所を使っていたが、これもやめ、新たに幸橋《さいわいばし》門内の元柳沢邸に移った。内幸町《うちさいわいちょう》になる。いまの新橋駅を北西に出たあたりで、第一ホテルアネックスや東京電力がある。同日、弾内記の役所にも、鎮台府の印章を府庁の印鑑と替えるようにと指示があった。たぶん部下や非人に指図をするとき弾役所で使用していたものだろう。それと旧幕府のおりに借りた小銃などをすべて返却するようにいわれた。

九月八日に、慶応四年は明治元年と改元された。没落した大名の屋敷地は桑畑になり、零落した武家の奥方が汁粉屋をはじめた。

九月二十二日。天皇は三千をこえる行列で京都を発って東京にむかったが、この「御東幸《ごとうこう》（ご東行）」に際して、弾役所は忙しかった。

江戸城周辺にたむろする野非人の取り締まりだけではない。御東幸のコースにあたる全域で警戒し、また不快な思いをさせないようにと長吏村を筵《むしろ》でおおう仕事もやらされた。

最高の責任者は大久保利通《としみち》で、「内密探偵《ないみつたんてい》」を弾内記に命じた。手代が東海道筋の小頭と連絡をとりあい、怪しい者はすべて永田町に連絡した。「弾左衛門」の本来の職掌にぴったりの仕事をあたえられたのだ。

長吏の村を隠すよう指示したのは、東京府の郡部《ぐんぶ》典事《てんじ》をしていた松浦武四郎《まつうらたけしろう》（「北海道」の命名者として有名）だった。旧幕府では御用掛《ごようがか》りをつとめ、蝦夷《えぞ》（北海道）や樺太《からふと》までも足をのばし、日本全国くまなく知っていた。長吏村の実情もくわしかったはずで、大久保から天皇を静岡まで迎えに行くよう命ぜられたとき、すぐに弾内記に援助を求めてきた。松浦武四郎は新町の手代を同行し、長吏村への命令を出させた。役人が直接、おまえの家はきたないから筵でかくせといえばだれでもが反撥しようが、弾内記の手代に同じことをいわれれば素直に従うだろう。新政府も、弾左衛門の利用の方法をこのころにはよく知ったようである。

　天皇は十月十三日に東京に着き、東京城と名を変えた江戸城に入った。このとき江戸城は本丸、二の丸、三の丸とも焼失してなく、西の丸だけだった。この西の丸を「宮　城《きゆうじよう》」と称することになる。

　御東幸を祝う天盃頂戴《てんぱいちようだい》があったのは十一月四日で、五日、六日、七日の三日間が「御酒開《ぎよしゆびら》き」である。東京市民のすべてが酔っ払い、

《宮さん宮さん、お馬のまえにひらひらするのはなんじゃいな　トコトンヤレトンヤレナ》

　と歌った。徳川さまあっての江戸市民は、天皇あっての東京市民へと、酒と歌で、変貌させられた。人民大衆にとっては権力者はだれでもよかったといえるし、人民大衆がたえず新たな権力を生みだしているともいえよう。

この天盃頂戴の酒にしても、なにも天皇が京から持ってきたものではない。東京の富裕な町人に寄付を命じたものだ。金持が府庁に運んだ「正宗印」とか「丹頂印」とか「両国橋印」の樽を、千五百九十二町の町内会に取りにこさせただけの話なのである。

実につまらないことだが、千五百九十二町に入れられなかった江戸町人にとっては屈辱であった。新町がそうだった。騒然となった。弾内記が、

《なにとぞ人民をご愛撫《あいぶ》くだされて、右のお酒のうち、たとえ一瓶《ひとびん》たりとも、お恵みください》

と願い出た一文が残っている（『史料集明治初期被差別部落』解放出版社、三七ページ）。府内に住む長吏、猿飼、非人の軒数の問いあわせが府庁からあったのち、十二月八日、弾左衛門配下への賜酒《ししゅ》があった。そして、この日は、天皇が京へ帰るため東京を発つ日になっていた。

この天盃騒動に私見をはさんでおけば、東京府はことさら新町を差別したのではないだろう、ということだ。たぶん、現場の官吏が——もしかして東京のことをよく知らない薩長出身の官吏が、山谷堀から北は東京府ではないと錯覚しただけだろう。新町の隣の今戸町や橋場町にも酒の下賜はなかった。

それはともかく、維新の高揚のうちにあって平等の意識もしだいに広まっているな

か、差別されて黙ってはいないという基本姿勢が、このときの新町には確立されていた。

8 茶利革誕生

手代の石垣元七の後年になっての回顧に、一八六九年（明治二年）三月に、弾内記が、
《従来皮革《ひかく》ヲ以テ専業トスル我《わが》部下ノ者ヲシテ欧州製革法ヲ伝習セシメ大ニ之《おおい》レカ改良ヲ図ラハ将来国益ノ一端タルヤ疑ヲ容《い》レズ》
と語ったと記されている。軍制改革で洋靴が必要になっても日本では作れないまま、主としてフランスから輸入していたのだ。新町内の革問屋や西洋太鼓を作っていた者たちからのサジェスチョンはあったろう。が、ともかく早い時期での決意であった。

明治二年といえば、六月十七日に版籍《はんせき》が奉還《ほうかん》されて、藩も大名も廃止になった年である。大名と公卿は「華族」と呼ばれることになり、このときの身分階層は、

天皇─皇族─華族─士族─平民─穢多─非人

と、なかなか「平等」からほど遠い。

弾内記は士族として、兵部省などに出かけて軍靴製作の許可を得ようとつとめた。いまひとり軍靴と靴下に目をつけていた者がいた。こちらは佐倉藩の士族であったの

をやめて平民になった西村勝三《にしむらかつぞう》で、天保七年（一八三六年）の生まれだ。日本橋にあった有名な貿易商伊勢屋の岡田平蔵《おかだへいぞう》の弟子になり、やがて鉄砲店を日本橋にひらき、新しがりやの商売人として才覚を伸ばした。が、維新で官軍が進軍してきたため、横浜へ店を移し、密かに幕軍との取引をつづけていた。そのことで大村益次郎に咎《とが》められ、二人が出会うきっかけになった。モダニスト大村益次郎が西村に靴を新政府に納入するよう働きかけた。西村は横浜の税関にあった旧幕府が輸入していた軍靴を安く買って納入したが、どれも日本人の足にあわなかった。

明治二年の秋、大村益次郎は刺客にあうが、このころ西村は日本での製靴を決意したという。決意だけでいえば、八ケ月ほど弾内記のほうが早かったことになる。しかし、兵部省による西村と弾への関係の持ちかたは、六対四か、七対三ほどで、西村のほうへ便宜をはかっている。

西村勝三は、中国人の藩浩《はんこう》を教授にやとい、スイスから製靴の機械を輸入した。

軍靴といっても、それを作る革は、これまでの日本産の鞣し革では通用しない。西洋靴に使える革をこの時点で日本人はまだ作れない。西村勝三は、革はフランスから輸入し、それを日本で製靴しようというのだった。

弾内記のほうは、それまでの配下の仕事でもあった鞣しの技術があり、これを生かして、日本でも西洋流の革を鞣したいと思っていた。そこで、「欧州製革法」――つまり、ヨーロッパふうの革の作り方の教師を探した。

　東京の西村と弾のほか、紀州藩も軍靴に目をつけ、明治二年七月十三日に西洋人教師のワルデーとフラットミドルを横浜港に迎えたが、この二人は「細工師」のほうであった。弾内記は、この二人をまねいた紀州の藩士で、当時神奈川県知事の山東一郎《さんとういちろう》に、製革のほうの教授を探してくれるよう頼んだ。山東一郎は横浜居留地のフレルチアレスというアメリカ人を紹介してくれた。この線から弾内記はアメリカ人のチャールス・ヘンニンガーを招いた。つまり、フランス製ではなくてアメリカ製の革鞣しの系統が入ってくることになる。

　明治三年三月十五日、西村勝三は、中央区明石町、築地《つきじ》居留地《きょりゅうち》の近くに、「伊勢勝造靴場」を開いた。西洋靴の日本での製作の第一号はここで生まれる。

作業場での製靴の図
（国文学資料館蔵）

　これに刺激された弾内記は、製革の教授のくるまえに、製靴に手をつけようとし、革は越後屋（三越）が所蔵していたフランス革を買い、中国人の亜《あ》仙亜《せんあ》とチャンの二人を製靴の教授に選び、十月に最初の靴を作り兵部省に見

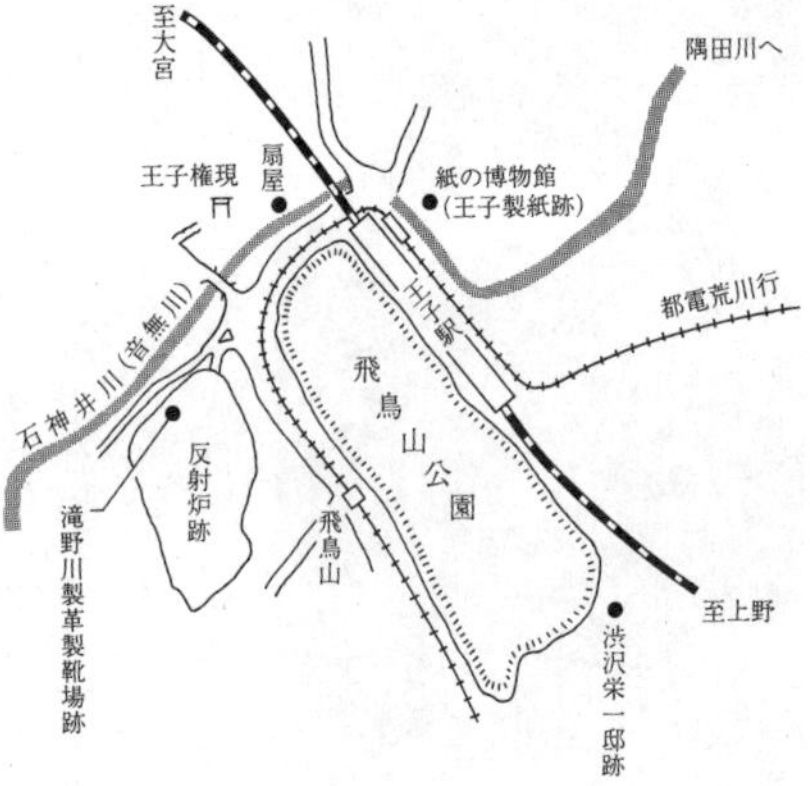

滝野川と飛鳥山公園の略図

本としておさめた。同じ十月、こんどは西村のほうで、革鞣しの必要に気づいてか、伊勢勝製革場を、造靴場と同じ土地に作った。

西村と弾の競争になった。弾内記は、靴の製造場所として、兵部省の持っていた王子滝野川にある反射炉の跡地一万坪を、建物つきで渡されていた。あとは、アメリカからチャールス・ヘンニンガーのくるのを待つだけだ。明治四年二月八日、チャーリーが着き、二代目清水《しみず》喜助《きすけ》設計の築地ホテル館――現在の勝鬨橋《かちどきばし》のそばにあったのだが、そこで契約書を作成した。このとき通訳をしたのが、矢野次郎（二郎）といい、のちに一橋大学（当時商法講習所）の初代学長（所長）になった人で、東京都国立市《くにたちし》の大学本部に行けば銅像に出会うことができる。

契約書の不備などがあって、チャーリーが実際に滝野川で教授をはじめるのは四月からだが、ホテル代一泊三ドル（二両一分）と月給百六十ドル（百二十両）の支出は、弾内記にとっても大金である。チャーリーに習った新町の者の日当が二朱で、月給になおすと二両にもならない。約八十倍の給与をチャーリーには支払っている。ちなみに亜仙亜の月給は七十ドル（五十両ほど）、チャーリーにつけた通訳の月給は四十両であった。

そして滝野川の工場で、石神井川《しゃくじいがわ》の水を使って、西洋靴用の鞣し革の第一号が生まれたのは八月になってすぐにである。この革はチャーリーの名にちなんで茶利革《ちゃりかわ》といわれ、第二次大戦後でもその名で呼ばれていた。

チャーリーは一年間の約束であったので翌年の二月に帰国して行ったが、この間の日本の変りようはすさまじいものであった。なによりも、チャーリーの伝習を受けていた新町や練馬を中心にした関八州の長吏（穢多）身分の者が、もはやそうではなくなったのだから。

民主主義者にしてクリスチャンで、たぶん弾内記がキリスト教に接近するきっかけを与えたチャーリーが、「解放令」をおおいに喜んだのはまちがいなかろう。

9　解放令と弾左衛門消滅

明治三年（一八七〇年）から翌年にかけて弾内記は、西欧製革の日本での成功にだけ心魂をかたむけていたわけではない。ひとつに、野非人《のびにん》（浮浪者）の問題があったし、いまひとつ、配下や非人たちの身分引上の問題が残っていた。

野非人の問題は、あとでもう一度とりあげるが、明治維新をはさんで、その人数が桁《けた》はずれにふえていた。天保飢饉のころをピークにして、その後は減少していた野非人が一挙にふえたつぎのピークであった。江戸から武家を中心にした人たちが、それぞれの藩や国（県）に帰って行ったのと引きかえに、貧しい百姓たちが、こんどは自由に府内に流れこんできた。その流民にくわえて、武士を相手に商いをした人たちが食えなくなり浮浪の徒になった。さらに、戦火で親を失った子たちが加わる。空き家になった大名屋敷や江戸城の一帯は、彼らにとって、格好のすみかとなった。それらの者のうちには、開港とともに外国から入ってきた伝染病にかかる者も多く、行き倒れ人も日に何十人かを数えた。

新政府の高官たちは、丸の内の大名屋敷に置いた各省庁に出勤の途中、これらの野非人を目にすることになる。これらの野非人による強盗、かっぱらい、泥棒の報告が耳に届いてくる。

明治新政府もまた徳川幕府と同じように、都市が生みだすこの病理に直面した。対策は、いつの時代でもそうだが、一定の場所に囲いこむことだった。旧時代の収容所は、維新直後はどこもいっぱいで——小伝馬町牢屋敷に三百人、石川島人足寄場に三百人、浅草溜四十四人、品川溜七人であった。ちなみに品川溜がすくないのは、ここに入れられた者はすぐに死ぬからで、この一年間で二百十八人も死んだ。新政府も、これには驚いたか、品川溜は閉鎖される。

いずれにしろ、どこもいっぱいなので、新たに「救育所《きゅういくしょ》」というのを作って、そこに入れた。明治二年五月に三田にひとつ、九月になって麴町《こうじまち》と高輪《たかなわ》にである。この「救育所」にも差別的身分制はあり、高輪救育所は被差別民のための収容所であった。高輪だけですぐに九百人になったと記録にある。

これら浮浪の野非人や行き倒れの病者を、東京府内から集めてくるのは弾内記や抱え非人の仕事であった。高輪では病者の世話をするほか、仕事を教える「授産《じゅさん》」も行なわれた。病者の世話をしているうちに感染して死んだ新町の者もいた。それにしても、この時代、荒れはてた東京で、猫や犬の死骸を片づけたり、浮浪者を助けたりと、穢多非人たちは誠実に努力をした。だが、一段落がつくと、そのようなことはすぐに忘れられ、清めた人たちのほうをうとましく見たりするのである。清め（浄め）が汚《けが》れ（穢れ）に反転してくるのである。清めが汚れに反転する――このパラドックスこそが、前近代の医者や僧侶への見方もふくめて、日本の差別意識の最深部にある。

弾内記が高輪救育所の運営に力をつくし、また製革法の教授を探していたころ――

明治三年の冬に、大江卓が、大隈重信《おおくましげのぶ》か大木喬任《おおきたかとう》の紹介で新町の屋敷に現れた。このときの大江はまだ卓造《たくぞう》といい、二十三、四の若さであった。この天皇主義者にして融和主義者は終生、自分こそが被差別民の救済者であったかのごとく、その『大江天也伝』（雑賀博愛著、発行所大江太、一九二六年）でもしゃべりまくっている。しかし実際は、政府の要人と人脈があったため有名になり、教科書や通史にも登場するにしても、「解放令」に対して彼のはたした役割はつぎのようでしかない。

大江卓は、維新にすこしばかり遅れてきた青年であった。生まれは弘化四年（一八四七年）、四国土佐の柏島である。少しずつ広い世界へ足を踏みだし、宿毛《すくも》市、高知市、宇和島市、長崎市、神戸市と進んだ。神戸にいたのは、ちょうど伊藤博文《いとうひろぶみ》が兵庫県知事のときで、ここで役人になる。たまたま近くの被差別部落について知り、このようなことが「文明開化」の世にあってよいのかと悲憤した。岩崎弥太郎《いわさきやたろう》の従僕として上京し、参議《さんぎ》（左右大臣のつぎ）の大隈重信の門を叩いた。

やはり肥前出身の大木喬任も大隈邸に出入りしていた。このときは東京府知事で、高輪救育所を設立し、それを弾内記にまかせているため関係があった。大江卓がだれの紹介で新町にきたにしろ、弾内記は親しく応接するほかはない。

たぶん大江卓は、醜名除去の件はわたしにまかせなさいと、かつての松本良順のようなことをいったのだろう。弾内記も、いくらかは、はげまされるものがあっただろう。弾内記から金銭の援助が大江卓になされたかどうかは記録に残っていないが、一年にみたない親交がここからはじまる。

大江卓が新町に現れた月はわからないし、これまでの記述は大江のいいのこした言葉に頼っているが、もしかすると、弾内記が十一月十八日に東京府へ「醜名除去の嘆願」を文書で提出してからかもしれない。その文書の写しかなにかを大木喬任から見せられて、大江の目からうろこが落ちたのかもしれない。あるいは逆に、大江にいわれて提出したのかもしれないが、いずれにしろ、弾内記の嘆願書はしっかりした文である。少々言葉に淫し、美文にすぎるが。

《不顧《ふこ》不肖賤劣之身《ふしようせんれつのみ》　尊厳ヲ奉瀆　冒　之《とくぼうたてまつりの》儀《ぎ》　恐懼至極《きようくしごく》ニ御座候得共《ござそうろえども》　方今言路洞開《まさにいまげんろどうかい》之《の》御布令《ごふれい》モ被為在候《なされありそうろう》　御趣拝聴仕候《ごしゆはいちようしそうろう》ニ付《つき》……》（『決定版資料浅草弾左衛門』三〇五ページに全文を収録）

とそれははじまる。ここのところは、「不肖賤劣の身をかえりみずに、そちらさまの尊厳を冒瀆しまして恐れ入ります。今の世は、言論の自由が大切だとの政府の方針であると受けたまわりましたので云々」といったところだ。その主な主張は、配下の皮革に関する仕事が国家や産業にとっていかに重要であるかということ、その仕事に篤実《とくじつ》につとめている者の「醜名を除去」してほしいこと、しかし一時に除去すると混乱するので、漸次《ぜんじ》に、徐々に除去すること、どのような順で除去するかは弾内記にまかせてほしい、とした。

一度に除去すると農民からの反撥も強いとの配慮は、その後の「解放令反対一揆」

が日本各地でおこったことなどを考えあわせて、あたっているといえよう。しかし、その裁量を自分にまかせろというのは、弾左衛門家維持のエゴイズムが顔をだしているといえよう。

弾内記の要求の矛盾はここにあった。

配下の「平民化」を求めながらも、彼らの「王」としての自己の地位は保全しようとしたのだ。もちろん、家意識の強さは維新後百年以上たったいまも支配階級のうちでは強烈であって、この時代の弾内記ひとりを責めることはできない。

くりかえせば、弾内記は矛盾していた。

そして、大江卓も、この矛盾を踏襲している。一月と三月に大江卓が政府にむけて提出した「穢多等を平民とする建議《けんぎ》」（『決定版資料浅草弾左衛門』三一二、三一五ページに収録）には、平民化は漸次にすべきだと述べている。

この明治四年（一八七一年）三月、チャールス・ヘンニンガーが築地ホテル館に泊まりながら外務省からの許可を待っていたところ、民部省から「穢多等廃止に関する民部省案」が太政官《だいじょうかん》（最高官庁）に提出された。このとき民部省の代表は大木喬任である。穢多を廃したあと平民になるまでのすこしの期間、□民とでも呼んでみたらどうかという案で、呼称は空白にしている。漸次の方針でもあり、弾内記や大江卓の考えに近い。

一方、この三月には、「斃牛馬勝手《へいぎゅうばかって》処置《しょち》令《れい》」という弾内記を直撃する法が施行されている。関八州ではこれまで、農民の馬や牛が死んだ場合の取得権は弾左衛門にあった。農民のほうも死穢《しえ》という仏教のデマゴギーに迷わされて死んだ牛馬にふれたがらなかったし、皮革製作の技術も持たなかった。これらの因襲《いんしゅう》を一掃して、死んだ牛馬は、だれがどのように処置してもよいということになった。

「身分引上」以前、突然に出されたこの法令をどうとらえていいのか、わたしは不思議な思いを抱いていた。封建制では、「職業」と「身分」はワンセットで、そうだからこそ、日々の安定が保障されていた。その片方の職業だけを先に奪ってしまい、身分は「穢多」のままだというのはおかしすぎる。

しかし、たぶん、この問題は、身分解放にむかう流れに位置づけて見ようとするから、わからなくなるのだ。

すでにこの時期、政府は、西欧にならって牧畜や酪農に力を入れはじめている。明治二年には、築地《つきじ》牛馬会社《ぎゅうばがいしゃ》ができ、ここには屠牛所《とぎゅうしょ》もできた（川元洋一『被差別部落の生活と文化史』〔三一書房〕には、「横浜の屠畜場は一八六四年（元治元年）の『横浜外国人居留地覚書』によって建設された外国人居留地の中からうまれた」とある。「幕府が建物をつくり、外国人が屠畜場として経営した」とつづく）。牛馬会社はここに居留する外国人に肉を供給するだけでなく、少しずつ日本人のあいだにも牛肉をひろめた。ミルク、チーズ、バターなどはパン食には不可欠だった。

東北地方では生きた牛一頭は三両であった。それがこの時代、横浜では四十両で売れたという。一頭の輸送料が三両ほどで、牛一頭を運んで売れば三十四両ももうかる。あの西村勝三もこれに目をつけ、内藤新宿に千五百坪の土地を買って牛舎まで建て、ここに東北から牛百頭以上を運んだ。さて、横浜に売ろうとして、病牛ばかりつかまされていたことがわかり、大損をしたというエピソードが残っている。

つまり、時代は急速に変っていた。牛馬売買を専業にする博労《ばくろう》たちもその他の商人も利を追って活躍した。新政府も、明治三年三月に博労を鑑札制にした。利を追って無茶苦茶に混乱していた市場を統制し、流通をスムーズにしようという企てだった。生きた牛馬の問題が、死んだ牛馬にも波及してきた。それが「斃牛馬勝手処置令」ではないのか。西村勝三のように自ら革鞣《かわなめ》しをしようという業者にとっても、死んだ牛馬の革が弾左衛門や穢多身分に独占されているのは不都合であった。新町以外の革問屋にしても思いは同じであっただろう。

資本の要求が、身分制の問題などとは関係なく押し寄せてきて、「斃牛馬勝手処置令」になった。

弾内記があわてて、「斃牛馬処理権復活要求」を五月に兵部省にむけて出すが、動きだした資本の運動を止めることはできなかった。しかも、このとき政府は、維新がこのまま続くのか挫折するのかを賭けて、廃藩を断行しようとしていた。藩を廃止する。何百年にわたる特権を失った各地の藩主は怒り、新政府に対して兵をむけるかもしれなかった。

西郷隆盛が東京へ呼ばれ、直轄の親兵の八千人が薩摩、長州、土佐から集められた。西郷は、大商人とむすんだ大隈をきらった。大隈重信、井上馨《かおる》、大江卓らのこれまでの仕事はいったん切断された。たぶん、東京府や民部省の「賤称廃止案」も一頓挫をきたした。

廃藩置県は七月十四日に断行され、各省も、官僚が自由に腕をふるえるように統制を強化した制度に改編された。

民部省は大蔵省に吸収合併され、大久保利通と井上馨らの支配下になった。

民部省の代表だった大木喬任は文部省にまわされた。

大江卓は、福岡藩贋札《ふくおかはんにせさつ》事件の調査のため、福岡へ出張させられた。

そして八月二十八日、賤称廃止令（解放令）が出された。

10　差別制度から個の差別へ

三月の斃牛馬勝手処置令の影響が真綿で首をしめるように新町の仕事にもじわじわと出てきた。農民のなかには家族同様に愛した牛馬を捨てるに忍びず、わが手で埋葬する者もいるし、新町以外の革問屋から送られてきた仲買人に売る者も出てきた。配下の長吏にしても、斃牛馬処理をやめて農業のみに従事すると宣言する者もいた。

革が入ってこないうえ、革口銭《かわこうせん》の収入もあやふやになっていた。

大江卓が民部省に弾内記の席を用意した。弾内記を雇っておくとなにかと便利でしょうとでも、大江が大木喬任を口説いた。弾内記は六月二十五日から民部省に通い、「解放令」が出てやめた。

八月二十八日に太政官から布告されたそれは、

《穢多非人等《とう》ノ称被廃候条、自今《じこん》身分職業共《とも》平民同様タルへキ事《こと》》

とあった。

弾内記が必死に画策し、訴えた「漸次」ではなかった。今よりすぐに身分を引上げる。長吏身分のすべて、猿飼も非人もその他の賤民も同時にであった。

弾内記が衝撃を受けてひっくりかえるほど、その内容はラディカルで革命的であった。やがてその衝撃は日本中の農民にも伝わっていき、驚いた彼らによって「解放令反対一揆」があちこちにおこり、「穢多村」は焼かれたり殺されたりした。

弾内記にとっては、すべての配下の「身分引上」を実現したという喜びとともに、すべてを失った「弾左衛門」家を見出さねばならなかった。

穢多身分がいなくなれば、「穢多頭」も存在しない。被差別民の裁判をまだこの時

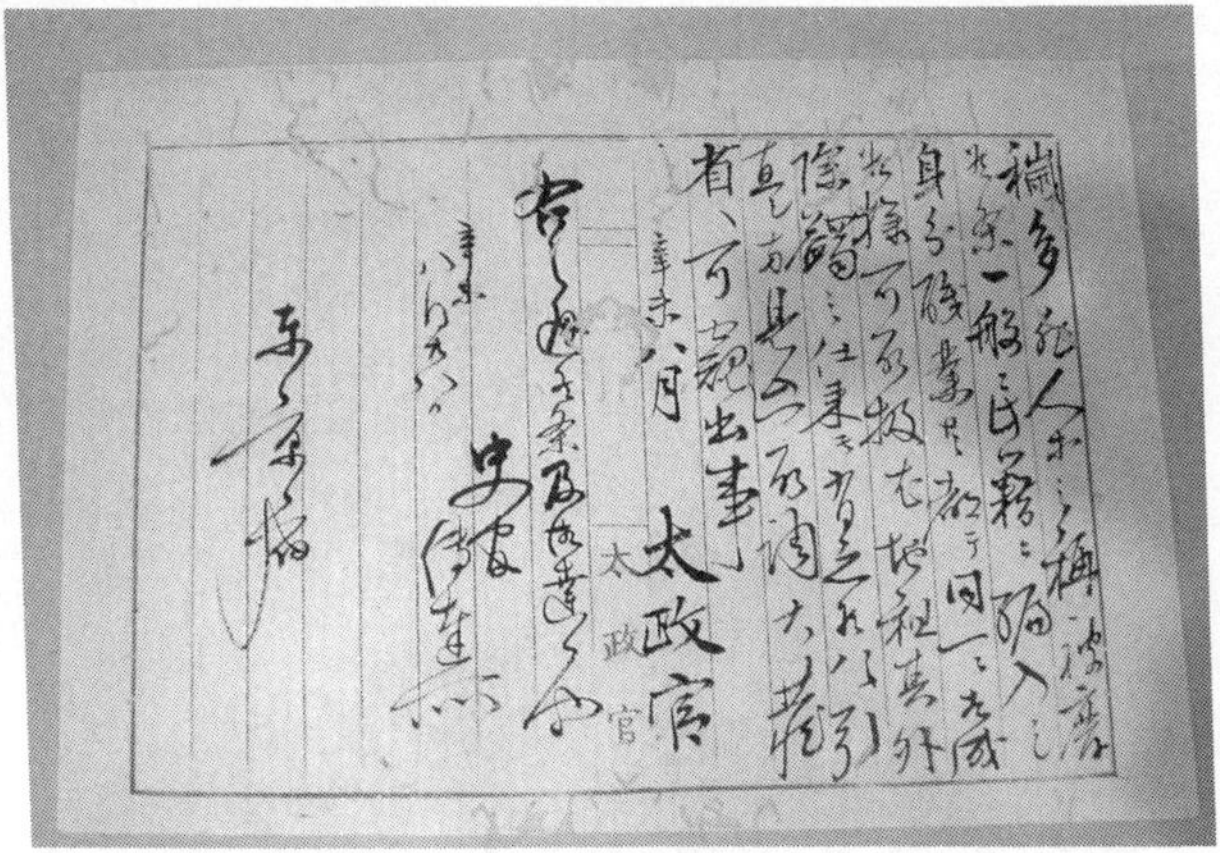

穢多非人等ノ称被廃候条一般民籍ニ編入シ身分職業共都テ同一ニ相成候様可取扱尤モ地租其外除蠲ノ仕来モ有之候ハヽ引直シ方見込取調大蔵省ヘ可伺出事

辛未八月　太政官

解放令の文書。台東区橋場にある東京人権プラザ（産業労働会館）に展示。

までまかされていたが、支配下の賤民身分がいなくなれば裁判権もなくなる。新町牢も、新町公事宿も白洲もいらないし、なにより新町役所を廃止することになる。

関八州の長吏は、それぞれの村、それぞれの町の支配（居住地支配）を受けることになった。九月三十日には灯芯の専売権も取りあげられた。十月七日には、高輪救育所も、もはや被差別民がいなくなったのだから、その者のためだけのお救い施設は不要であるとの論理のもとに廃止になった。もちろん、このような書生的官僚的な論理は、一、二年もたたないうちに東京府内にあふれ出した浮浪者を前にして、立ち往生をしてしまう。

そして、何百年かつづいた囲内そのものが否定された。浅草新町すべての「上《あげ》地（ち）」が命ぜられた。これまで、新町の土地は幕府から与えられたものだった。原則的にいえば、被差別民は納税義務はなかった。義務がないから、権利もなかった。村のはずれの人のよりつかない土地を与えられてひっそりとくらす。つまりどの土地も無税だった。浅草新町の場合は、いつのまにか灯芯を江戸城に納入したりする物納義務もふえ、同時に灯芯一手専売という権利も持ったが、土地は慣例として無税だった。その与えられた土地を一度は政府に返すようにいわれたのが九月十五日だった。

もちろん上地した土地は安い値段で払い下げられ、それまでの地主が買えたし、万一買えなければちがう地主が買った。その売買を実行するのが一年さきなのは、まだこの時点で、土地永代売買禁止令が生きていたからである。

明治四年九月十五日以降、新町は、亀岡町《かめおかちょう》と名を変えて、上町が一丁目、中町が二丁目、下町が三丁目となった。日本全土が県になったように、東京府内の町割りも変化した。名主制《なぬしせい》が廃止されて年寄制《としよりせい》になった。亀岡町は第六十九区に属し、五区ごとに一人おかれる中年寄《ちゅうどしより》（区長）から直接の支配を受けることになった。亀岡町の町年寄は、弾内記の息子の謙之助をという声もあったが、このとき十五歳とまだ若かったので、直樹自身が引き受けた（いい忘れていたが、弾内記は一年まえの明治三年十二月五日にまたまた改名を願い出て、弾直樹または矢野直樹と名乗っていた）。

明治四年八月以降の経過は、いま述べたような流れのうちに進んでいくのだが、わたしたちに残された問題は、なぜ、「解放令」があれほどにラディカルなものであったのかということだ。なぜ、弾直樹や大江卓、民部省の大木喬任らが主張していたような漸次の方針をとらなかったのか。

ひとつは「外聞《がいぶん》」の問題もあったろう。政府はこのころ一刻も早く、不平等条約を改めようと外交的努力をつづけていた。治外法権を撤廃し、関税自主権を回復しないことには一本立ちした「近代国家」とはいえないというのが日本政府の考えであった。条約改定の期限が明治五年五月にくるが、それまでに使節団を欧米各国に送る予定だった。

ところが合衆国や英仏は、日本を近代国家として認めまいとした。彼らは、下田《しもだ》や横浜で穢多非人身分の人たちと接する機会を多く持っていた。船底での機関焚きに被差別民をやとったこともあったし、屠場《とじょう》においてもそれらの人たちの技術を借りた。欧米における黒人やシンティー・ロマ（ジプシー）への差別を棚にあげて、白人たちは日本の封建制を詰《なじ》り、日本の政府機関は、この問題の解決を迫られていた。「外聞も悪く」という言葉はこのころの文書にしばしば出てくる。日本の政治風土をよく示している。

以上が外聞説だ。岩倉具視《いわくらともみ》を代表にした使節団がアメリカ号で横浜を出発するのは、解放令のあとの十一月十二日である。

いまひとつの説は土地の商品化説である。「土地永代売買禁止令」のもとに固定されていた土地をすべて売り買い可能なものにし、どの土地からも税を取ろうというものであった。つまり、「斃牛馬勝手処置令」と同じように、この「解放令」も、身分制解放の流れから出てきたものではなく、日本の資本主義化、商品の自由流通、土地の商品化の流れから見なければならないというわけだ。

薩長の新しい権力者が、かつての攘夷思想を若気のあやまちと放棄して、日本の欧化を、つまり資本主義化を考えたとき、いやおうなく「解放令」は土地の問題とからみながら出てきた。歴史のドラスティックな動きは、弾直樹の誠実な努力や大江卓の野心などをはるかにこえて、封建的身分制を破砕した。

いや、いいかえて、歴史のドラスティックな動きを見抜けなかった弾直樹や大江卓は置いてけぼりをくわされたので、その動きを見つめ、その動きを作りだそうとした人間はいた。大蔵卿（大臣）になった大久保利通は、弾直樹に押されて仕方なく「解放令」ににじりよったのではない。大久保の頭には、土地の商品化という目的があった。そこへむけて、邪魔になる諸制度をひとつずつ順番につぶしていったというべきなのだ。明治維新は、お手本になる社会を「欧米」に見出せた幸せな革命であった、とまえに述べたのはこのことだ。

大久保利通の頭に描かれたプログラムは、

一、まず無税の土地をなくす。賤民の名のもとに無税の土地が与えられているのをなくすためには、まず、「解放令」を発布し、被差別の身分をなくす。彼らが特典を持てなくする。
一、五ケ月後の明治五年二月十五日に、土地永代売買禁止令を廃止にする。
一、上地を命じた新町の地主二百五十五戸に土地を払い下げにし、地券《ちけん》（地租改正の一環として土地所有者に交付。一八八九年〔明治二十二年〕に廃止）を交付する。地価の三パーセントの税をかける。
「解放令」は土地の商品化のためだとする説である。

たぶんどちらの説もあたっていようし、まだほかの目的——政府内の派閥の動きなどもからんでいよう。ただ、押さえておきたいのは、「解放令」の一挙解放のラディカルさであり、新町も大阪渡辺村の人たちも、そして猿飼も非人も、狂喜してこの法令を迎えたということである。

とりあえずは、永年の桎梏から解放されたのだ。

《九月二十二日ハさま宮祭り、ことにこのたび平民に成し祝として、村中太鼓を出し、踊りおどりて、そのよろこびかぎりなし。これを見んとして、町家より来る人多し》

と、大阪渡辺村の人が書き残している。

しかし、彼らを待ち受けていたのは、よろこんでいられることばかりではなかった。

土地の売買の自由化（商品化）は、彼らのそれまで持っていた共同体をもこわしてしまうことが明らかになってくるからだ。弾左衛門を頂点にして、ひとつにまとまっていた新町にも、利害の対立が意見の対立となって生じてくる。どこに住んでもよいとなれば、立ち去る人も多い。地方の被差別部落がいまだに旧来の姿をとどめているのを目にすることはあるが、原則的には、人はばらばらと部落から離れ、個として生きることをよぎなくされている。非人たちは、江戸や大阪などをのぞいては、大集団を作っていなかったため、ちりぢりになるのは早かっただろう。いまや、非人の流れをくむ部落はめずらしくなっている。

ちりぢりになった人たちが、差別をこうむらなくなったわけではない。しかし、その差別は封建的身分制のもとでの差別とは、さまがわりしていよう。それはしだいに、先祖がだれとか、住居がどことか、職業がなにとかということから少しずつ離れてきていて、個と個の関係が生みだす差別になってきている。「解放令」が職業選択の自由や住居移転の自由を原理として認めたからには、差別された人たちが、職業や住居に対する差別を、個が引き受けなければならなくなるのである。差別された人たちが連帯する組織を作っても——あの鼻緒一揆のときの岩殿観音の場合のように、連帯すべしのひと言で、すべての村の人が団結したようにはいかずに、個の自由意志で運動に加わるようになる。個が、おのれひとりでは負いきれない理由によって差別されてしまうのが、近代差別のひとつの特徴になった。つまり、個と個の関係のはずなのに、それがそうならず、差別する側の個は、すぐに社会規範のうちに逃げこんでしまうからである。

11　野非人からスラムへ

「解放令」で被差別民が存在しなくなったので高輪救育所を閉鎖する、という書生的官僚的な論理は、そこに入所したままますぐには動けない老人や病者たちの存在によって裏切られる。高輪救育所という名はなくなっても、非人の名は消えても、建物はあったし人もいた。この場合、政府はこの建物と入所者とその世話人（新町出身者）とを、福島嘉兵衛《ふくしまかへえ》という商人に、地代もとらずに貸し渡すことで当面の困難を切り抜ける。

しかし、問題は病者や収容者だけではない。「非人」という者はもはやいない、と東京府がいってみたところで、吉原の裏にまわると、むかしからの小屋に車善七の子分たちがいっぱい住んでいる。しかも、非人はいなくなったという前提で、それまで非人が従事していた仕事はなくなった。「乞食」は非人に与えられたもっとも大切な収入源だったが、物乞いは文明開化の世にはふさわしくないと禁止になったし、非合法にしても、だれもが乞食をする権利を得てしまった。浅草にあふれだした無職無宿の者をどうするのか。行政側の対応が迫られていた。

その対応のひとつが「養育院《よういくいん》」である。場所は上野の山に護国院《ごこくいん》という大きな寺があった。そこを買いとって養育院とした。いまの上野動物園があるまさにその土地で、もはや被差別民ではなくなったはずの非人が、野非人もふくめて集められた。彼らをあらたになんと呼ぶべきか、当時の文書でいう「窮民《きゅうみん》」としておこうか。かつて非人頭の配下におかれていた者とか、乞胸《ごうむね》の一部とか、浮浪者とか、高輪の救育所にいた者たちである。彼ら窮民は、「解放令」によってそれまでの共同体を失い、所属を失い、アイデンティティまでを失い、裸の個として養育院に集められた。

そしてこの養育院の創設の思想は、かつての抱非人《かかえひにん》が「身分制支配」を意味していたとするなら、こちらは、「資本制収奪」を目的としていた。そのイデオローグは、あの西村勝三らであった。貧民を救済するという名分《めいぶん》のもとに、彼らを安く使役することができると西村勝三が気づいたのは、明治三年に伊勢勝造靴場を作ったときではないだろうか。このとき西村は落ちぶれた武士の子息など、十三、四歳の少年五十人を集めてきて使った。

養育院を作ったのは東京会議所だが、ここの頭取《とうどり》に西村勝三がいる。

順序を追って記しておくと、江戸には飢饉や地震や大火にそなえて町会所《まちかいしょ》というお救いの機関があった。

新政府は、この町会所を発展させて営繕会議所《えいぜんかいぎしょ》を作った。明治五年（一八七二年）

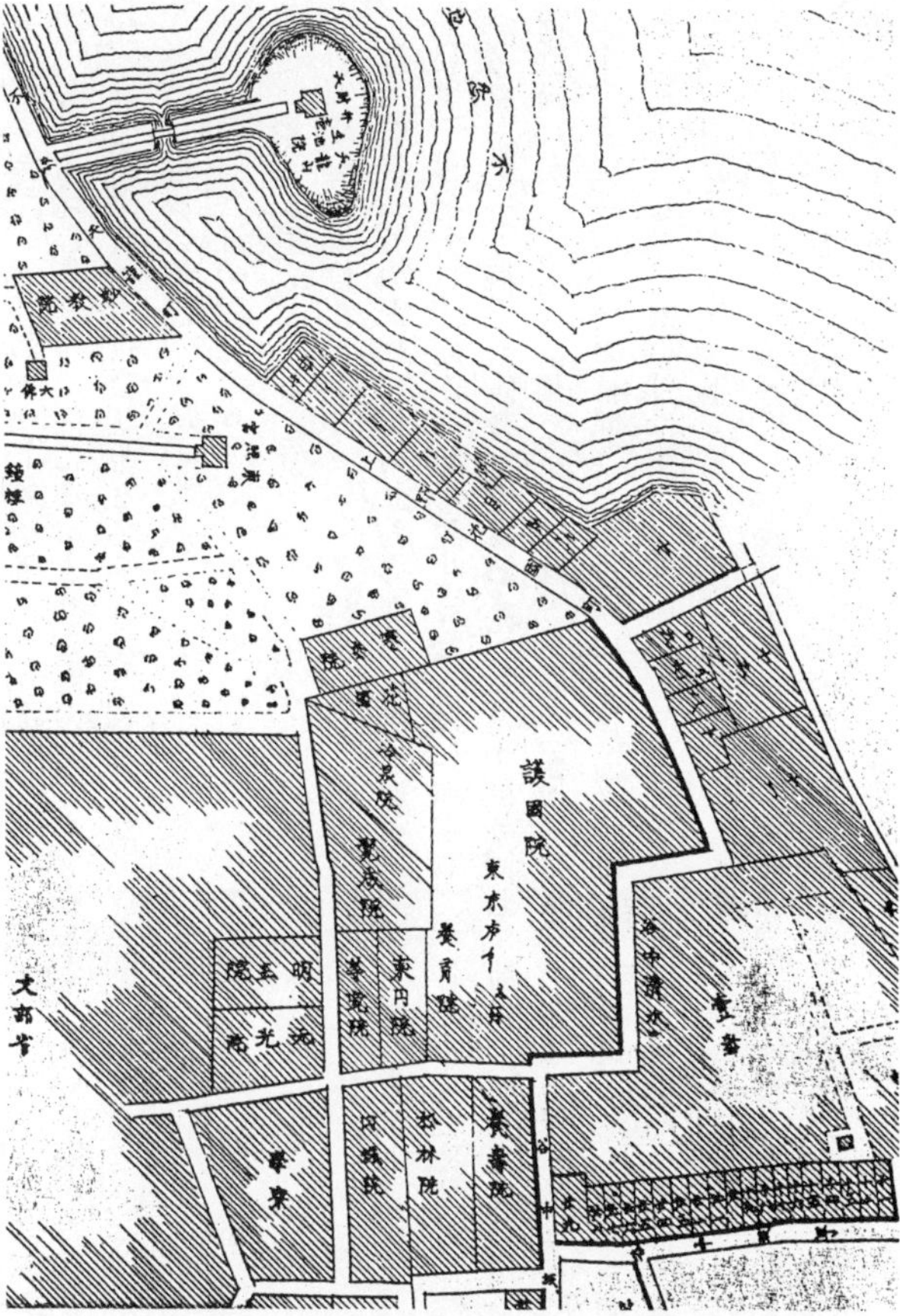

護国院の名と並んで養育院の文字もある。不忍池の弁財天や東照宮の位置から、いまの動物園の場所だと見当がつく。

五月であった。町会所に当時の金額で百万円（百万両）以上ものカネが残っていたのが、この組織に集まった人になによりも魅力的だったにちがいない。四ケ月後の九月に、営繕会議所は東京会議所と名を変え、目的として、

一、工作場《こうさくば》の開設。
一、日雇会社《ひやといがいしゃ》の設立。
一、窮民救育《きゅうみんきゅういく》。

の三項をかかげた。

この窮民救育のために作られたのが養育院である。明治六年二月に上野に落成した。西村勝三は自分の工場から靴の先生を養育院に派遣して、作り方を教えている。「乞食《こじき》」という概念が宗教性を奪われ、百八十度転回して唾棄すべき概念になるのは維新後だが、乞食を禁じたからには、結局、窮民には職業を与えるほかはない。それが東京会議所の目的の日雇会社の設立になる。養育院で職業訓練をしたものを日雇会社に送りこむ。日雇会社は東京府が協力して維持することになるが、日銭は上人足《じょうにんそく》二十銭、中《ちゅう》人足十六銭、下《げ》人足十二銭である。

このやりかたが明治政府の窮民対策の基本線になるのだが、同じ方策が現在までつづいているのではないだろうか。慈善のいやみと低賃金がからみあい、余計者ふうに扱われながらその実、もっとも必要不可欠な仕事を担わされたりする。

貧民窟と呼ばれていたころのスラム

窮民が市中にあふれるのは、天保飢饉のあとと、維新のあとが二つのピークになるが、「解放令」のあとの小さなピークをすぎて、三つめの大きなピークは、鹿鳴館で象徴される明治十七年（一八八四年）ごろ、軍備拡張を急いだ松方デフレがもたらした不況のときである。地方農村で食えなくなった窮民が都市にあふれてくるのは、江戸時代となにも変るところがなかった。

　これら窮民とか貧民とか細民と呼ばれる人たちは、都市の湿地帯、日当りの悪い場所、鉄道線路の近く、墓地や火葬場の近く、河川埋立地などに住みついた。東京の三大貧民窟《ひんみんくつ》とやがていわれるようになるのは、

一、芝の新網《しんあみ》。
一、四谷《よつや》の鮫河橋《さめがはし》。
一、下谷《したや》の万年町《まんねんちょう》。

である。細民たちはまったくの失業者ではない。これら都市のあちこちにできたスラムにプールされることで、かつかつの収入を得ることができた。これは車善七の配下（抱非人）になることで食だけは保障されるのと似ていて、善七が支配者なら、ここでの搾取者は不良住宅の家主たちや手配師であった。善七配下の抱非人が共同体を組んでい

たのとはちがい、ここでは家主たちも競争していたし、貧民たちも職を求めて競いあった。そして、江戸にあってはそれぞれの親方のもとにまとまっていた職業が——たとえば乞胸《ごうむね》の職業、非人の職業、職工の職業などが、いまやばらばらに入りこんでいる。

井戸掘、土工、車力馬力、屑屋、アサリ売り、ラオ（羅宇とも書き、キセルの吸口と火皿をつなぐ竹の管）のすげ替《かえ》、鋳掛屋《いかけや》、あんま、流しの芸人、行者《ぎょうじゃ》、立《た》ち ん坊《ぼう》（坂の下に立っていて荷車のあとを押し賃銭をもらう）、ゴム靴直し、下駄歯入れ、便所掃除、盲乞食《めくらこじき》、占い師、巡礼、的屋《てきや》（香具師《やし》）、人形つかいなど、さまざまな職業が流れこんでいる。

やがて、多くの旧時代の職業がすたれて消えていき、いまの都市スラムには、人夫、土工を中心とした肉体労働だけが残ることになる。

弾左衛門の新町から千住にむけて原っぱを歩くと、山谷《さんや》稲荷《いなり》がぽつんとあったが、その近くの巨大スラムもまた、「解放令」を引き金にして生まれたのである。

そして、ここで注意しなければならないのは、穢多身分の多くは、「解放令」のあとでも、必ずしも全面的にばらばらにならなかったことである。いや、一度は個になりながらも、自分たちの意志で、多くの人はむかしからの人との関係を大切にした。部落から外へ出ると差別がきつかったからそのまま残ったというい い方があるが、そうである面は認めるにしても、非人や乞胸やその他の芸人たちや細工師の多くが、かつての居住地から出て（かつての居住地を追い払われたのか捨てたのかはともかく）、スラムに身をひそめたのち、いつしか市民のなかに消えてしまったのを思うと、もとの長吏身分の人が個としてふたたび共同体を作ったことは、彼らが「農民化」をとげていたという経済基盤があったとしても、もう一度考えこまなければならない問題である。

弾直樹もまた「解放令」ののち、新町のもとの配下に、ここにいては差別されるから出て行くようにと口を酸っぱくしていったが、にもかかわらず、多くの人がちりぢりになるのに百年以上はかかった。弾直樹の長男謙之助が明治四十二年（一九〇九年）に屋敷地を小学校建設地として明け渡して東京市中へ引越ししてしまったあとも、ずっといつづけた人が多い。

つまり、「解放令」後の東京には（あるいは他の多くの都市においても）、スラムとともに、穢多身分の人たちの末裔が共同体を維持しつづけていた。

12　熟達シタ生徒ハ全国ニ

弾直樹は「解放令」によって「弾左衛門」ではなくなり、被差別民の頭領としての地位も失った。身分は四年まえより平民であったが、このとき、真に一市民になったことになる。ただ、弾直樹は、すでに製革製靴の会社を設立していたため、経営者としての地位は残った。つまり、資本制的支配の様式にいちはやく移行したため、トップの座は失わなかった。そしてこの事業は、元長吏身分の人たちの運命とわかちがたくむすびついたので、その経過について、すこしだけふれておこう。それがまた弾直樹の晩年を語ることになる。

明治四年、斃牛馬勝手処置令で生皮の入手がしだいにむつかしくなるなかで、滝野川の反射炉跡地にできた「滝之川皮革製造所」で茶利革一号は誕生した。この革は軍靴むきのもので、兵部省の造兵司に持参している。ちょうどその日、解放令が発布され、弾直樹が頭領の地位を失う。生皮の入手は激減し、ついに滝之川工場を維持するのがむつかしくなった。一方、チャーリーとは一年契約で多額の月給を支払う約束をしている。

解放令後の弾は、工場のほうでも窮地に立った。手代の石垣元七はのちに、

《然ルニ之ヲ故直樹一己ノ事業トシテ継続センカ従来ノ家産既《すで》ニ之《コ》レガ為ニ消尽《しょうじん》シ》

と語っているように、弾家の資産のほとんどを費やしてしまった。やっと援助を、「木挽町《こびきちょう》水町久兵衛」から得たと文章はつづくが、この人物について、わたしは知らない。（石垣元七の言葉は、「弾家之経歴並故弾直樹起業概要」〔明治三十年・一八九七年〕より引用した。この冊子《さっし》の最後に、「平民石垣元七」とわざわざ平民とつけて署名している。〔『決定版資料浅草弾左衛門』二八七ページに全文収録〕）

一方、翌明治五年早々に工場を、滝野川から亀岡町の近くの橋場町に移転している。移転の理由について石垣元七はなにも語っていないが、出資していた皮革問屋が対立したためのほかに、いまひとつのわけがあったのではなかろうか。すでに述べたように革鞣《かわなめ》しには大量の水が必要であり、弾の皮革製造所は、石神井川の水を使っている。このあたりの石神井川は滝野川とも音無川とも呼ばれるが、反射炉跡から少し下流に、ちょうどこのころ渋沢栄一《しぶさわえいいち》（一橋家に仕えていたが、維新後大蔵省に出仕。第一国立銀行などを創設）が抄紙会社《しょうしがいしゃ》を計画した。製紙にも水はいる。弾と渋沢は知りあっていたと、どこかで読んだ記憶があるが、わたしの推測では、渋沢は抄紙会社の案が進んだ段階で、弾に皮革製造所の移転を要求したのではないかと思える。力関係では渋沢が圧倒的に優位にある。石垣元七がそのことにあえて触れようとしないのもわかる気がする。のちの王子製紙である抄紙会社が、いまの王子駅の近くに誕生するのは明治六年（一八七三年）である（本書一二二ページの地図参照）。

明治五年に弾は滝野川から撤退して隅田川畔の旧鋳銭地《ちゅうせんち》を借り受けるのに成功した。松本良順が病院を建てようとした同じ土地である。現在は東京都人権プラザ（産業労働会館）になり、皮革の展示室が一般に公開されている。移転した年の四月から、毎年一万足の注文が兵部省からあった。このときチャーリーはもう帰国の途にあったが、弾直樹は生徒数百名を集め、工場を再スタートさせた。翌六年には徴兵令が発せられ、軍靴の必要性は高まったにもかかわらず、製靴工のほうはいまだ未熟で失敗も多かった。

石垣元七は、

《百事整頓セズ》

と記しているが、そうであったろう。その様子を見て水町久兵衛が手を引き、弾直樹は債権者から責めたてられ、ついにギブアップしてしまう。

一方、民間での靴だが、明治五年に服制改正《ふくせいかいせい》があって礼服においても洋靴（革靴）を履くようにと強制があり、その影響で日常でも洋靴を使用する人がふえていた。弾のもとで製靴をならった者でも、新町から出てその事業につくものが多かった。西村勝三も民間靴に積極的に進出してきて、フランス人職工レ・マルシャンを雇いその複雑な手縫いの技術で他を圧倒していた。

弾直樹が窮状におちいった理由はほかにもあった。軍靴の基準をフランス製をもとにしてきめているのに対して、弾家はチャーリーのアメリカ流で、これがトラブルの原因になった。いや、そのような些細なことより、時代そのものがまた荒れはじめていた。岩倉具視がテロに襲われたり、江藤新平が佐賀の乱をおこしたり、不平士族の動きが活発であった。血税（徴兵制）反対一揆や解放令反対一揆などが、あちこちで生じていた。

西村勝三の伊勢勝製靴工場も陸軍省が月一万の約束を一方的に反古《ほご》にしたので、大打撃を受けている。

明治七年、弾は橋場町の工場を三越の三越則兵衛《みつこしそくべえ》の手代の北岡文兵衛《きたおかぶんべえ》に渡してしまう。新しい会社は「弾北岡組」というが、名が残されただけで実権は失っていた。弾直樹は自分の屋敷の役所だったところを製靴工場に改築し、細々と製造をつづけるだけになった。

西村勝三のほうも、堀田藩での盟友の依田柴浦《よだしばうら》からカネを借り、「依田西村組」と名を変えたが、ちょうどそのころ西南戦争の予感が高まり、軍靴の注文が増加した。弾北岡組の生産高が記録に残っているが、明治十年、西南戦争の年の売上げは五万円、翌十一年は二万八千円で、戦争が武具生産者にとってどれほど利益をもたらすかがわかる。

このあと明治十六年までは二万から三万へとゆるやかな成長で、明治十七年（一八八四年）にはピークをむかえ、十六万八千円である。これは、清国とフランスが交戦し、朝鮮の内治をめぐって緊張が高まり、自由民権家まで軍備拡張をすべしといいだした年である。が、この反動が翌年からはじまり、しばらく不景気になる。さきに述べた松方デフレである。さらに明治二十年の陸軍省の大節約の方針はすぐに打撃となった。

明治八年半長靴

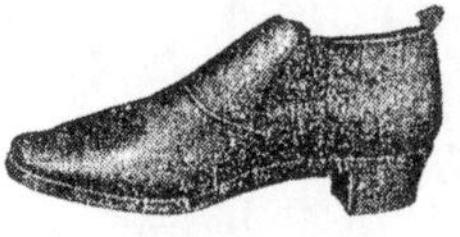

明治初年将校用短靴

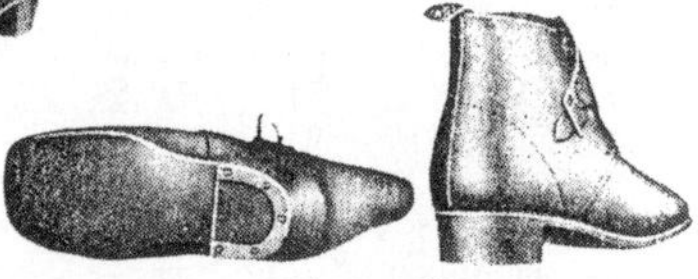

明治十三年工兵靴

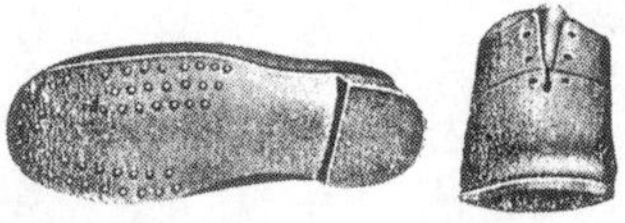

旧式の短靴（依田西村組号桜組の印あり）

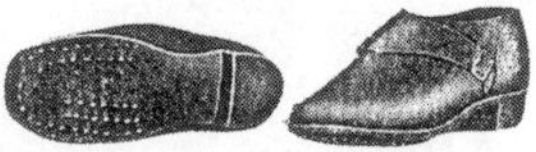

明治十九年下士卒用廐靴

依田西村組製の軍用靴

弾直樹はそのようななかで、老年を迎えたわけである。民俗学者の柳田《やなぎた》国男《くにお》がその歩く姿を見て、飄々《ひょうひょう》としていたと記しているが、内心はどのようなものであったろうか。

　弾直樹は明治二十二年（一八八九年）七月九日午前九時に、後事を笠原伊左衛門と石垣元七に託して病死する。六十七歳だった。その晩年の胸のうちは、

《今ヤ数百人ノ生徒ハ熟《じゆく》達《たつ》シテ全国普《あまね》ク皮革製造所ノ設ケ無キハ無ク、諸

靴製造人ニ乏《とぼ》シカラザルヲ見、其志業《そのしぎよう》（初心）ノ貫徹成就セルヲ歓《ヨロコ》べリ》と石垣元七は記している。靴つくりを教えた者たちがいまや熟達し、全国どこへ行っても製造所はある。靴の製造人もすくなくない。初心を貫徹できたのがうれしい。素直に受けとっておいてよいだろう。

弾北岡組は、弾直樹にかわって祐之助（二代目直樹。祐之助と謙之助と廉之助の三つの表記が出てくるが、別人ではなく、同一人物ではなかろうか）が参加した。明治三十五年（一九〇二年）に北岡文兵衛がしりぞき、代りに賀田組が加わり、東京製皮株式会社となった。

また西村勝三の依田西村組は明治十七年から桜組《さくらぐみ》として、以後発展をつづけた。

第四章　弾左衛門の謎

1　徳川との契約

弾直樹から靴の作り方をならった門人のうちには、繁華街に店を構え、紳士靴や婦人靴を作る者もいたし、それらの販売や修繕にたずさわる者も多かった。しかし、弾直樹自身が終生、力をつくしたのは軍靴製造であった。わたしはここに、弾直樹の意識を縛った「弾左衛門」という存在を見る。明治二年の春に彼が、西欧ふうの靴を作ろうと思いついたのは、皮革をもっぱらにするのは自分たちをおいてほかにはないという歴史的背景があったからだろう。さらに、武士の使用する武具や馬具の皮革を供給してきたという自負がある。新式になった兵が必要とする革製品の供給も自分たちのつとめだと思った。つまり、最初から弾直樹は軍の必要とする各種の靴を作ることを第一の目的にしていたのだ。

中世の鎧細工師。膝のまえの箱にちらばっている札をつないでいる。

つまり弾左衛門というのは――長吏身分一般や渡辺村などを視野からはずして、ひたすら弾左衛門にだけ注目してのいい方なのだが――弾左衛門というのは軍備とむすびついた存在だった。軍備のうちの皮革に関する統轄者であり責任者なのだ。わたしは幼年期のごく短い期間だが、軍靴工場にいたことがあるが、そこで見聞きした革製品は、長靴や編上靴などだけではなく、ベルトから弾丸入れの皮の箱や肩にかける帯や革紐など多種多様であった。弾直樹が目ざしたのもそのような工場だったのである。それは鎧《よろい》の札《さね》（鉄か革で作った小片。これを糸か革紐でつないで、鎧の胴や草摺《くさずり》にして動きを保証した）や馬具に必要な革製品を供給する仕事の延長線上にあった。

いいかえれば、皮革をきちんと生産するという約束のもとに、武士の頭領から、長吏の頭領「弾左衛門」に、「斃牛馬処理権」が与えられたのだ。弾左衛門という存在は、いつの時代にも、その将軍某との関係で成立していたのである。トップとトップの関係であった。そうであるからこそ、「弾左衛門由緒書《ゆいしよがき》」でもって、初代弾左衛門が徳川家康に会って、両者の関係が確立されたことが、フィクショ

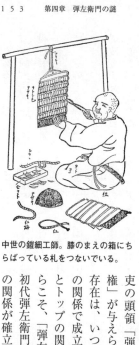

ンであるにしても、強調されるのだ。

《寅御入国の節、私先祖武蔵《むさし》府中迄罷出《まかりいで》、鎌倉より段々相勤《あいつとめ》候《そうろう》旨《むね》申上候得者、御役等長吏已下支配被為仰付》（本部「付録1」参照。第五項からの引用）

寅入国とは天正十八年（一五九〇年）八月一日に家康が江戸に入府したおりのことで、そのとき弾左衛門の先祖が武蔵国の府中まで出かけて家康に会い、鎌倉時代からずっとつとめていた由緒を申しあげたところ、これまでの仕事の継続と長吏以下の者の支配を命ぜられた、というのである。

ここに「府中迄」とあり、正式に家康が江戸入府のおりは府中を通っていないので、この文面は疑わしいとする説がずっとあった。しかし、いくつもの由緒書を見ていると、「府中より」となっているのもあり（享保十年〔一七二五年〕の由緒書。『決定版資料浅草弾左衛門』二五ページ）、この箇所だけでこの由緒書を否定するのも無理があろうと思った。「府中より」とあれば、弾左衛門は徳川以前に、この馬の産地にして馬の市のひらかれた土地にいたことになる。そうであれば筋が通ってくるのだが、まだそれを実証するものはない。

江戸幕府のはじめから連綿とつづく十三代のあいだには、盲人の組織である「当道座」が支配下から脱したり、歌舞伎役者が離反したり、さまざまなことがあったが（本部「付録3」参照）、徳川との関係は維持された。ただ、この平和な時代にあって、軍備に必要とする革はずっとすくなくなったはずで、それに代るものとして灯芯占《しめ》売りが許されたのかもしれない。こまかい出来事は、『資料浅草弾左衛門』を見てもらうとして、ここでのわたしの関心は、弾左衛門の存在を、江戸をこえて――つまり江戸時代以前にも見つけることができるのかどうかである。

いま一般には、江戸時代以前の弾左衛門の存在については、確証がないと否定されるのが常である。わたしも、何度もそう思った。「由緒書」などは、フィクション（捏造《ねつぞう》）であろうと思った。が、そう思っていると振子のおもりのように、こんどは、近世になって、突然に「弾左衛門」という名の、大きな存在と制度が出てくるのが不思議になった。それはだれかが思いつくにしては、それを受け入れる人びとの意識にも、ぴったりとあいすぎているし、時の権力者にとっても利便なことこのうえない。さらに、中世から近世にかけて、武家が実権を握っている社会が基本的にはつづいているのであって、江戸開幕にそれほどの断絶を強調しないほうがよいのではないかと思えてくる。

江戸が明治になったとき、つまり、ひとつの体制がつぎの体制に移るとき、《慶応四戊辰年三月諸道の官軍東下せし際東山道官軍参謀部の本営板橋駅に在りしに罷出鎌倉以来時の政府に奉仕せし旨を以て応分の用務を弁じ度》（石垣元七「故弾直樹の履歴」より。『決定版資料浅草弾左衛門』二九三ページ）

と石垣元七は述べている。「鎌倉以来、時の政府に奉仕した」と石垣元七がいうとき、そこに詭弁《きべん》がないとは思わないが、徳川以前が想定されているのはまちがいない。

江戸以前に「時の政府に奉仕」している弾左衛門がいた痕跡は見つかるのか。江戸以前の関東地方の長吏身分はどういうふうに武家と関係をむすんでいたのか。いや、江戸時代以前に長吏という身分が確立していたように断定してよいのかどうか。――こういった問いに関するわたしの思考のゆれを短くまとめておく。

2　小頭たちの伸張

「弾左衛門由緒書」から、さきに、「寅御入国の節」に、弾左衛門と家康が契約をかわしたとの一文を引用した。その一文のつづきは、

《其後小田原氏直《うじなお》公御証文を以、其所の長吏太郎左衛門《たろうざえもん》、已下長吏支配奉願候処、御取上無之》

とある。江戸（矢野）弾左衛門が家康に認められたあとに、小田原長吏の太郎左衛門が、北条氏直から与えられた証文を持って、引き続き関八州の長吏を支配したいと申しでたが、徳川幕府は逆に証文を没収されてしまった。

右のことが本当かどうかは詮索しないが、ここに出てきた太郎左衛門は、代々太郎左衛門といい実在する。第二章の「弾左衛門という制度」の最後に記した在方の「大《おお》

組小頭《ぐみこがしら》」十二人のうちの一人に名をあげられている。

そして、この人物は、確実に、江戸開幕以前より、ほぼ同じような性格の長吏として存在していた。

ここでちょっと、弾左衛門という視点から離れると、関八州には、多くの有力な土地の長吏がいつもいて、それらのあいだにはたえず勢力争いがくりひろげられていた。よく知られている例だが、大磯の長吏の助左衛門は、古沢の長吏の太郎右衛門の支配から脱し、直接に新町役所にむすびついた。

古沢は厚木市の西で、近くに七沢城《ななざわじょう》などがあり、中世にはにぎわった土地である。七沢城は、太田道灌の親玉になる、関東管領《かんとうかんれい》の扇谷《おおぎがやつ》上杉家が使用した城で、大山《おおやま》の麓になる。この古沢の長吏は扇谷との関係で、もしかすると、小田原の長吏より古いかもしれないが、先走りはやめよう。

古沢長吏の名は、天正二十年（一五九二年）一月十二日の手形に、小田原の太郎左衛門と連名で見られる（小丸俊雄「相模国に於ける近世賤民社会の構造」『近世神奈川の被差別部落』明石書店、所収）。この年の八月十三日に、家康の愛馬が江戸城で死んだため、鳥越にいた長吏を呼んだ。すると、その長吏は、『天正日記』によれば、

《よりともいらいのゐたと申出る》

とある。これがどうも弾左衛門らしいが、このような早い時点で、はっきりと、

七沢城跡のスケッチ。江戸時代のもので、今は県リハビリテーション病院

「頼朝のころからの穢多」といったのは、注意しておいてよい。このようなおりに、堂々とはったりをいえるだろうか、と思うからである。虚言を弄すると首が落ちてもおかしくない状況での言葉である。

とにかく同じ年に、小田原には太郎左衛門が、古沢には太郎右衛門が、江戸鳥越には弾左衛門らしい者がいた。太郎左衛門と太郎右衛門は手形に連署していることから、「兄弟」と見る人もいる。兄弟でなくても親戚であるかもしれない。この二人が、中世の北条時代から、相模国の二つの土地の長吏の頭領として力をふるっていた。

さて、中世に大きな力をふるった古沢の太郎右衛門に盾をついてその勢力を広めようとしたのが大磯村の助左衛門である。江戸の中ごろから衝突をくりかえしながら、ついに太郎右衛門の支配から脱したばかりか、助左衛門は藤沢から大磯までの東海道筋の長吏の村を支配下にし、「大組小頭」に任命された。

このような勢力の伸張、縮小はたえず、あちこちでくりかえされるが、その土台になったのは、弾左衛門との関係のほかに、小頭の土地の経済力があっただろう。が、それだけでなく、それぞれの土地の藩の動勢や農民たちの生産力の問題などがからんできているはずである。ともすれば、被差別民の問題はその内側だけで追求されがちだが、支配者の状況が被差別者にぐさりと突きささり、逆に、被差別者の動向が支配層を動かしていくというダイナミックな見方がそろそろ必要なのである。

ちなみに、相模国《さがみのくに》には、江戸時代においては、大きな小田原藩とその七分の一ほどの荻野山中藩《おぎのやまなかはん》、六浦藩《むつうらはん》があり、そこに旗本領などが複雑に入りこんでいる。中世では、山内、扇谷《おおぎがやつ》の両上杉家や三浦家、それに新興勢力の後北条が戦いをくりかえしている。結局、戦国時代の百年は後北条の支配地になるのだが、それまでは、各地の国人衆《こくじんしゅう》などの勢力の拡大や収縮によって、長吏小頭たちの力関係も微妙に変化しただろう。支配勢力の変化によって、長吏の横のつながりは断ち切られたし、大きな支配圏が成立すると、長吏たちはおたがいにむすびついた。

関八州各地に有力な長吏小頭がいて、それぞれが栄枯盛衰をくりかえしているというのが基本で、それら有力者のひとりが「穢多頭」とか「触頭《ふれがしら》」とかの名を得て、ときの武家の権力者と契約をむすぶ。そして、「弾左衛門」という視点をはずせば、それら有力な小頭たちは、中世と近世を串刺しにするように存在しつづけていたのであって、彼らにとっての近世とは、長吏頭がだれに替ったかというぐらいのものであろう。そして長吏の頭領にだれがなるのかということは、時の武士集団の勢力分布のほうにむすびつけて考えられることだった。

関八州の場合は、すでに後北条によって支配の一円知行《いちえんちぎょう》がはかられていたから、江戸開府とは、太郎左衛門から弾左衛門への権力の委譲でしかなかった。小頭にとっての日々とは、手下とともに、革作りにつとめ、小さい田畑を耕し、非人に命じて村の番をすることだった。

　家康が、関東の穢多頭を太郎左衛門から矢野弾左衛門に替えたにしても、小頭が作るネットワークにはほとんど手をつけなかった。そのことは、近世の長吏頭の支配地からもわかる。さきに記した大組小頭のリストから判明するように、弾左衛門の支配する村は、中世の太郎左衛門の支配しただろう村（つまり、後北条の支配した土地）と重なっているからである。端的な例が、三島の長吏が、大組小頭のうちに入れられていることである。

　三島は、三島大社《みしまたいしゃ》のある東海道の宿として、伊豆国を文化的に代表する町である。その文化は、関東地方に属するというよりは、駿河のほうに属していよう。なのに、それが箱根をこえて弾左衛門の配下におかれているのは、伊豆国が北条早雲の出発の地であったからだ。

　江戸時代における「弾左衛門制度」というのは、家康によって創成されたものではなく、中世後北条のころのシステムを踏襲したものである。江戸時代の相模国において大組小頭のいる土地——古沢、大磯、小田原、三島、それに鎌倉の極楽寺は、後北条の後期において、すでに長吏たちの確固とした集団が存在していた。

さて、ここは中世について語る場ではないので、もう筆をおくが、何人かの長吏頭の名を中世に見つけながらも、肝心の矢野弾左衛門の名は、当時の文書に、いまだに出てこない。後北条の治下においては、弾左衛門はそれほど痛めつけられた名もない存在だったのだろうか。とするなら、それがなぜ、家康によって突然に見出され、関八州の頭領におかれたのだろうか。江戸の鳥越神社から呼ばれた「ゑた」がなぜ頼朝以来の由緒があったりするのだろうか。

江戸開幕の一点をむこう側の中世にこえて「弾左衛門」という名を探す作業はいまもってうまくいかないが、極楽寺坂の面掛行列《めんかけぎょうれつ》（非人面行列。御霊神社の九月十八日の例祭に行なわれる。神輿の先供《さきども》は頼朝の子をみごもった「菜摘御前」である）を眺めていたり、小田原の山王原村《さんのうはらむら》（太郎左衛門の屋敷があった）にある道場院《どうじょういん》（寛正元年〔一四六〇年〕に建立されていて、早雲の小田原進攻より三十数年まえになる）の古い墓石を調べていたりすると、それらがそれほど古くはないとしても、地霊の働きでもあるのだろう、「皮作り」と直截《ちょくせつ》に呼ばれた中世の長吏たちの存在をまじかに感じ

面掛行列。少し前までは非人面行列と呼ばれていた。田楽に由来する「面」でしかないが、「孕っと」（はらみっと）の菜摘御前（なつみごぜん）の姿は、何かをメッセージしている。

るのである。

（文庫本注・本章と次章の叙述につきまとう「まどろっこしさ」について弁明しておくと、当時は部落の「近世起源説」が声高に語られていたため、それへの批判をふくむ論にはいくらかのレトリックが必要であった。すぎてしまえばウソのような感じだが、時代の空気が人をしばりつける強さは相当なものである。今回、書き改めた第一章のように直截《ちょくせつ》にはいえないものだ。）

第五章
おわりに　中世へ

1　中世へ

弾左衛門という人とその制度について、アウトラインをスケッチしてみた。弾左衛門がそこで生き、弾左衛門制度を必要不可欠とした江戸についても、語ってきたつもりだ。

十三代つづいたこの制度は、近世江戸にぴったりと入ってしまう長さだが、そうであるからこそ、そのはじまりと終わりが重要なのである。江戸の弾左衛門制度は、どのようにしてはじまったのか、そして明治維新において、どのように終わったのか。資料そのほか、後者のほうが格段に多いため、そのほうに紙数をさいてきたが、はじまりのほうも、それを「謎」として問題だけは提示しておいた。

しかし一方、在方小頭《ざいかたこがしら》など、各地の有力な長吏については、江戸時代のはじまる百年ほどまえまですぐに歴史をさかのぼることができる。今川氏親《いまがわうじちか》が皮多に土地を安堵《あんど》（保証）し、代りに皮革の納品を命じたのは、最近では通史にも出てくるが（『体系日本の歴史』小学館、七巻）、大永六年（一五二六年）のことである。皮多の名は彦八といい、安倍川の河原（静岡市）をもらった。そこを「河原新屋敷」と呼ぶが、この地名が、以前からあったのか、そのときからはじまるのかはわからない。この彦八が、その配下に「組下」をかかえ、「小頭」と同じ役をはたすようになる。

今川氏親はこの年に中風《ちゅうぶ》が悪化して死ぬが、この駿河と遠江《とおとうみ》の守護大名の母は、北条早雲の妹になる。早雲はこの十数年まえに、すでに伊豆と相模を支配する戦国大名にのしあがっている。

北条のほうの皮革入手の方法はどうだったのか。残存する資料に出てくるのは、早雲の子の氏綱が天文七年（一五三八年）、伊豆長岡の皮多九郎衛門に革をきちんと納めるように命じたものである。彼らは生皮《なまかわ》を小田原城で受けとって、それを伊豆に持ち返り、松葉の煙で燻《いぶ》した。燻してやわらかくし、着色したり模様などをつける。伊豆国中に散在する皮多に九郎衛門は命じるのであるから、のちの「触頭《ふれがしら》」か「穢多頭」のような存在である。

ただ燻革《いぶしがわ》は、鹿皮などが最適で、牛馬の皮を小田原から伊豆まで運んだのか、というのには疑問が残る。もちろん船を使えば、小田原から熱海まではすぐだが、塩漬にした皮はずしりと重い。どうも、ここでいう革は、高級な革のことではないかと思う。当時の伊豆は、頼朝が蛭ケ小島に配流されたころとちがって、もはや流刑の地ではない。それぱかりか、早雲に滅ぼされるまでは、ここに足利政知《あしかがまさとも》の堀越御所《ほりこしごしょ》がおかれ、京の文物や技術が流入していた。早雲の子の氏綱は小田原城に居住したが、煙草入れなどには、ハイセンスな伊豆の革作りの技術を頼ったのではないだろうか。

それでは、鎧の札《さね》などの牛皮はどこで作っていたのか。つまり、わたしは、小田原城下から東へ出たばかりのところにある山王原村《さんのうはらむら》（当時は芦子村）に、すでに皮作りが住みついていたといいたいのだ。

それでは、中世の鎌倉はどうなのか。永正九年（一五一二年）に、早雲はここを武力制圧したが、鶴岡八幡宮の神人《じにん》は、このときもいたはずである。それを「丹裘役《たんきゆうやく》」と呼んでいたと、江戸時代の『新編相模国風土記稿』にある。その役は、一ケ月に八幡宮を三度掃除をすること、雪ノ下の宿に非人（こじき）が入るのを取締まることなどである。この文書の日付が慶長四年（一五九九年）であるから、中世でもこのような役があったにちがいない。さらにこの『風土記稿』には、丹裘役の九郎左衛門が、あの「頼朝御証文」を所持しているとし、全文（本部「付録2」を参照）が引用されている。

そのことと、石垣元七が明治になって書いた左の文書（『決定版資料浅草弾左衛門』二九二ページ）とを比べてみるとおもしろい。

《彼《かの》九郎左衛門は、今に由井（由比）の極楽寺村に在りて八幡宮祭礼の先供《さきども》（行列の先頭を行く供）をつとめ又《また》往古は同所掃除役等を兼ねたるを以弾氏退去後同社の別当に昵近（昵懇）し此《この》文書を得たるにはあらざるかと推測せり然《しか》れども之《これ》を取戻すべき術《すべ》なく経過せしに豈料《あにはか》らんや明治三十一年四月の際図《はか》らざりき文書の我に復帰して始て右府（ここでは源頼朝のこと）の落胤たるの証《しょう》判明せり》

つまり、九郎左衛門は明治になっても鎌倉に実在し、神人の役をつとめているのだ。石垣元七は、《弾氏退去後》というように、かつては矢野弾左衛門も鎌倉にいたことを疑っていない。

弾左衛門はともかく、これまでほとんど知られていなかった中世にちらちらと見えている皮多たちは、当時、そのまわりにいただろう河原者たちとともに魅力的である。古くは港町としてにぎわった相模の大磯には、傀儡宿《くぐつやど》（操人形を操る傀儡師や、今様を唄う遊女たちの宿。東海道の各地にあった）が並び、巫女《みこ》スタイルの遊女たちがいただろうし、そのかたわらには皮作りもいた。わたしは、そのような世界を覗いてみたくて、『北条百歳』という中世の小説を書こうと思った。東京（江戸）という土地の歴史は、家康の入府があまりにも大きな事件であったため、それ以前の歴史が軽くにしか触れられないきらいがあったが、そのまえ数百年にも豊かな歴史がある。江戸になって一国一城制になるが、中世には実に多くの城が各地にあって、小さな中心がいくつもある。そして、それらの城の武将は、武具や馬具を必要としていたのだ。そういったことを細かく見ていくと、なにか、これまで見おとしていたものに出くわすかもしれない。この書の最初に述べたように、賤民を賤民だけのレベルで見るのではなく、太田道灌が集めた皮作りがどこにいたのか、早雲は彼らをどこからつれてきたのか、という具合に、支配者と賤民が相互に深くかかわりあい、ねじれあっているふうに見たいのである。すると、あのアジールを、中世だからといって、そう簡単に発見することはできないのである。

2　あとがき

このところ、その本の出版の経過を最後に記すのを、わたしは慣わしにしているので、この本についても記しておく。小説『浅草弾左衛門』（全三巻）を書き終えたあと、請われるまま、無分別にも、『資料浅草弾左衛門』を、やはり批評社から出した。これは弾左衛門関係の「資料」の原文に大意をつけてまとめたもので、別に新味もなかったのだが、便利であったのか、予想したよりは読んでいただけた。刊行は一九八八年で、それからほぼ三年がたとうとしていた。そこに、またまた批評社から、『資料浅草弾左衛門』は四〇〇ページをこす大部なものだから、これを簡便にしたいといわれた。

ダイジェストを作るだけでは能がなかろうが、まったく新しいのを書く能もなかった。そこで、このようなかたちになった。批評杜のほうでは、もうすこし教科書か参考書ふうのものを望んだのかしれないが、学校制度と学校におけるテキスト至上主義に疑念を抱いているわたしとしては、逆に、その方向に近づかないように努めてしまった。

いつものことながら、本書は多くの研究者の方の成果を借用している。誤解したり、まちがった引用の仕方をしているときはお許しを願い、まずは感謝を述べておきたい。

（一九九一年七月九日）

付録

付録1

弾左衛門由緒書（享保四年・一七一九年）

覚

一、私先祖摂津国池田より相州鎌倉に下り相勤、長吏已下のもの強勢たりといへども、私先祖に支配被為仰付候

一、従頼朝公長吏已下支配可仕旨御証文、鎌倉若宮八幡宮奉納之旨申候得共、分明に無御座候、然共其御証文の内、長吏共尋申儀御座候間、別当へ申達抜写貰、別当の判形御座候得ば、奉納と相聞申候、往古より于今於いて、鎌倉八幡宮御祭礼御輿先立供奉、長吏供仕候、京都男山八幡宮御祭礼も其所の長吏同断相勤、其外御祭礼の儀にも、長吏供奉仕候所処々に御座候

一、禁中様御蘭金剛、大和国長吏差上、御扶持米代頂戴仕候、幷御花畑の掃除も、長吏等小法師と申者八軒にて相勤、御扶持頂戴仕、其上様々拝領物御座候と承知仕候

一、京都二条、御城掃除、同所長吏下村庄助相勤、地方にて百五拾石頂戴仕、其上餌

屋の上まい取申候支配の長吏も有之、御城掃除の役或は牢守等相勤申候儀も御座候
一、寅御入国の節、私先祖武蔵府中迄罷出、鎌倉より段々相勤候旨申上候得者、御役等長吏已下支配被為仰付、其後小田原氏直公御証文を以、其所の長吏太郎左衛門、已下長吏支配奉願候処、御取上無之、其証文被召上私先祖へ被下置候、其後文禄五申年上州下仁田村馬左衛門と申者、長吏と穢多の論仕、甲斐信玄公御証文御評定所へ奉差上、支配可離と公事仕候処、私祖父申上候は、古来より穢多と申儀世話にて御座候、古来の御証文等皆長吏と御書出被遊、或者御当家様に於いて、革作弾左衛門と御書出被下置候、其外書出に今所持仕候、依之私申分相立、右の御証文御評定所へ被召上私へ被下置、急度御仕置之上、如先々支配に被為仰付候
一、御入国之御時、御馬足病沓摺革被為仰付候、御馬為御祈禱猿引御尋之上、私先祖猿引召連罷出候得ば、病馬快気仕候に仍て、為御褒美鳥目頂戴仕候、御例を引毎年正月十一日、御城様御廏より御判頂戴仕、御台所にて鳥目頂戴仕候、中古より西丸下御廏より御判頂戴仕、御納戸方より御鳥目出、只今に至迄頂戴仕候
一、御入国之御時之格式にて、只今に至迄御老中様方総御役人様方相勤候刻、私上下組頭袴羽織にて刀帯、只今迄相勤来候
一、私所持仕候代々印判、濃州青野原御合戦之時、首帳面相記、先祖之御預之節、集房と申文字之原判為割符、私方へ被下候、其砌其判用ひ、其後は大切に仕、代々文字

は集房に致し、判に大小所持仕候
一、九十七八年以前、御城様御台所へ被召出、灯心細工仕候節、御扶持方頂戴仕候
一、時之御太鼓、御陣太鼓幷御陣御用皮細工入用は頂戴仕、細工之儀は御役目に仕候、加様之時は御伝馬申請候儀も御座候、此儀は御書付有之候
一、御役目相勤候儀は、御廏之御用次第、御伴綱差上申候、幷武蔵府中御廏、下総小金村御廏之御伴綱差上申候
一、御仕置もの一件之御役目相勤申候
一、六十年程已前、石谷将監様、神尾備前守様御代、武州鴻巣村に磔三人被行候節、御評定所にて被仰付、御奉書被下置、検使迄私先祖被仰付候間、御伝馬申請、供鎗為持御役相勤罷帰申候
一、従御公儀様頂戴仕ものは、堀式部少輔様より、私先祖に内記と申名被下、于今内記之名用申候
一、午未飢饉之節、岩槻町之御闕所雑物被下之候
一、大火事之節、御金御米被下之候
一、丸橋忠弥品川にて磔之時、被場所に石谷将監様より金子頂戴仕候
一、盗賊改方赤井五郎兵衛様より銀子頂戴仕候
一、丹羽遠江守様より御尋者被為仰付候間、両三度召捕差上候得ば、御褒美金子被下

置候

一、上坂と申伝候鎌壱本、銘島田義祐と御座候、外礫鎗壱本頂戴仕候得共、壱本にては手支申候間、神尾備前守様へ申上候得ば、両御番所より朱鎗之内、下坂壱本づつ被下之候

一、私支配在之候長吏は、無年貢田地或は居屋鋪計無年貢にて、田畑は御年貢差上候者余多御座候、御水帳直に頂戴仕、一村之長吏御年貢収納仕候者も御座候

右之通被遊御尋候に付、奉申上候、以上

享保四年亥三月　　浅草　弾左衛門

【大意】

一、私の先祖は摂津国池田より鎌倉に下ってきて勤めています。長吏以下の身分の者の威勢が強くても私の先祖に支配を命ぜられました。

一、源頼朝公より頂いた長吏より下の身分を支配してよいとの御証文は、鎌倉の鶴岡八幡宮に奉納してありますが、はっきりとはわかりません。ただし、別当《べっとう》（神社に付属して作られた寺の社僧）へお願いして抜き写してもらいました。判形までもあります。また祭礼のおりは御輿《みこし》に先立って歩き、このことは京都の男山八幡宮（岩清水八幡宮）の祭礼における長吏と同じです。

一、宮中に藺金剛《いこんごう》という草履を大和の長吏はさしあげ、扶持米代を頂いております。宮中の花畑の掃除も長吏で小法師という者たち八軒でやっております。

一、京都二条城の掃除は長吏の下村庄助《しもむらしょうすけ》（京都の二代目穢多頭）が勤め、百五十石を頂いております。

一、天正十八年（一五九〇）八月一日、徳川家康の関東入国のおり、私の先祖は武蔵国の府中にまで出迎え、鎌倉時代よりの由緒を申しあげたところ、長吏以下支配をまかされました。のちに、小田原在住の長吏の太郎左衛門が長吏以下の支配をまかされた後北条氏の証文をもって願い出ましたが、その証文は取りあげられ私の先祖へくだされました。その後、文禄五年（一五九六）（元禄五年〔一六九二年〕のまちがい）に群馬県下仁田村の馬左衛門は、長吏と穢多は別だといい、武田信玄の証文を評定所にさしだしましたが、私の祖父は、むかしから世間で穢多とは長吏のことを呼んだまでだ。だから、古来から文書ではみな長吏と書き出しているのだし、革作弾左衛門とも書き出してあるのだと主張し、馬左衛門は証文を没収され、仕置を受けました。

一、家康公入国のおり、その馬の足が病気になった。そこで私の先祖が猿引をつれて行って祈禱したところ快癒しました。褒美を頂いたうえ、以後毎年一月十一日に、御城御廏《おうまや》と西丸ノ下御廏より御判を頂いております。

一、家康公入国のおりの格式を守り、役人様の勤務時間は、私は裃姿で、手代組頭は羽織袴で刀を帯び、勤めております。
一、私の所持しております代々の印判には、岐阜の青野ケ原の戦のとき、首を記録《しるし》する帳面に使った判があり、これには「集房」という字が刻んであり、大事にしまっています。ほかに集房と刻んだ大小の判を所持しております。
一、九十七、八年まえ、つまり元和七、八年（一六二一、二）以前、城の台所へ召し出され、灯心細工を命ぜられました。
一、時の太鼓、陣太鼓、陣用皮細工を申しつけられました。緊急時は伝馬《てんま》を申し請けたこともございます。
一、伴綱《はづな》を差し上げるのも役目で、武蔵の府中や下総の小金村の御廏の伴綱も差し上げます。
一、御仕置の仕事を勤めます。
一、万治二年（一六五九）以前に鴻巣村《こうのすむら》（埼玉県鴻巣市）で三人の磔《はりつけ》があったとき、検使までを私先祖にまかされましたので、伝馬《てんま》（公用の馬）を使い、槍を持った供をつれて行って参りました。
一、堀式部少輔直之（寛永八年〔一六三一年〕から同十五年までの北町奉行）より私先祖に内記という名をくだされました。
一、午未の飢饉（不明）の節に、岩槻町（埼玉県岩槻市）の闕所《けっしょ》（罪人から没収した地所とか財産）の雑物《ぞうもつ》をくだされました。
一、大火事のとき、金と米をくだされました。
一、丸橋忠弥（由井正雪の一味に加わり、慶安四年〔一六五一年〕に処刑）が品川鈴ケ森で磔のとき、金子をくだされました。
一、盗賊改方より金子をいただきました。
一、南町奉行丹羽遠江守（元禄十五年〔一七〇二年〕から正徳四年〔一七一四年〕まで南町奉行）よりお尋者《たずねもの》を探すよう命ぜられ、三度もつかまえたので褒美をいただきました。
一、「上坂」という鎌を一本、これには島田儀祐の銘があり、また磔鎗を一本頂戴しました。一本ではということで、南町奉行神尾元勝（寛永十七年〔一六四〇年〕から寛文元年〔一六六一年〕まで南町奉行）が朱鎗のうち、「下坂」一本ずつくだされました。
一、私支配の長吏は、無年貢の田地や屋敷を使用しておりますが、検地帳をじかにもらって、田畑の年貢を差しあげている者もたくさんおります。
お尋がございましたので、右のように申し上げる次第です。

享保四年三月　　　浅草　弾左衛門

付録2

頼朝御証文

鎌倉藤沢長吏弾左衛門頼兼写シ

一、長吏　座頭　舞々　猿楽　陰陽師　壁塗　土鍋師　鋳物師　辻目暗　非人　猿曳
弦差　石切　土器師　放下師　笠縫　渡守　山守　青屋　坪立　筆結　墨師　関守
獅子舞　蓑作り　傀儡師　傾城屋　鉢扣　鐘打
右の外は数多付有之、是皆長吏は其上たるへし、此内盗賊の輩は長吏として可行之、
湯屋風呂屋るい、傾城屋の下たるべし、人形舞は廿八番の外たるべし。

治承四年庚子九月　　　　　　　　　　　　頼　朝　御判

右に出てくる人たちを、中世から近世に書かれたスケッチで探して、左に示しておく。

1　長吏《ちょうり》＝穢多・皮多身分のことである。

2　座頭《ざとう》＝座頭とは、この当道座に属する盲人一般のことで、琵琶・箏曲・四弦を奏したり、鍼《はり》灸《きゅう》や按摩《あんま》にたずさわった。

3　舞々《まいまい》＝曲舞《くせまい》・幸若舞《こうわかまい》などを総称している。曲舞は南北朝から室町にかけて流行し、鼓にあわせて詞章を唄い舞う。

4　猿楽《さるがく》（申楽）＝中国の「散楽《さんがく》」に起源を持ち、平安時代には、滑稽なしぐさ芸、物まね芸が中心になった。

5　陰陽師《おんみようじ》＝中国発祥の陰陽道の占法呪術作法を行う宗教家をいう。卜占《ぼくせん》、暦算《れきさん》、加持祈禱《かじきとう》を行う。

6　壁塗《かべぬり》＝壁を塗る職人で、左官《さかん》とか泥工《でいこう》。

7　土鍋師《どなべし》＝土焼きの鍋を作る人、またそれを売る人。

8　鋳物師《いものし》＝いもじ、とも読む。鉄でもって種々のものを作る鋳物職人のことで、鐘などを作る専門家もいる。

9　辻目暗《つじめくら》＝寺社や街道で琵琶を弾き、語りを行ったり祈禱をしたりする盲目の雑芸人。当道座には属してなく、乞食とみなされていた。

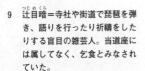

10　非人《ひにん》＝生計は乞食をすることでまかなうことを原則とする。「抱非人《かかえひにん》」（小屋持非人）と、無宿の浮浪者「野非人《のびにん》」（無宿）とは区別される。

11　猿曳《さるひき》（猿引・猿飼・猿回し）＝猿に種々の芸をさせて、馬の安全などを祈禱する。

12　弦差《つるさし》（弦召《つるめそ》・弦女曾《つるめそ》・犬神人《いぬじにん》）＝木に弦《つる》を張って弓を作る職人で、京都では犬神人《いぬじにん》と呼ばれ、八坂神社に隷属し、洛中の死屍の始末にあたった。

13　石切《いしきり》（石屋）＝石材を山から切り出したり、石に細工をする者である。

14　土器師《どきし》＝「かわらけし」とも読む。釉《うわ》薬《ぐすり》を用いない素焼きの土器を作る人で、土を手でこねて、竈《かまど》で焼く。また土器を売り歩く人。

15　放下師《ほうかし》＝はじめは僧形で、恋歌を書いた短冊を笹に吊るし背に負って歩き、品物を宙に投げあげて曲取りする芸や物語り歌を唄った。

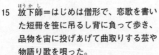

16　傘縫《かさぬい》＝菅《すげ》の葉を糸で縫って、菅《すげ》笠《がさ》を作る人。

17　渡守《わたしもり》＝渡し舟の船頭《せんどう》で、「わたりもり」とも読む。また川守《かわもり》ともいう。かつては河原者などが、その仕事にたずさわった。

18　山守《やまもり》＝山を荒らされたりしないよう、また山火事を見張る仕事で、のちの番非人《ばんひにん》のことだろう。

19　青屋《あおや》（藍屋《あいや》）＝藍染を仕事にする者で、上方では江戸時代中頃まで、牢屋番・牢舎清掃の労役を課されていた。

20　坪立《つぼだて》＝残存する各種の「御証文」を比較してみると、坪立のない御証文には壺師とか壺作とかが出てくる。坪は壺のことだろう。

21　筆結《ふでゆい》＝筆を作る人。動物の毛を使用するためにここにあげられたのだろうか。

22　墨師《すみし》＝油煙や松の根を焼いて出てくるすすを、膠液《にかわえき》を使って練り固めて墨を作る職人。

23　関守《せきもり》＝中世では、渡河地点に設けられた関所の番は河原者にまかされ、渡守がその役をかねたこともある。

24　獅子舞《ししまい》＝獅子の頭をかぶって舞う人。舞は唐から伝わり、舞楽として演奏された。

25　蓑作《みのつく》り（蓑作）＝これは「箕作《みづく》り」が正しいだろう。簑を売って歩いている絵を選んだ。

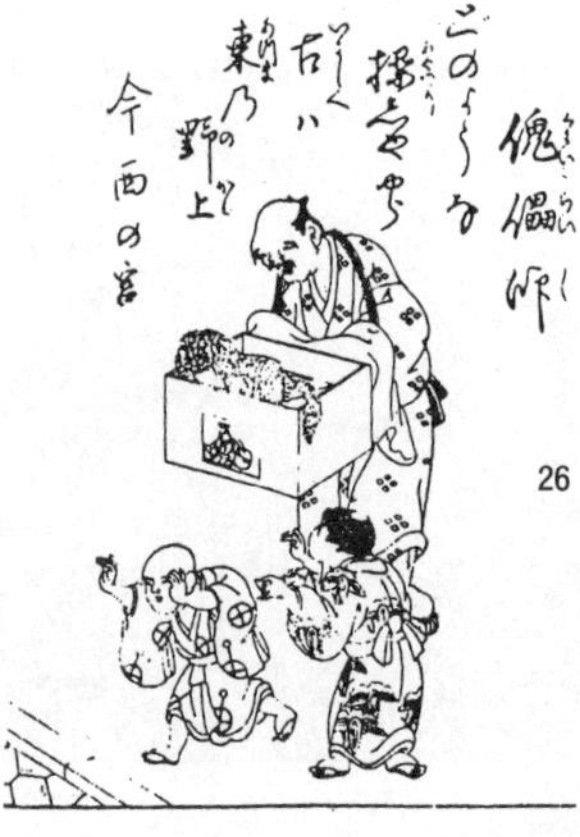

26　傀儡師《くぐつし》＝「かいらいし」とも読む。人形を回したり、今様を唄ったりした遊芸の人。

27　傾城屋《けいせいや》＝遊女屋のことである。

28　鉢扣《はちたたき》（鉢叩・鉢敲）＝念仏踊りの一種。瓢簞《ひょうたん》を叩き、念仏を唱えながら踊る。

29　鐘打《かねうち》（鉦打）＝鐘叩ともいう。もとは一遍上人の遊行に従い、薪水の仕事をつとめ、功徳のために埋葬の事にもあたった者。

番外1　盗賊《とうぞく》

番外2　湯屋《ゆや》

番外3　人形舞《にんぎようまい》

付録3

芸人たちの造反　江戸時代の弾左衛門支配

ひとむかしまえまでは、浅草弾左衛門というと、まるで実体のつかめぬ闇の帝王のようであった。

さまざまな記録や読物にちらと顔をのぞかせて、すぐに消える。吉原の遊女が逃亡するのをそうはさせじと見張っている、というのから、徳川の秘密警察で透波《すっぱ》の一種だというのまであった。その大方は、でたらめであった。でたらめだと、いまになって、はっきりといえる。

闇からぬっと顔をだす魁偉《かいい》な存在も悪くはないが、しばしば差別的な視線になってしまうのでは、ほんとうに楽しめない。

それよりも、できるだけ史実に即して再現される弾左衛門こそ、当時の時代を体現していて、おもしろい。

ここでは、時代を体現した複雑な存在としての弾左衛門を垣間見ることにする。

ちなみに、弾左衛門というのは職掌をも表わす呼び方で、代々、同じに呼ばれる。江戸時代だけでは、十三代つづく。そして、ここに垣間見る弾左衛門は四代目で、集《しゅう》誓《せい》という。生年は不明だが、三代目が死んで四十年ほど、弾左衛門をつとめている。

時代は宝永《ほうえい》だ。宝永四年（一七〇七）十一月二十二日、富士山が大噴火をおこし、いまにいう「宝永山」ができた。

このわたしのレポートの最後は歌舞伎の『助六』の話になるのだが、少々、事がいりくんでいるので、時間を追って順々に述べたほうがわかりやすい。だから編年体でということになる。

まず最初の主役は、小林新助《こばやししんすけ》で、京都四条河原の絡繰師《からくりし》。糸でからくり人形を動かす演者であるとともに、一座の興行主でもあった。

この男が、江戸へ行く役者にカネを貸した。役者が江戸へ行ったあと、富士山が噴火し、手紙もとぎれがちになった。そこで、小林新助は仕方なく、宝永五年になってすぐ、一月十九日に京を発ち、三十日に江戸に着いた。

ちょうどそのころ、江戸堺町の中村座の隣で、薩摩《さつま》小源太《こげんた》という芸人が浄瑠璃をやっていた。が、出演料をめぐるトラブルが発生し、一月二十二日に中止になった。ぶらぶらしている小源太のところへ、小林新助が顔をだすわけだ。いろいろと相談し、二十二人の人形遣いを集めて興行をうつことになった。

その人形芝居を見にきていた安房国《あわのくに》（千葉県）館山正木村《たてやままさきむら》の庄屋の弟平蔵《へいぞう》がいたく気にいり、一芝居を三十両で買いたいといった。小林新助と小源太、それに小源太の仲間である栗橋三左衛門《くりはしさんざえもん》は承知し、正木村に出かけ、まずは成功した。ついで、近くの真倉村《さなぐら》で芝居をすることになっていた。そのとき、江戸の弾左衛門の手代、革買治兵衛《かわかいちへえ》というのが現れ、関八州での興行は弾左衛門に無断でやってはならぬ、という。

このときは、話しあいで解決した。つぎの興行地は「薄谷村」（珠師谷村《しゅしがやつむら》のことか）で、三月九日が初日だった。初日は無事にすんだ。翌日、三月十日に、安房・上総・下総三国の弾左衛門の配下三百人が芝居小屋を襲い、芝居はつぶされた。襲撃隊を指揮したのは、革買治兵衛と正木村の穢多小頭の善兵衛であった。

小林新助らはあわてて江戸へもどり、三月二十一日に町奉行に訴えた。さっそく裁判になった。

奉行所の立会人は、小林新助に江戸のきまりを話し、江戸四座以外、とくに旅芝居は弾左衛門の支配を受ける旨を告げた。普通、これで結着がつくはずであった。が、小林新助は納得しなかった。自分はこれまで、御所《ごしょ》にも出たし、京都四条の歌舞伎にも、操座《あやつりざ》にも出た。それなのになぜ弾左衛門の下におかれなければならないのか。また、旅芝居だからといわれるが、どこの土地でも役者は旅芝居に出て稽古をつむ、稽古をつんだうえで江戸・京都・大坂の芝居小屋に出演できるようになるのだ、と訴えた。

その日、結論は出ず、裁判はつづけられることになった。

俄然、人びとの注目するところとなった。なかでも、二代目の市川団十郎は、公事《くじ》裁判の成り行きに強い関心をもった。江戸四座での場合は櫓銭《ろせん》（興行税）を払うことはなかったが、その他の小屋では弾左衛門に櫓銭を取られていたし、そのうえ歌舞伎役者はわれらが支配下にあると、ことごとにいわれるのが苦痛であったからだ。

そのような思いが歌舞伎役者の気持のなかに強まってきたということは、弾左衛門らに対する江戸市民の差別意識が強まってきたことを意味している。江戸開府のころにくらべて差別はしだいに強まってくるといわれるが、それは、こういった役者との関係にも現れてくる。

さて、注目の裁判の結果はどうなったか。紆余曲折があったすえのクライマックスは、小林新助の演説である。

まず、弾左衛門のほうでは、源頼朝が祖先にくれたという古証文を提出し、それには、座頭や陰陽師や猿飼や歌舞伎役者などの二十八座は弾左衛門の支配下になる、と記されていた。

それに対して小林新助は、弾左衛門のさしだした古証文は四百年も五百年もむかしのもの、歌舞伎は、『雍州府志《ようしゆうふし》』（山城国《やましろのくに》の地誌）によると、名護屋三左衛門《なごやさんざえもん》とその妻お国《くに》が出雲の神楽《かぐら》を真似て八十年ほどまえにはじめたとある、八十年まえからはじまったものが、どうして頼朝の古証文にのっていようと反論した。

町奉行は小林新助の頓智を認めた。「薄谷村」の芝居小屋を襲った革買治兵衛や正木村の善兵衛らは島流しになり、役者は弾左衛門に櫓銭を払う必要がなくなった。乞胸《ごうむね》と呼ばれるもっとまずしい大道芸人は弾左衛門の支配下にとどめられたが、それ以外の役者は支配を脱した。

狂喜したのは、このとき二十一歳の二代目市川団十郎だった。右のことを、『勝扇子《かちおうぎ》』という一巻にまとめ、それを家宝にしたのである。そして、この一巻が今日に伝わったため、わたしたちは、小林新助とか革買治兵衛といった人たちを知ることができた。裁判が役者の側の勝ちになるためには、小林新助の存在は大切であったかもしれないが、事の本質は、町奉行が、弾左衛門の権益をセーブしようとしたからであっただろう。

この事件の四十年ほどまえに、弾左衛門に断りなしに勧進能《かんじんのう》を行なおうとした者がいた。金剛太夫《こんごうだゆう》というが、弾左衛門に桟敷《さじき》を作るのを頼まなかった。初日の舞台に、弾左衛門は配下五十人をつれて乗りこみ、見物にきていた大名たちの眼前で暴れ、めちゃめちゃにした。この件に関し、ときの老中は、弾左衛門に味方し、能役者は彼の支配下にあるとしたのである。

右の一件は寛文七年（一六六七年）のことである。

それから四十年後、町奉行は方針を転換したのである。この間に、綱吉による「生類憐みの令」がある。だれもいわないことだが、この悪法が、殺生《せっしょう》にかかわる仕事を生業《なりわい》にしている人たちへの差別を強めただろうことは推測できる（この「生類」のなかに賤民たちもふくまれていたとする考えもある）。

そして、町奉行は、こんどは小林新助の頓智にくみして、弾左衛門を抑えた。

町奉行は、小林新助の頓智に反論してもよかったのだ。実際、例の頼朝の古証文に書いてある弾左衛門が支配すべき二十八座のなかに、傀儡師はあるが歌舞伎は入っていないからである。

傀儡師は中世では、男は幻術を使ったり、木偶《でく》を舞わしたりし、また弓馬での狩猟を得意とした。女は放浪する遊女であった。また、しだいに宿場などで、傀儡宿を営むようになる。江戸時代では、浄瑠璃や説経節《せっきょうぶし》にあわせて人形をあやつる芸人になる。舞台で興行するのと、大道でやるのとがある。江戸時代の絵によくでてくる傀儡師は、この大道芸のほうで、男が首に紐をかけ、胸腹のところに箱を持ち、その中から人形を出して踊らせている。

小林新助は自分のことをからくり師というが、舞台で人形をあやつる傀儡師とほとんど同じことをやっていたはずで、四代目弾左衛門の集誓《しゅうせい》にしてみれば、当然、取締まってよいと思えただろう。

だが町奉行の裁可はおりた。この時代のこと、もはやどうすることもできない。役者の側が勝って、弾左衛門が負けた。二代目市川団十郎は、『勝扇子』に意気揚々と勝利を記し、弾左衛門集誓は、翌年の宝永六年七月十四日に死んだ。悔しさが死期を早めたのかもしれない。

二代目団十郎は、『勝扇子』を遺しただけではない。裁判から五年後、集誓の死から四年後、山村座で初演した芝居ででも、万々歳のセリフを口にする。この出しものこそが、歌舞伎十八番のひとつ『助六』で、正しくは、『助六所縁江戸桜《すけろくゆかりのえどざくら》』だ。助六こと、実は曾我五郎《そがのごろう》は、浅草花川戸《はなかわど》に身をひそめている。銘刀友切丸《ともきりまる》を探しに吉原へ通い、三浦屋の傾城《けいせい》揚巻《あげまき》と恋仲になる。この揚巻に横恋慕するいまひとりの男が髭《ひげ》の意休《いきゅう》である。子分たちをいつもひきつれて堂々と吉原に現れる。そして髭の意休の所持する刀こそが友切丸なのだ。

舞台でのことだが、助六に扮する二代目市川団十郎は、髭の意休の頭に下駄をのせ、

《どうだな〳〵。なぜ物を言わねえ、唖か、聾か、(刀を)抜きゃれな〳〵。ハテ張合のないやつだ。猫に追われた鼠のように、ちゅうの音も出ねえな。可愛や、こいつ死んだそうな。よし〳〵、おれが引導渡してやろう。如是畜生発菩提心、往生安楽どんくゎんちん、ハ、、、、イョ乞食の閻魔さまめ》

という、身障者差別まで出てくるきわめて差別的言辞だが、ここは我慢し、この江戸時代の差別の実態をわたしたちに教えてくれるこのセリフを大切にしておきたい。鼻緒をすげかえろといわれたり、頭にのせられたりする髭の意休こそ、弾左衛門集誓、名は集休である。《可愛や、こいつ死んだそうな》というのも事実と符合している。そのあとに、差別戒名がつづき、《イョ乞食の閻魔さま》とまでくれば、観客のだれもが、吉原の近くに屋敷をかまえ、子分をやしなっている弾左衛門を思ったにちがいない。

この『助六』が初演されたときの弾左衛門は、集誓のあとをついだ集村である。六代目になる。集誓の孫にあたる。なぜ孫が跡を継いだのか、集誓の息子、つまり集村の父は、どうしていたのか、生きていたのか死んでいたのか、それは、はっきりしない。先述したように、宝永六年七月十四日に集誓が屈辱のうちに死ぬと、その九月に集村が弾左衛門を襲名した。まだ十二歳であった。『助六』初演の正徳三年（一七一三）では十六歳である。

さて、舞台に登場してくる髭の意休は、派手な衣裳をまとい、白くて長い顎髭を胸にまでたらしている。髭の意休といわれるゆえんであるが、相当な老人でもある。六代集村は若い。そのことからも、この髭の意休のモデルは、四代弾左衛門集誓にまちがいないのである。

歌舞伎関係の人にはすでに知られていることなのかどうか――それすらもわたしは知らないが、いちおう強調しておく。

さて容姿弁舌にすぐれていた二代目団十郎はこの『助六』で大きな成功を見せる。まだ二十六歳である。

初演の年の瀬もおしせまって、団十郎は、山村座の座主の山村長太夫と衝突し、ここを去ることになる。

二代目団十郎のあとを受けて山村座の看板役者となったのが、美男子の評判の高い生島新五郎《いくしましんごろう》であった。新年を迎えて、狂言『さざれ石那須野の二柱《ふたばしら》』を演じているとき、三十そこそこの奥女中が大勢の供をつれて二階桟敷にはいってきた。増上寺に代参をした帰りだという。お茶屋から酒や料理がさっそく運ばれ、幕間に生島新五郎も挨拶に出た。この奥女中こそ年寄絵島《えしま》（江島）で、絵島生島事件の幕開きとなるのである。

事件発覚ののち、絵島は伊那の高遠《たかとお》に流され、生島新五郎は三宅島に島流しになる。座主の山村長太夫も同じく遠島で、山村座はこれで断絶する。以後、官許の大芝居として中村座・市村座・森田座の「江戸三座」となる。

島流しに決まった者たちは、小伝馬町の牢屋敷から引きだされ、深川の越中島《えっちゅうじま》にむかう。多くの囚人がそうされたように、生島新五郎らは、ほだ（捕拿か）と呼ばれる足枷《あしかせ》をされ、畚《もっこ》に乗せられただろう。畚は荒縄で編んだ小さいハンモックで、中に尻を置いて上に引くと、下半身を包みこんでしまう。大きさは四尺の方形が規準で、その四すみの縄に太い青竹を通すと、これを非人がかついだ。前とうしろ、山駕籠のように二人でかつぐ。

遠島になる者は、前日、好きな酒食を許される。夜が明けると下役同心に監督されて、牢屋裏門から出る。弾左衛門の配下の者も、突棒《つくぼう》か刺又《さすまた》を持って、非人のまえを行く。この者たちは、とくに谷《や》の者と呼ばれる。なぜ谷の者なのかははっきりしないが、浅草の地元では弾左衛門のことを矢野と呼んだ。

谷の者の仕事のことを、弾左衛門の役所では、御仕置御役として、とくに大切にした。谷の者は交代で牢屋敷に出かける。処刑や晒しの手伝いがある。ときには、田舎から流れこんでくる無宿をとらえて、江戸の外に追放しなければならない。

この御仕置御役の見返りとして、弾左衛門にはさまざまな特権が与えられ、それでもって髭の意休の派手で豪華な衣裳になるのだが、もはや紙数がつきた。

十七歳になったばかりの六代目弾左衛門の集村が、これら役者たちの島流しについて、手下から報告を受けてなんと思ったか。祖父をさんざんにからかった『助六』という芝居をかけた山村座の長太夫の惨めな姿について報告を受け、すこしは溜飲をさげただろうか。

もちろん、そのような記録はどこにも残されていない。記録にでてくるのは、こんどは、弾左衛門の支配を脱けようとする非人頭車善七の反乱についてである。

（『歴史読本』一九九〇年六月臨時増刊号）

（文庫本注・四代集誓の死後、五代目に吉次郎が弾左衛門を継ぐが急逝し、子の集村が十二歳で六代目になった。）

付録4
弾直樹百回忌

最後の弾左衛門である弾直樹の没後百年という区切りについては、その年がやってくる四、五年まえから、ある種のこだわりを抱いていた。無視して、その年が過ぎ去るのにまかせてしまうか、あるいは、だれかが気づいて集《つど》いを設《しつら》えてくれるならそこに出かけて行けばよいか——いささか傍観的な態度にかたむくこともしばしばだった。こだわりながらも、それをそのまま実行しきれないようなある種のこだわり。

そのこだわりの第一の理由は、もちろん、弾直樹という人が、被差別民全体の頭領として、配下の者を支配し、収税し、裁判しうる権限を持っていたからだ。ここでいう被差別民全体とは、関東地方にほぼ限られるのだが、ただに「穢多」身分だけではなく、彼自身が書き上げているものに即せば、「猿飼」「非人」「乞胸《ごうむね》」「簓《ささら》」などがふくまれる。「乞胸」とは浅草寺《せんそうじ》奥山や両国広小路、上野広小路で大道芸を演じている者たちで、数百人といて、一芸に達していても、これがまた貧しい。社寺境内の狭い

縄張りを、香具師《やし》と取りあったりしている。右の「簓」とは、三十センチほどの長さ
の竹の先端を細く割ったものを、刻みをつけた竹にこすりあわせて音をだし、説経節
などを遣る人で、「乞胸」とほとんど変わらない。いや、唄いながら灯芯やつけぎを
売ったというから、香具師《やし》のほうに近いか。いずれにしろ、幕末から明治の初年にか
けて弾直樹に支配されていた。
　いかに弾直樹もまた被差別民として差別されていたとはいえ、これらの貧しい人たちから収奪してその経営にあてていたのも事実で、その彼についての集いを計画するのはいかがなものであろうか。（後日、わたしが集会の計画を書面にしたためたとき、同じような考えで、弾直樹だけの百回忌というのはいかがなものか、という批判を寄せられた方もいた。もちろん、その意見に賛成であった。）

　こだわりながら、でも一方、小説『浅草弾左衛門』（全三巻、批評社）を書くために、弾直樹について調べていくにつれて、彼は収奪者ではあるけれど、そして弾家という名門の家特有のエゴイズムに縛られてはいるけれど、被差別民全体の解放をも切に願っていたのもまちがいない、とわかってきた。神戸集会と東京集会の共通の標語とした「天地間に生を受候人種に替りは無之」という、まずまちがいなく弾直樹の文の意味するところを、よく受けとってもらえれば、右のこともうなずけるだろう。
（余談だが、この標語は、北海道在住の松岡満雄氏からいいだされたもので、慶応四

年〔一八六八年〕一月二十七日に北町奉行で人払いをしたのち両奉行と弾直樹が話しあったときに検討された極秘の文書に出てくる。なかなかおもしろい内容だし、弾直樹の考えもよくわかるので、小説『浅草弾左衛門』の第三部に全文を引用している。弾直樹の考えもよくわかるので、——これまで数百年の流弊で穢多と申す名目のために境界ができてしまっていることに関してです。天地間に生を受けた人種〔人間〕に替りはないのに、人倫の交際もできないのは、誠に歎かわしさのきわみでございます——というふうにつづく。）

結果として、わたしはある種のこだわりを乗りこえて、弾直樹その人だけではなく、弾左衛門制度とも呼ぶべき体制のうちで一生を送らざるをえなかった人たちすべてを追悼しようと決心した。日は便宜的に、弾直樹のなくなった七月九日がよいと思えたが、年のほうは、なくなって九十九年目に行なう百回忌にするのか、百年目の百周年がよいのかと迷った。はじめは、差別に対して仏教のはたした役割がいかにも大きいことから、仏式でいう百回忌を採用したくなかったが、仏教の差別に対してはたした役割を深く反省した仏教関係者——さきに名をあげた松岡満雄氏がぜひ百回忌をしたいといわれるので、このこだわりにも妥協した。

そして神戸集会は、弾直樹の出身地の住吉にある専念寺という最適の場所で盛大に行なわれたのだが、東京では、弾家（矢野家）の菩提寺であった本龍寺では行なえず、代りに、弾家の屋敷跡に建つ台東商業高校で午後の部の集いを持った。この学校の一室を借りるために、いかに多くの人をわずらわしたかといった苦労話はよいだろう。わたしはここでも、学校制度の差別に対してはたした役割が今日ますます犯罪的に大きくなりつつあることに目をつむり、学校を使った。

このような経緯ののち、弾左衛門制度について検討することをメインテーマにした弾直樹百回忌は、一九八八年七月九日の午後に、神戸と東京の二ケ所で同時にもたれた。東京集会で遺族の出席がなかったのは、いまなおつづく部落差別そのものの結果でしかない、とわたしは司会者としてしゃべった。しかし、にもかかわらず六十名ちかい参加者があったことに、弾直樹とその仲間たちは、たぶん喜んでくれるだろう、ともわたしは語った。

もう少し詳細に報告しておけば、昼の部の会は、午後二時より四時までもたれた。前半の一時間に、荒井貢次郎氏が弾左衛門制度について講演され、そのあと、川元祥一氏や藤沢靖介氏ら数人の十分間ほどのスピーチで、弾直樹についてや反差別の思想やが展開された。そのあと、松本良順が弾直樹の援助のもとで病院をつくりかけた場所、のちに弾北岡組の製革場となったところ、いまの東京都産業労働会館の和室一室に席を移し、ここでは、作家の竹内泰宏《たけうちやすひろ》氏らのスピーチがつづいた。散会したのは午後七時すぎであったろうか、話の残る人たちは、ちょうど、ほおずき市でにぎわう浅草寺雷門ちかくの飲み屋にもぐりこんだだろう。そういうわたしも、小田原市の家に帰りついたのは、日付の変わった午前一時ごろであった。専念寺でもたれた神戸集会で出たであろうような新しい話は、東京では集会のもたれ方からして期待すべくもなかったが、わたしは肩の荷をおろして満足な気分であった。

（『部落解放』一九八八年九月号）

文庫版あとがき

本書の初版は一九九一年の八月である。十七年になろうとしている。ながい年月が経過したと思うか、ほんのすこしまえのこととするか。今回、文庫化に際して手をかなり入れたが、当時はまだこんなことがわかっていなかったのかとか、この間《かん》の諸賢の研究の成果にあらためて頭がさがる思いをした。そして、第一章だけは、全面的にあらたに書き直し、現在のわたしの希望のようなこともつけくわえた。

弾左衛門については、最初は小説として書いた。それが『浅草弾左衛門』（批評社）で、一九八五年から八七年にかけて全三巻で刊行した。「本文のあとがき」にもあるように、やがて、この小説に使用した史資料を編集して一巻にしたいと、版元の佐藤英之さんに提案されたのでそのようにした。さらに、これは大部なものなので値段も張る。もっとみじかくまとめて弾左衛門の概略がつかめる本をつくるようにといわれた。それがこの本である。よく売れたので、表紙の色を変えた新装版が一九九六年に出ている。

右のような事情があったので、本書ではなぜそのような意見になるのか、どのような史料からいまの結論にみちびかれるのか、というところが、しばしば省略されている。全体についてこまかく知りたい方や、論の展開に疑問をおぼえられた方は、たいへんもうしわけないけれど、一応、『資料浅草弾左衛門』をのぞいていただきたい。これも、批評社版と三一書房版〔と河出書房新社決定版〕とがあり、のちに刊行された後者のほうには「補遺の論考」がいくつかあってくわしい。また参考文献の一覧は小説の最終巻にまとめて掲載してあり、それが数ページにわたるため、ここでは割愛した。

昨年の二〇〇六年に、『乞胸《ごうむね》』という本を西口徹氏に作っていただいたが、『江戸の非人頭　車善七』〔本文庫第Ⅱ部〕とともに、今回も、河出文庫に入れるよう計らってくださった。わたしのような浅学菲才な者にも心をくばっていただき感謝するばかりだ。さらに、若森社長をはじめ、この社の旧友たちにも先年、何十年ぶりかに会うことができた。困難な時代のさまざまなことが脳裏に去来し、なつかしいかぎりであった。

塩見鮮一郎

二〇〇七年一二月

第Ⅱ部
車善七

はじめに

車善七《くるまぜんしち》の名は、江戸時代の後半では、ひろく知られていた。

笑い話に、出てきたりする。

その名を聞いて、すぐに相手が納得する。江戸市中なら、説明がなくても、どういう人物なのかがわかった。

「コジキの将軍」といったぐらいの理解のていどだったろうが、話は通じた。

どうして、そんなによく知られたのだろう。

ひとつは、その住まいの場所にあった。家が、新吉原《しんよしわら》にくっついていたのである。大門《おおもん》から郭内《かくない》に入り、広い方形のエリアのいちばん奥まで行ってみる。そこを水道尻《すいどじり》というが、お歯黒《はぐろ》ドブをはさんですぐしたに、粗末な小屋《こや》がいくつか見える。小屋のうしろの中庭には、ふるい紙《がみ》が山とつまれている。雨にぬれないような配慮がしてあったかどうか、そこまではわからないが、古紙《こし》がたばねてある。

あとは田だ。浅草寺《せんそうじ》にかけて、いちめんの田んぼだ。だから、車善七の小屋は目立つ。

「あれは」と聞くと、「あれが、非人頭《ひにんがしら》の車善七めの家です。ひひひ」という返事がかえってくる。つづけて、「ここヨシワラで身を持ちくずしたものは、あそこのご厄《やっ》介《かい》になるので」とくる。ひひひ、という笑い声は、このあとのことをいいたかったからのようだ。天国から地獄へ、だ。

遊び人は、いやでも、車善七をおぼえてしまう。

しかし、「非人」の実態については、同時代の人にも、よくわからなかった。

非人がいくらかの関心をよんだのは、江戸が幕をとじてからであった。

「徳川のころには、車善七という者がいたが、あれはなんであったのか」という疑問がわいた。

明治維新後、十年たち、二十年たったころ、スラムの貧民《ひんみん》が、やたらと目につきはじめる。もちろん、貧民はずっといたのだが、それに目をむける余裕が、このころになってできたのだ。

ヒンミンという音《おん》が、ヒニンを連想させたのだろうか。維新後の人には、スラムの住民が、江戸時代の「非人」に思えた。

まだ、むかしを知る老人がいた。「元非人」にインタビューをすることもできた。そして、おもしろおかしくではあるけれど、いくらかは記録された。

維新後の新聞などにのった懐古の記事と、町奉行などに残されたわずかの史料を使い、非人の頭領、車善七の片鱗《へんりん》を書きとどめる。

第一章　車善七の居住地

1　吉原裏の居宅

●なぜ吉原裏なのか

車善七の小屋《こや》は、「新吉原」に接している。

その場所は、東京都台東区《たいとうく》千束《せんぞく》三丁目二番地にあたる。花園通《はなぞのどお》りに面している。

いまは家が立てこんでいるが、むかしは、花園通りなどはない。いちめんの田畑《たはた》である。遠くに、将軍が鷹《たか》狩りに行く道が、一本、走っているだけだ。

だから、車善七の家はどこに建ててもよかった。もうすこし、山谷《さんや》堀《ぼり》の下流のほうが便利なはずだった。御仕置場《おしおきば》が、いまの吉野通りにあったのだから。

山谷堀の河口ちかくにいたほうがよかったのに、新吉原にくっつけて置かれた。まるで遊郭の腫《は》れ物《もの》のようではないか。

なぜ車善七は、新吉原の裏に行かされたのか。

わたしは、道学者《どうがくしゃ》の教育的な配慮のたまもの、、、だと思っているが、どうであろう。新吉原でうつつを抜かしている武士や町人に、気をつけないと、身を持ちくずす、身を持ちくずすと、「非人」に転落するかもしれない。髷《まげ》を結《ゆ》うことも許されず、きたないなりで、乞食《こじき》同然の日々を送らなければならなくなる、と教えたかった。未来の姿をつきつけることで、放蕩《ほうとう》をいましめた。

それは、街道筋《かいどうすじ》に置かれた「さらし首」と同じねらいだ。「見せしめ」で教育しようとする。

実際にどれほどの蕩児《とうじ》が新吉原から非人小屋を眺めて反省したのかは知らないが、設計段階の役人のアタマには、右のような思惑《おもわく》があったのではなかろうか。

●居住地の謎

役人のアタマのなかは、のぞきこめない。

役人が道学者かどうかもわからない。

だから、車善七と新吉原をくっつけたほんとうの意味はわからない。

ただ、ふたつが接しているのを見ると、この場合は、大きな新吉原がまずあって、その尻に、車善七のちっこい居住地が置かれた。そう見えてしまう。

新吉原も車善七も、よそから山谷の地に移ってきたのなら、さきに吉原が引っ越してきたかのようだ。

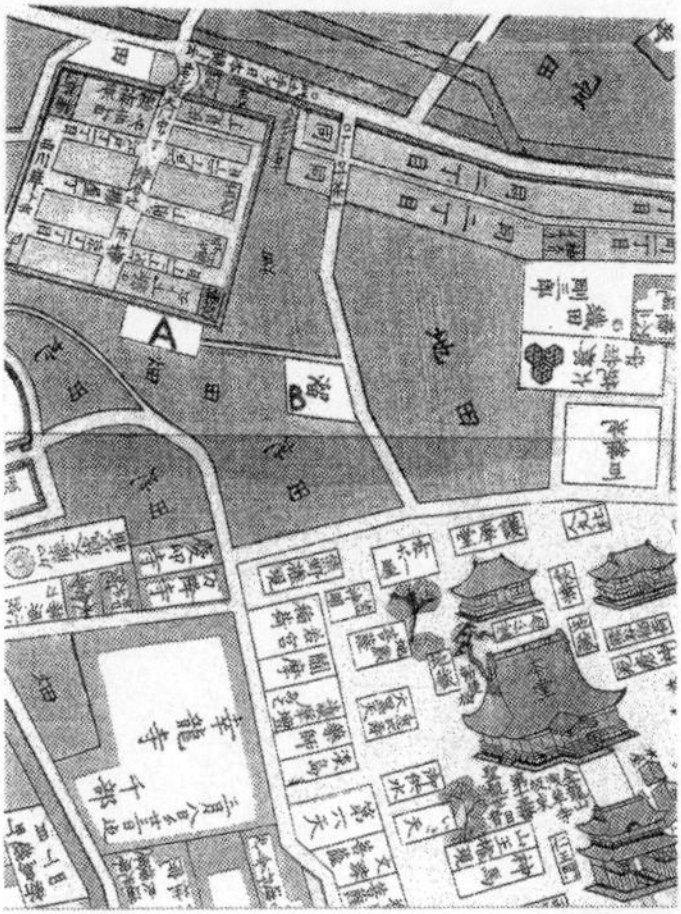

幕末の切絵図と現在の地図——上図のAの区画が車善七の居宅、Bが浅草溜（ため）。日本堤（斜めの直線）にむかうBのそばの道が、鷹狩りの道だった。Aの位置を下図の地図に書きこんでおいた。

両者とも、十七世紀のなかば、つまり、江戸が開かれて半世紀めに、山谷に移転してきた。しかし、吉原がさきではない。

吉原の移転は有名だ。

江戸のはじめ、吉原は日本橋人形町《にんぎょうちょう》交差点のそばにつくられた。その土地が、ヨシ（葦《あし》）の生えるさびしいハラっぱだったにしても、すぐに江戸の繁華街にくみこまれる。町人街に接しているし、武家屋敷からもちかい。そんなにイイ場所から、遠く浅草の山谷堀《さんやぼり》のそばに行くことになる。

山谷堀は、日本堤《にほんづつみ》にそって、三《み》ノ輪《わ》（箕輪）から隅田川（大川）まで、ほぼ一直線に流れる。この水がどこから流れこんでくるのかといえば、王子《おうじ》の飛鳥山《あすかやま》の北で、台地から低地へと出た石神井川《しゃくじいがわ》からだ。本流は近くの荒川（隅田川）へ出るが、支流が農業用水として、田端《たばた》から日暮里《にっぽり》、根岸の里へとつづく。音無川《おとなしがわ》と呼ばれて、三ノ輪へくる。

日本堤は、長さが八町《ちょう》（九百メートル弱）である。隅田川（荒川）の水が、いまの南千住のあたりの低地に、しばしばあふれる。それが、浅草寺のほうに流れこまないようにするために、元和《げんな》六年（一六二〇年）にできた。道というより、堤防だった。

吉原が移転してくる三十七年もまえである。

日本堤がさきにあったので、新しくできた吉原の長方形の区画は、山谷堀とその土手に平行するように、設計されている（二一三ページの地図参照）。移転した吉原は、日本橋人形町のころの吉原と区別するために、「新吉原」と呼ばれる。古いほうは、「元吉原」になる。年月がたつと、わざわざ「新吉原」というのがめんどうなので、「吉原」となる。わたしも、この稿で、「新吉原」と書かなくてもそれとわかる場合は、「吉原」ですますことにしよう。

新吉原が営業をはじめたのは、明暦《めいれき》三年（一六五七年）である。同じ年に、江戸時代最大の大火ともいわれる振袖火事《ふりそでかじ》（明暦の大火）があった。江戸城本丸を焼き、江戸の人口三十万ほどのうち、死者十万人との記録もある。

火事の印象が強いからだろうが、吉原の移転が、振袖火事のせいだとする記述がいまだにある。しかし、これはちがう。火事にあう直前に移転したという話も見るが、これもちがう。

大火の六年まえ、三代目の将軍・家光から家綱への代替《だいが》わりの時期に、由井正雪《ゆいしょうせつ》らのクーデターが準備されていた。発覚して一味はとらえられて処刑されるが、幕府に強い衝撃をあたえた。

慶安四年（一六五一年）が事件の年だ。

以降、治安強化のために風俗の取り締まりが強化される。この流れのうちで、吉原の移転が検討された。吉原を江戸城から離した場所に移したほうがいいのではないか。

江戸時代末の山谷堀周辺

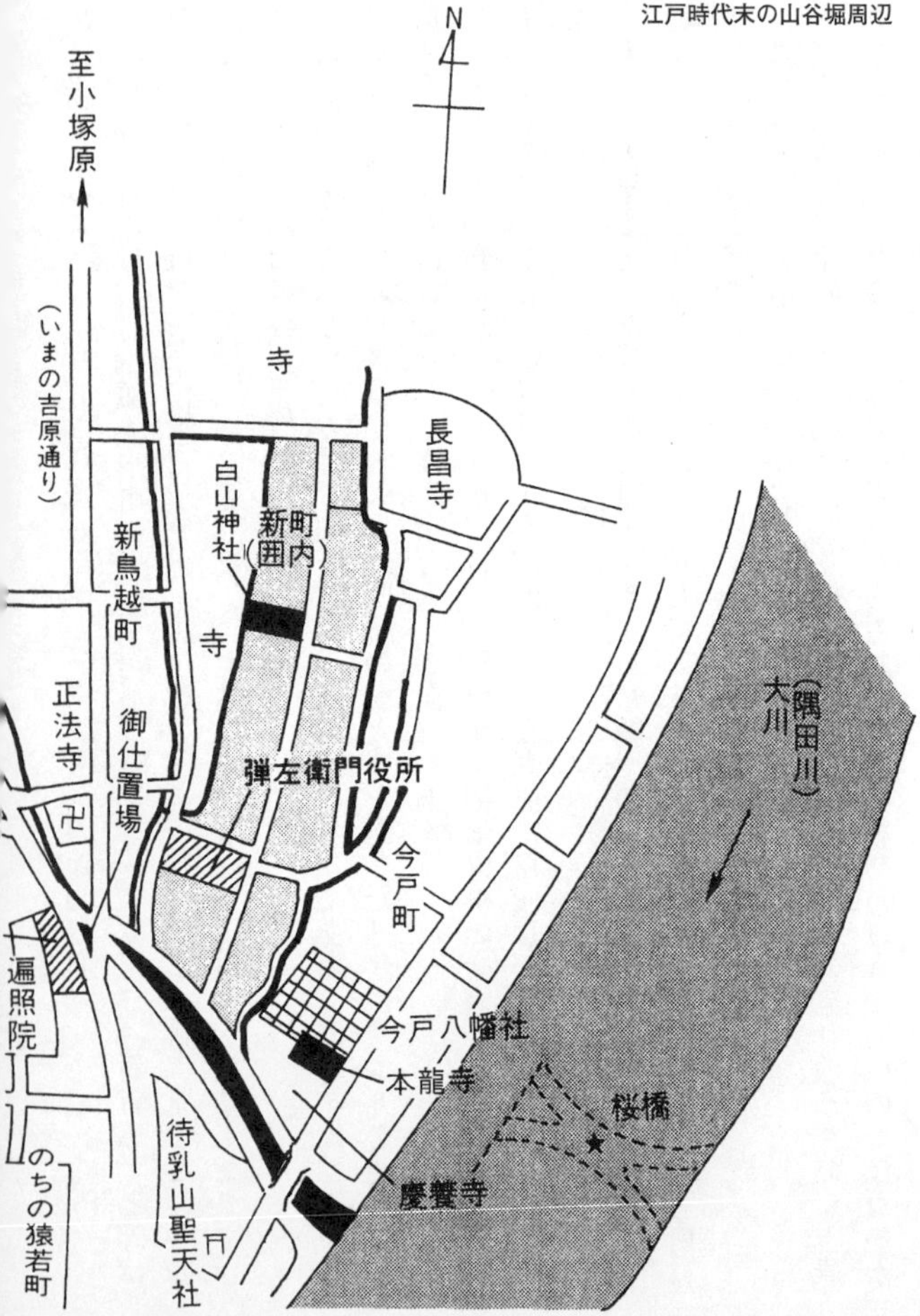

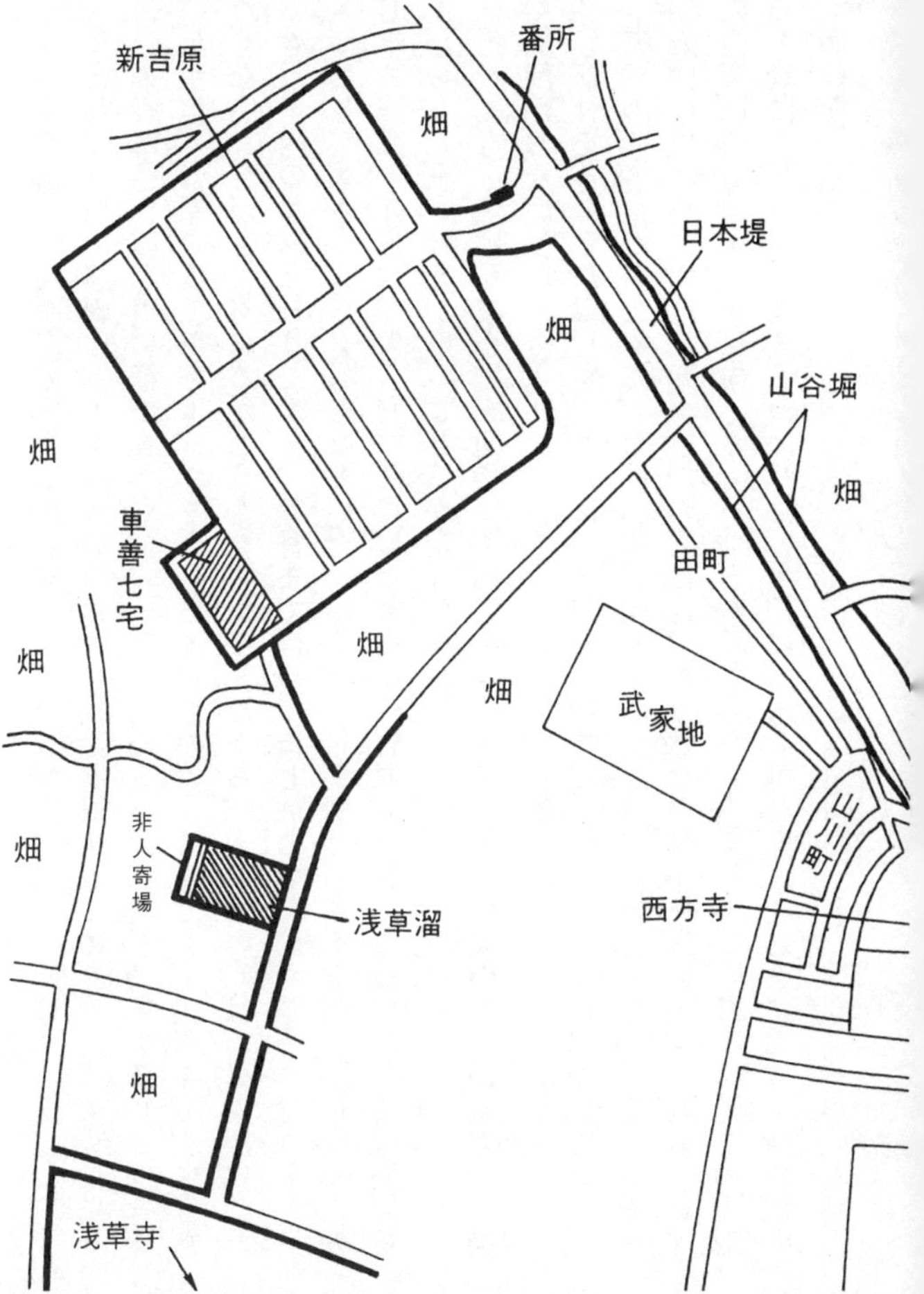
番所
新吉原
畑
日本堤
畑
山谷堀
畑
畑
車善七宅
田町
畑
畑
畑
武家地
山川町
非人寄場
畑
浅草溜
西方寺
畑
浅草寺

そういう政治的な判断が幕府首脳のアタマのうちに浮かんだ。

つまり、吉原の移転は、火事のせいではなく、治安対策のためだった。大火の前年に、幕府は移転のための補償金として、一万五百両を吉原に支払っている。

しかし、吉原の楼主《ろうしゅ》たちは、カネをもらったものの、それでも、浅草寺の北に行きたくない。客がきてくれるかどうかも心配だ。だから、十二月いっぱいの期限についても、年内の移転はむりだから、二月まで待ってほしいと願い出た。

つまり、ズルくグズグズとしていた。すると、年が明けてすぐ、明暦三年（一六五七年）一月十九日に、大火だ。江戸城本丸同様、吉原もきれいさっぱりと焼けた。楼主たちも、重い腰を上げるよりほかはない。

それでも、焼け跡に小屋を建てて、商売をつづけている。約束の二月がすぎても動く気配がしない。

しびれをきらした奉行が、四月に、山谷日本堤まで、土地の下見《したみ》に出かけている。家宅のできあがるまでは、百姓の家を借りて、つまり「仮宅《かりたく》」でやってもいいという条件もつけた。六月十五、十六の両日に、吉原はついに中央区人形町を離れ、いまの台東区千束四丁目の場所に移った。二町《ちょう》×三町（人形町では二町×二町）の方形の土地に、普請《ふしん》が完成するのは八月。すぐに、木の香りもぷうんとにおう「新吉原」で商《あきな》いがはじめられた。

この時点で、車善七はもう近辺《きんぺん》にいた。

やはり、幕府から移転を命ぜられて、数年まえから移されていた。

どこからきたのか。

鳥越《とりこえ》からだ。これは、はっきりとしている。

山谷堀のどこへ移ってきたのか。新吉原もないとき、車善七はどこにいたのか。こちらが、わからない。

新吉原の尻にくっつけられるまでの十数年間の居場所が謎だ。その場所を推理するのも、本書のテーマのひとつだ。

2　鳥越に賤民支配の原型

●鳥越神社

山谷にくるまえ、車善七は、鳥越にいた。鳥越は、江戸時代には、アタマに浅草をつけて、「浅草鳥越」といった。

江戸の「非人頭《ひにんがしら》」がいたことがはっきりとするもっとも古い地点が、鳥越なのだ。

車善七について、年代を追って書くのなら、鳥越が出発点になる。

浅草鳥越は、いまでは、あまり話題にならない。しかし、江戸の賤民の歴史を考えるときには、きわめて重要な土地だ。

拙著『弾左衛門の謎』（河出文庫）でも、この土地についてふれたのだが、非人頭の存在を確かめるために、本書でも、しばらくトリコエに滞在しよう。

現在の地名は、東京都台東区鳥越。

隅田川のほとりだ。

JR総武線の浅草橋駅でおりて、隅田川の上流にむけて歩く。雛人形《ひなにんぎょう》や五月人形を売る店、卸《おろ》す店が目につくほどで、東京の他の場所とそれほど変わらない。

鳥越神社が二丁目にある。鳥越祭《とりこえまつり》はにぎやかだが、ほかに、なにか見るべきものがあるわけではない。鳥越神社そのものも、どうがんばっても、由緒《ゆいしょ》のある「ヤシロ」とは見えない。

むかし、浅草寺《せんそうじ》と張り合っていたといわれても、にわかに信じられない。

しかし、鳥越神社の歴史は、江戸で二、三というほどに古い。白雉《はくち》二年（六五一年）の創建だ。はじめは白鳥明神《しらとりみょうじん》といった。約四百年後、源頼義《みなもとのよりよし》・義家《よしいえ》の親子が、「鳥越」の命名者になった。

関東では、この源氏の武将を創始者にする話が多いが、ここもそのひとつだ。

つぎのようなエピソードが残されている。

東北の安倍《あべ》氏との戦いに頼義・義家の親子が出かける途中のことだ。

隅田川（荒川）の河原に陣営をおいた。川は茫々《ぼうぼう》と広がっている。

鳥越神社のあるところだけは小山だ。どんなに水かさがましても大丈夫だ。だから、「浮島《うきしま》」と呼ばれたりしている。島に思えるほど、まわりに水があふれている。

小山の中心が神社だが、すそ野もまた、「川岸」ではなくて、「海村」と形容されている。それほど隅田川の下流は、浅く広く水が流れていた。

源氏の両武将は、川を渡ろうとして、どこが浅瀬かわからなくて、迷った。ちょうどそのとき、鳥が「海上」を越えて行く。鳥が飛んでいるコースが浅瀬にちがいない。鳥に導かれて津《つ》を渡ることができたので、「鳥越」というようになった。

白鳥大明神も、鳥越大明神に改められた。

●御米蔵

江戸に徳川幕府がおかれるまで、ここは静かな寒村だった。江戸館《えどやかた》から浅草に行くときの休憩地にすぎなかった。

江戸時代になって、武家地《ぶけち》をふやす必要からも、土地の造成が急ピッチでおこなわれるようになる。湿地帯を埋めようとして、鳥越の丘も、目をつけられる。

なんどかにわたって、けずられた。

とくに大がかりなのは、元和《げんな》六年（一六二〇年）の御米蔵《おこめぐら》の造成だった。いまの蔵《くら》前《まえ》一丁目と二丁目に、巨大な御米蔵が作られた。隅田川の浅瀬を埋めて、櫛《くし》の歯のかたちをした船着き場を作り、そばに蔵を建てた。鳥越神社のすぐしたに作られたのは、山から土を運びだしやすかったからかもしれない。

日本全国の幕府直轄地《ちょっかつち》から、船で米が運ばれてきた。これが、旗本《はたもと》や御家人《ごけにん》の給料になる。売られた米が、江戸の住民の胃袋をみたした。

売り買いの仲介人《なかがいにん》になったのが札差《ふださし》で、やがて新興ブルジョアジーになる。

一帯は、新開地の活気をおびた。

●御仕置場

徳川以前、江戸城は後北条《ごほうじょう》が支配していた。小田原の北条氏がしだいに勢力範囲を関東平野に広げて、江戸館《えどやかた》も掌中《しょうちゅう》におさめた。そのころの仕置場（刑場）は、日本橋の近く、本町《ほんちょう》四丁目（いまの日本橋本町三丁目）にあった。

エタ頭《がしら》、のちの弾左衛門矢野氏も、そのそばにいた。

徳川家康は江戸城に入るとすぐに、城下町の大がかりな整備にとりかかった。

市街地の発展のじゃまになるので、御仕置場《おしおきば》は早い段階に、鳥越に移され、弾左衛門もいっしょに移動した。（本書では、徳川直轄の刑罪場《けいざいば》のみに御《お》をつけて御仕置場と表記した。）

日本橋本町から移ってきた御仕置場は、鳥越のどこに置かれたのだろうか。

『大日本地誌大系』（雄山閣）の「御府内備考《ごふないびこう》」には、つぎの諸説が紹介されている。
1　甚内橋《じんないばし》より東のほう、河岸通《かしどお》り半町《はんちょう》（約五十五メートル）ばかりのところ。

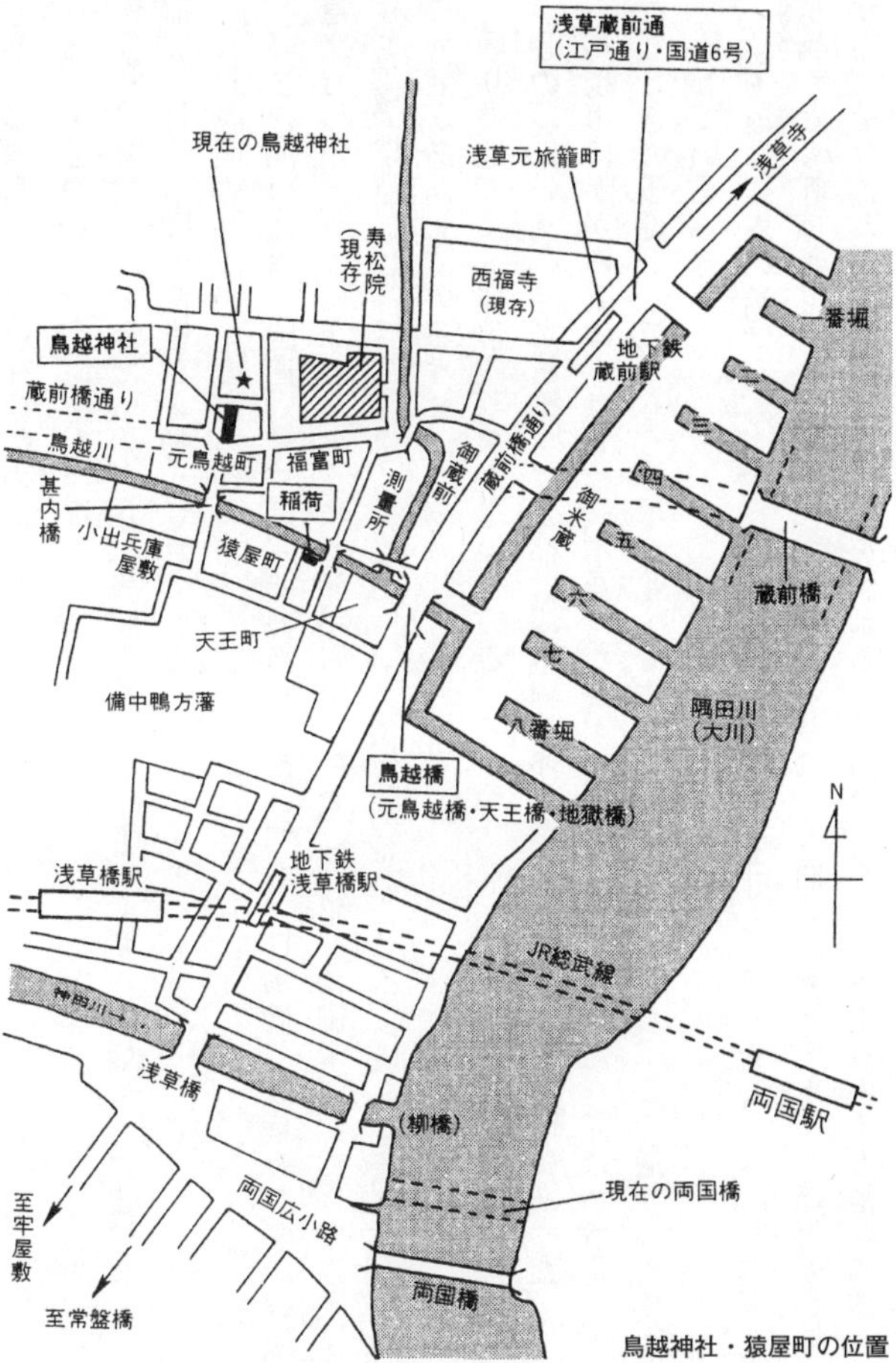
浅草蔵前通
(江戸通り・国道6号)
浅草寺
現在の鳥越神社
浅草元旅籠町
寿松院
(現存)
西福寺
(現存)
一番堀
地下鉄
蔵前駅
鳥越神社
蔵前橋通り
二
三
鳥越川
元鳥越町
福富町
御蔵前
蔵前橋通り
四
甚内橋
稲荷
測量所
御米蔵
五
小出兵庫
屋敷
猿屋町
蔵前橋
六
天王町
七
備中鴨方藩
八番堀
隅田川
(大川)
鳥越橋
(元鳥越橋・天王橋・地獄橋)
N
地下鉄
浅草橋駅
浅草橋駅
JR総武線
神田川
浅草橋
両国駅
(柳橋)
現在の両国橋
両国広小路
至牢屋敷
至常盤橋
両国橋

鳥越神社・猿屋町の位置

2　鳥越明神（鳥越神社）のかたわら。
3　元鳥越橋のきわ。
簡単に検討しておきたいのだが、当時の地名も川も、もちろん橋も、いまはない。道筋、神社本殿の位置さえ動かされている。

どう説明すればいいのだろう。

いまの江戸通り（国道六号）は、その当時においても、日本橋と浅草をむすぶ幹線道路だった。さきに記したように、元和六年（一六二〇年）に御米蔵ができて以来は、「浅草蔵前通《あさくさくらまえどおり》」と呼ばれるようになった。この道路の重要性がいっそうましたことを、この名があかしている。

通りの地下に、都営浅草線が走っている。

3の項にいう「元鳥越橋」は、都営浅草線の浅草橋駅と蔵前駅の中間にあった。鳥越川にかかる橋は、はじめ一本だったが、一本が水に流されたり、こわされたりしたときの予備として、もう一本が並べて作られた。このことも、この通りの重要性を示している。

一本道に二本の橋は、めずらしい。橋のそばの天王町《てんのうちょう》の名前をとって、俗に、「天《てん》王橋《のうばし》」とも呼ばれて、したしまれた。橋の長さは、五間（約九メートル）ほどというから、それほどではない。橋の下を流れる鳥越川は、むかしは上野の不忍池《しのばずのいけ》から流れだしてくる川だったが、やがて堀割《ほりわり》になった。

わたしたちが注目している時代、御仕置場ができたころは、川の岸に石垣が組まれて、人工の堀になってまもないはずだ。

まだ鳥越橋（天王橋）は、一本だった。

そのころ、橋には、「地獄橋《じごくばし》」という、もうひとつの名があった。

つまり、ここを渡って、刑場に入るからである。

いまの台東区浅草橋３丁目13番の四つ角に建っている。

●甚内橋

地獄橋の上流に、もう一本、有名な橋があった。

甚内橋《じんないばし》という。地獄橋（天王橋・鳥越橋）の上流、およそ三百メートルにかかっていた。

甚内橋は、鳥越神社の正面の鳥居に通じる往来にあった。橋を渡ってまっすぐに行くと、拝殿になる。

だから、こちらの橋もかなり

の通行量があっただろう。

橋の名は、怪力無双の大泥棒からきている。

大泥棒は、向坂甚内《こうさかじんない》といった。（武田家の家臣・高坂弾正《こうさかだんじょう》の子で、宮本武蔵《みやもとむさし》から剣を学んだという説もある。）

力持ちのうえ、剣術にもたけていた。だから、つかまらない。

しかし、オコリという、マラリアに似た病気にかかってしまった。高熱のため病床に臥し、うちふるえているところを逮捕された。

「瘧《おこり》にならなければ、つかまりはしなかったものを」

と歯ぎしりした。橋のそばの御仕置場で処刑になるまえに、向坂甚内は、病《やまい》を恨《うら》んで訴えた。

「死んだのち、オコリに苦しんでいる者がいたなら、わたしに祈るといい。そうすれば病《やまい》はたちまちなおるだろう」

死んでオコリの神になると宣言したのだ。（台東区教育委員会の案内板によると、甚内のセリフはつぎのようになる。「我瘧《おこり》病にあらすは何を召し捕れん。我ながく魂《こん》魄《ぱく》を留、瘧に悩む人もし我を念ぜば平癒なさしめん」と。）

向坂甚内の墓は、処刑場の近く、鳥越川の岸に作られた。そこに詣《もう》でると、オコリがなおるというので有名になった。いつしか、小出兵庫《こいでひょうご》という武士の屋敷内になる。

引回しの図。馬に乗せられた牢人ふうの武士が罪人。そのまえで朱槍をかついでいるのがエタ身分で、「谷（や）の者」と呼ばれた。

江戸の庶民は、小出家の門番にことわって庭に入らせてもらい、奥のすみの墓に参った。

願いがかなった者は、甚内橋から、魚の干物《ひもの》と酒を川に投じたと、『遊歴雑記』にある。

向坂甚内が処刑されたのはいつか、諸説があるが、処刑には非人頭の車善七も手下《てか》をひきつれて立ち会い、手伝っただろう。

並の刀では、きたえた甚内のカラダを切れなかった。甚内自身が使用していた槍を使った。

つまり、ハリツケの刑にした。

このときに使用した甚内の槍を、その後、引回《ひきまわ》しのときに持ち運んだという。

（引回しは、重罪者に科せられた。処刑

前の罪人をはだか馬に乗せて、江戸市中を引回した。与力《よりき》二名をはじめ、エタ、非人なども加わり、行列は、五十名におよんだ。罪人の前に、抜身《ぬきみ》の朱槍《しゅやり》二本をエタ身分が二人でかついだ。その一本が、向坂甚内の槍だと江戸市民はうわさした。）

オコリがなおるのが知れわたると、墓に参る人があとをたたない。橋の名も甚内橋と呼ばれるようになった。（八月十二日の命日は、いまでも甚内神社はにぎわっている、とさきの教育委員会の案内板は伝えている。）

「甚内橋」となるまえは、なんと呼んでいたのか。

それもわかっている。猿子橋《さるこばし》といった。

猿子橋を渡って、正面の鳥越神社に行ったのだ。

●御仕置場の位置

以上の予備知識を持って、処刑場のあった場所を考えると、「御府内備考」にいう1と2が、同じことをいっているのがわかる。

1では甚内橋の下流半町の位置という。2では鳥越神社のかたわら。甚内橋の下流半町も、鳥越神社のかたわらになる。1と2は、同じことをいっている。

鳥越川の右岸か左岸かは書いてないが、小伝馬町《こでんまちょう》の牢屋敷《ろうやしき》からつれてこられた囚人が、「地獄橋」を渡って刑場に入るのならば、左岸になる。浅草にちかい側だ。

3の「元鳥越橋」というのは、のちに説明する理由で、「鳥越橋」のことである。

以上のことから、御仕置場は鳥越川の左岸、甚内橋と鳥越橋の中間、それも甚内橋のほうに寄った位置にあったと推定できる。

いまの浅草橋三丁目になる。

御仕置場が川の左岸にあった。そして、右岸には猿飼《さるかい》がいた。「浅草猿屋《あさくささるや》町《まち》」という町名が、甚内橋下流の右岸に残されているので、このことは確信できる（二二三ページの地図参照）。

甚内橋を、猿子橋といったのも、そこにサルがいたからだ。

3　鳥越猿屋町について

●サルとウマ

猿飼とは、猿回しのことである。

サルに芸をさせる。カタチはいまとほとんど変わらない。サルの首につけたヒモを持った猿

甚内神社。墓のあった場所からはすこしずれているが、甚内橋に通じる通りにある。台東区浅草橋3-11-5。

飼が、小太鼓《こだいこ》をたたく。音に合わせて、サルが舞う。

ただ、サルに芸をさせる意味は、いまとむかしではちがう。

いまは、ショーだ。芸を見せてカネをとる。それだけだ。

江戸時代でも、辻《つじ》（街頭）で猿回しをするのは、カネのためだが、いまひとつ、伝統と格式を受けついできたものがあった。

馬を守るための猿回しである。

サルの舞いが、馬を病気や事故から守るのだ。そのための祈禱《きとう》である。

なぜ、サルが役立つのか。

なぜ、サルは「馬医者」の役を受けもつのか。

たまたま、この疑問を辻本正教に話したところ、吉野裕子の本を教示してもらえた。

そこで、『十二支』（一九九四年、人文書院）をひもとくと、つぎのように書いてある。

解は二段階にわかれていた。国家規模の問題と、馬の健康管理とのふたつに。

まずは、天下国家の問題。（以下に引用する文は、古代中国の陰陽五行説《いんようごぎようせつ》を前提にした表現になっている。）


　火の旺気を象徴する馬は、既に単なる馬ではなく、社会全般の火気の過剰を象徴するもので、この馬によって象徴される火の旺気を中和することは、大火と日照り

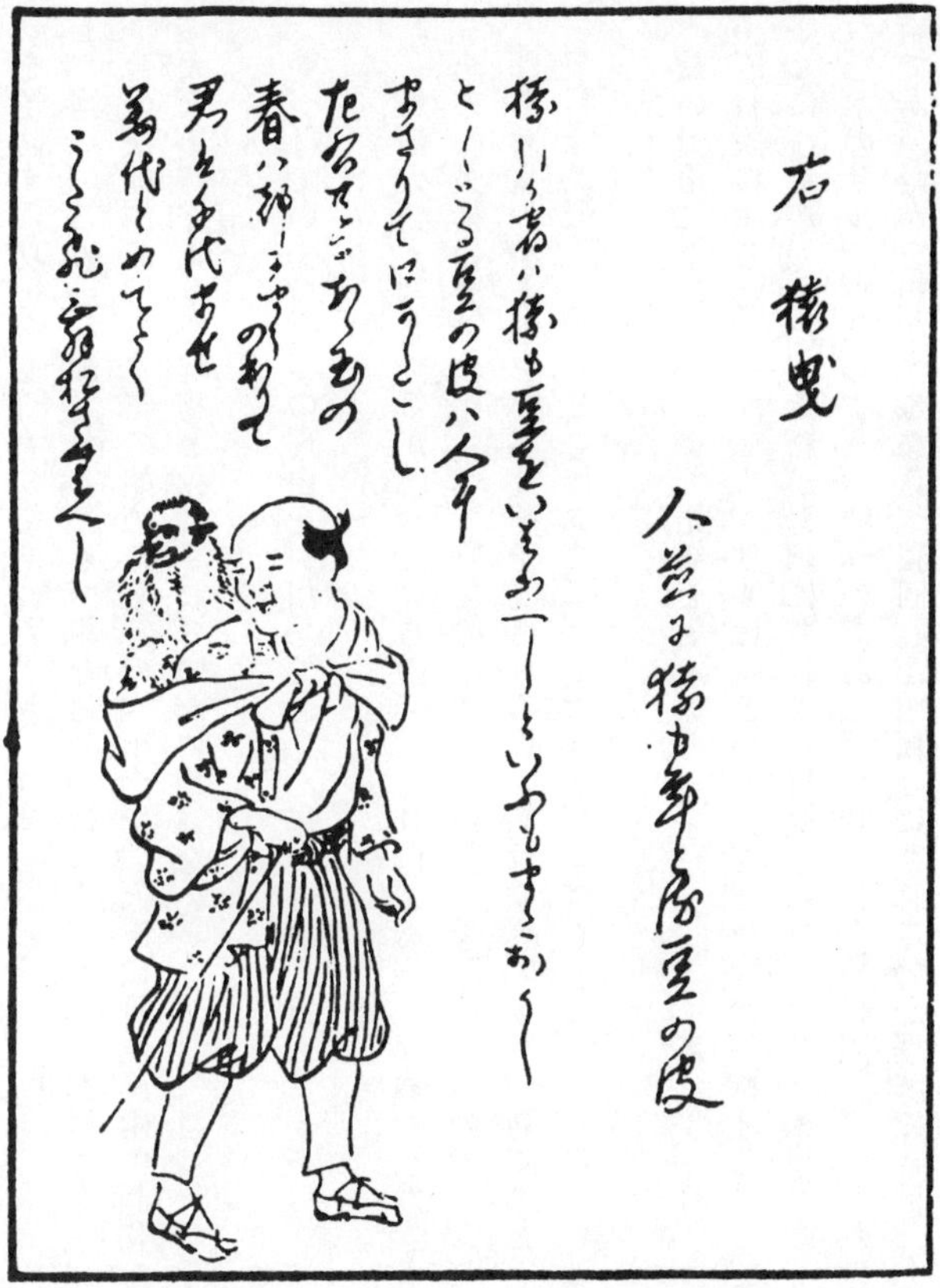

猿飼がサルを背負って旅をしている。（『職人尽発句合』より）

を予防する功徳《くどく》をもつものであった。

当然、この馬に配される猿も、単なる猿ではなく、五行における金気、或いは三合の法則における水気の始めとしての「申」で、天下に日照降雨の調和をもたらし、大火を防ぐ重要な呪物と見做されていたに相違ない。

つづけていまひとつの理由を引用しておく。馬の健康のほうである。


馬は火気、即ち陽気が勝っているので、それに因《よ》る様々な病も当然、考えられる。漢方の医術の要諦《ようてい》は、すべて陰陽の中和、と病気の予防にあるので、ここに水気、即ち陰気の猿を配して、凡そ予測される馬の病はすべて未然に防ぐことが考えられ、「馬医は猿屋」ということになっていたと思われる。


長い引用になったが、よく正鵠《せいこく》を射ている。

五行説によると、ウマは火、サルは水というのだ。ウマが活躍することで、社会は盛んになるが、また、それが過剰になれば、日照《ひで》りになったり、火事が多くなる。それを水のサルで中和しようというのである。当時、大火や日照りが、どれほどの心配事であったかを想像するなら、猿回しが、頼りにされるのが理解できる。

また、具体的な利害の問題としても、大切な財産であるウマに、水であるサルを対置し、病気をふせごうとしたのは、うなずける。

そして江戸では、猿飼は弾左衛門の配下に置かれた。武士の馬を守る猿飼は、右に述べたように、重要な存在だ。それを弾左衛門に管理させた。このことは、古い時期の価値観では、弾左衛門も猿飼も、ほかの遊芸賤民とはちがって、社会的に別格のあつかいを受けていたことを意味する。（江戸後期になって猿飼が弾左衛門の支配から抜けたがるようになるのは、弾左衛門の社会的評価が下がったからだろう。）

弾左衛門に猿飼の管理がまかされたもうひとつの理由は、弾左衛門（エタ頭）がウマにむすびついて理解されていたことを教えてくれる。そのことは、弾左衛門が馬牛の皮革の生産と細工に従事しているためだろうが、もっと深い文化的な意味がこめられているのかもしれない。弾左衛門が灯芯《とうしん》（ロウソクなどの芯）の専売権を所持していることや、エタ身分が火をあつかう商いを、しばしば引き受けていることも、それは関係してくるのかもしれない。

しかし、ここでは、左の図式、

ウマ＝陽気＝火＝穢多頭
サル＝陰気＝水＝猿飼頭

をアタマに入れておこう。

●猿飼

江戸にきたばかりの徳川家康は、弾左衛門を呼んで、猿飼をつれてくるようにと命じた。

穢多頭に話せば、すぐに猿飼が手配できるという社会的な了解があったのだ。

それは、つぎのような文で語られる。

御入国之御時御馬足病沓摺革被為仰付候、御馬為御祈禱猿引御尋之上、私先祖猿引召連罷出候得は、病馬快気仕候に仍て、為御褒美鳥目頂戴仕候。(「弾左衛門由緒書」)

念のために、わかりやすくいいなおしておくと、家康が江戸に「御入国の時」と、引用の文章は、はじまる。この「御入国の時」は、天正十八年（一五九〇年）八月一日の入国時と厳密にとらえなくてもいい。入国後しばらくの時間をふくんでいる。入国時か、入国してまだ日が浅いとき、家康の乗るウマの足が摺《す》れて痛んだ。祈禱《きとう》して治せる猿飼をつれてくるようにといわれた。私（弾左衛門）の先祖が、猿飼を連れて行き舞いをまわさせたところ、ウマの足が快癒した。そこで、ご褒美《ほうび》をいただいた。

引用文中の「猿引《さるひき》」は「猿飼」と同じだ。

ここに登場する猿引の頭領が、鳥越の「猿屋町」に住んでいた。

加賀美太夫《かがみたゆう》といった。

これからわたしは、加賀美太夫とその住みかを問題にするが、そのまえに、非人頭について語るはずの本で、なぜ猿飼頭の話になるのか。脱線のわけを記しておく。

結論をさきにいえば、猿飼以外の賤民が鳥越のなん番地にいたのか、はっきりとしないからだ。鳥越のどこに車善七がいたのか、どこに弾左衛門がいたのかを、特定できないからだ。

だから、ここは三段論法になる。

さきに記したように、サルとウマの天啓的《てんけいてき》な因縁から、猿飼頭と穢多頭はいっしょに住んでいる。

その穢多頭は、牢屋奉行の指示にしたがって刑の執行を手伝うために、御仕置場のそばにいる。

非人頭も、穢多頭といっしょに処刑を手伝う。

三人の「頭《かしら》」は、かたまって、処刑場のそばに住んでいるのが、業務上、もっとも効率的なのだ。

鳥越でもまた、ほぼ同一のエリアに、三者がいたとしてまちがいないだろう。処刑場のそば、甚内橋の周辺に、三人の「頭」はかたまっていたのだ。

つまり、猿飼が住んでいたところをはっきりとさせることで、非人頭・車善七が鳥越のどのあたりにいたのか、推定したいわけだ。

●加賀美太夫

猿屋町にいた加賀美太夫は越後《えちご》（新潟県）の出身である。

越後国の猿屋村から、サルと猿回しの一派を引きつれて、江戸に出てきた。いつごろ出てきたのかはわからない。

『浅草志』に、「猿屋町」の説明として、つぎのようにある。

いにしへ此地猿曳き多く住せしより此名有、是も今新鳥越へ引地と成、其跡も猿や町と云、天正十八年寅年八月御入国のみぎり御馬の足痛ける時、御祈禱の猿曳御尋有、此処より罷り出猿を舞せしとそ、御褒美鳥目を被下其例にて今に正月十一日御台所にて鳥目を頂戴するよし、

まえに引用した「弾左衛門由緒書」を出典にしているのかも知れない。『浅草志』

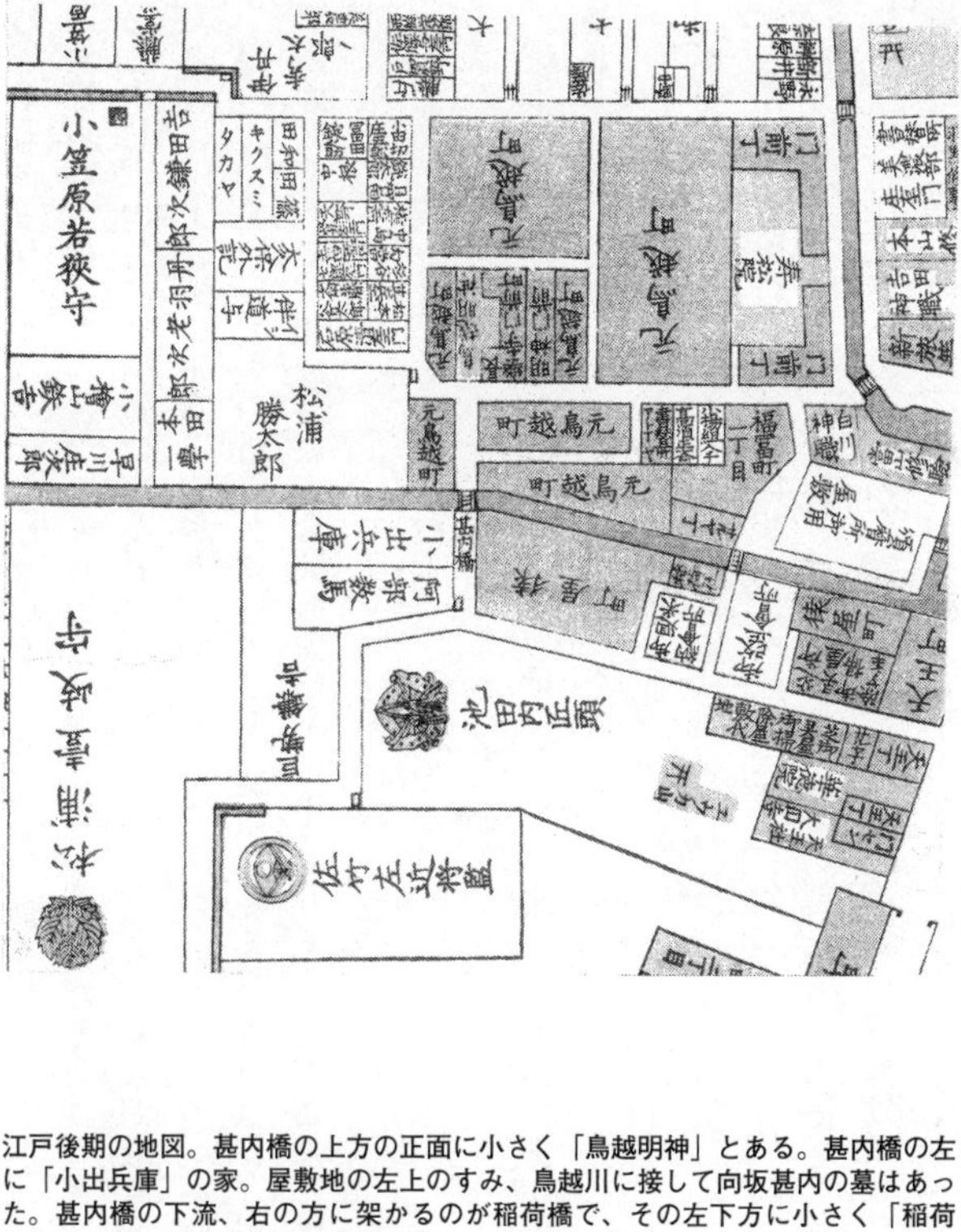

江戸後期の地図。甚内橋の上方の正面に小さく「鳥越明神」とある。甚内橋の左に「小出兵庫」の家。屋敷地の左上のすみ、鳥越川に接して向坂甚内の墓はあった。甚内橋の下流、右の方に架かるのが稲荷橋で、その左下方に小さく「稲荷社」とある。「猿屋町」の一部をなしている。

は、それほど信用できる本ではないが、「ここより罷《まか》り出た」とある。初代の弾左衛門が徳川家康のところにつれて行ったのが、加賀美太夫だということになる。

しかし、のちに猿飼頭になる者は、滝口長太夫《たきぐちちょうたゆう》という。家康が駿府《すんぷ》（静岡市）にいたときに、上総国《かずさのくに》（千葉県中央部）から呼びよせた。

たぶん、滝口長太夫の祈禱《きとう》が気に入っていたのだろう。家康は、今川氏専属だった猿飼頭に替えて、滝口長太夫を駿府猿屋町にすえた。そして、こんどは、江戸にも呼びよせた。

そして、弾左衛門の下につけた。

話がすこし錯綜したので、つぎのように整理しておこう。

家康が江戸に入国したばかりのときは、とりあえず、穢多頭・弾左衛門に命じて、後北条時代から江戸にいた加賀美太夫を呼んだ。

ウマの足が治ったのだから、猿舞いは成功した。褒美《ほうび》ももらったし、こんごも正月には江戸城の廏《うまや》で祈禱することになった。

しかし、家康は駿府の滝口長太夫も江戸に呼んだ。

滝口長太夫と加賀美太夫とが、どういう関係になったのか。また、滝口長太夫が同じ猿屋町に住んだのかどうかは、わからない。（わたしの記憶は頼りないが、幕末の資料では、猿飼頭として、滝口長太夫と小川門太夫《もんたゆう》の名はでてくるが、加賀美太夫はなかった。滝口、小川の両頭は、弾左衛門の囲内《かこいうち》に住んでいる。）

鳥越の「猿屋町」にもどろう。

すでに述べたように、甚内橋をむかしは猿子橋といった。なんびきものサルと加賀美太夫の一族がいたからだ。

寛永七年（一六三〇年）から、その所領が「猿屋町」という「町」になった。御米蔵ができて十年がたっている。

江戸後期の切絵図を見ると、鳥越橋と甚内橋のあいだに、あとひとつ、稲荷橋《いなりばし》とい

加賀美稲荷。うかつにもこの稲荷社が現存していることを知らずに、加賀美太夫の住居跡を確かめに行って出くわした。神社の右手の道路が鳥越川のあった筋。道を奥に入って行くと、つまり流れをさかのぼると、「甚内橋跡」の碑。御仕置場は通りの右手にあったと推定される。（土地の老人にたずねると、稲荷社が猿飼のいた場所とは知っていても、処刑場については、わからなかった。）猿飼頭の跡地がいまなお信仰を集めているのは、サルの舞いの治癒力が人びとの記憶にあるからだろうか。なお、現在の社は、だいぶ様変りした。

うのが、新たにかかっている。

稲荷橋のかたわら、右岸に稲荷社がある。（二三七ページの切絵図では、イナリバシの左側。）稲荷社のそばにかかっているので、橋がイナリバシと呼ばれたことがわかる。

お稲荷さんは、加賀美稲荷とも久米森稲荷《くめもりいなり》ともいい、いまもって、地元の町内の人びとの信心を集めている（二三九ページ写真参照）。

この稲荷社の場所が、加賀美太夫の住居跡だと伝聞されている。

たぶん、そうだろう。

そして、エタ頭も、そして非人頭も、猿屋町の周辺にいた。江戸後期の切絵図でいえば鳥越川に近い「元鳥越町」にいたはずだ。

●大移住

猿飼頭の加賀美太夫が、稲荷社の場所に住んでいたころ、一帯には、まだ丘陵が残されていた。

この残土に目がそそがれたのが、正保《しょうほう》二年（一六四五年）だった。

また御米蔵を作るためだ。

こんど御米蔵を造るのは、神田川が隅田川に出る右岸だ。のちに両国橋がかかると、広小路《ひろこうじ》がもうけられるあたりである。そこにあった寺を郊外に移して、「矢之蔵」という新しい御米蔵にする。

浅瀬を埋め、運河をひいて船着き場にする。

蔵をいく棟も建てる。

壮大なプランだ。

その土をとるために、鳥越の丘にふたたび目をつけた。人が住んでいてはじゃまになるので、土地を御用地《ごようち》にした。住民を追いはらい、幕府のすきなようにする。

鳥越にいた町人や寺には、代わりの土地をあたえた。

その代地《だいち》が、山谷堀の河口だった。

そのころの山谷堀は、待乳山《まつちやま》の聖天社《しょうてんしゃ》をのぞけば、風雅《ふうが》のかけらもなかった。まだ吉原は移転してきていない。江戸後期の船宿や茶屋の繁盛が信じられないようなさびしさだ。

山谷堀の北側に寺がいくつかあるくらいだ。田もわずかで、あとは湿地帯の荒れ野だ。

そこに、町ぐるみの大移住がはじまったのだ。

だれも江戸の鬼門《きもん》の方角、北東のはずれに行きたくなかっただろう。

しかし、この時代、「お上《かみ》」は絶対だった。

町民は、山谷堀の北に、「新鳥越町」を作った。トリコエという名を持って行くことで、気持ちのよりどころにした。「お上」への不満をもこめたのかもしれない。

山谷堀にかかっていた橋も、新鳥越橋という名になった。

幕府はこの橋のそばに、鳥越にあった御仕置場を移した。

御仕置場の広さは、長さ十間、幅二間ばかりだった。

穢多頭・猿飼頭・非人頭の三ガシラは、もちろん、御仕置場について引っ越した。

それで、人びとの去ったあとの鳥越はどうなったか。

丘陵は、残らずけずりつくされた。ひらたくなった土地には、鳥越神社だけがぽつんと残される。

幕府は、更地《さらち》の多くを御家人《ごけにん》の拝領地にした。残された猿屋町や天王町には新たな住人が住みついた。加賀美太夫の住居跡には、稲荷社が建った。

一方、これだけおおさわぎして作られた「矢之蔵」だが、元禄十一年（一六九八年）に火事にあい、以後、築地《つきじ》に移された。両国橋ができたのは、まだ蔵がある寛文元年（一六六一年）だが、矢之蔵移転後は、敷地の一部が、両国広小路になり、残りは米沢町《よねざわちょう》になった。町名に、「米」の字を残している。

ある時期に芸者が多く住んで有名になった薬研堀《やげんぼり》は、御米蔵に使用した「入り堀」の埋め残されたものだったが、いまではこれもすがたを消した。（東日本橋一丁目十番の地になる。三一五ページの地図参照。）

4　新鳥越町と新吉原

●砂利場

御仕置場が鳥越からいつの段階で移転したのか、わたしは他の著書であれこれと推理したが、ここはあっさりと、鳥越が御用地になってすぐのこととする。

幕府の機関が率先して手本を示すのが当然ではないか、と考えてだ。

だから、処刑場の移転は、上地令の出された正保二年（一六四五年）か、その翌年ぐらい、とする。

移転した場所が、西方寺のそばだということは、すでに記した。

のちの江戸切絵図では、西方寺のとなりのこの地は、「砂利《じゃり》場《ば》」と記載されている。

なぜ砂利場なのか。『御府内備考』によれば、万治三年（一六六〇年）に「御《お》

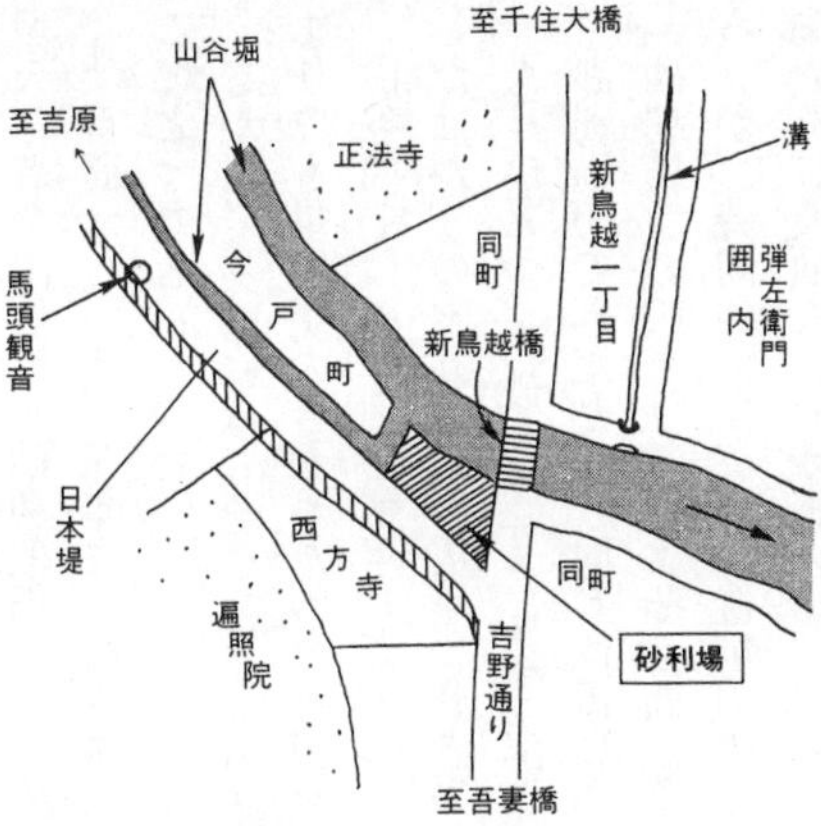

砂利場の位置。幕末の切絵図から作成。

城天守御普請之節《しろてんしゅごふしんのせつ》、砂利取揚《じゃりとりあげ》」のために、ここも「御用地」にされたとある。広さは、「凡百間《およそひゃつけん》」という。三年まえの振袖火事で焼失した江戸城の再建に必要な砂利を、ここでとったというのだ。

しかし、実際には、その前年の万治二年に、本丸は再建されている。（天守閣はあまりにも規模が大きかったので再興をあきらめた。）

山谷堀そばの砂利を使用したのはまちがいないだろうが、時間にズレがある。再建したばかりの本丸周辺の広場に敷きつめる砂利を採取したのだろうか。

もうひとつ、「砂利場」に関する記事から浮かび上がる疑問がある。

砂利場ができたとき、同じ位置にあった御仕置場がどうなったのかということだ。「砂利場」の広さは、およそ百間。御仕置場は二十間である。両者は並んでいたのだろうか。時間的には、御仕置場のほうが先にあった。御仕置に出張した役人が、そのあたりに良質な砂利があるのに気がついたのかもしれない。進言して、砂利場ができた。

問題は砂利場を作るとき、御仕置場をどうしたのかということだ。御仕置場と地《じ》つづきに砂利場を作ったのか、御仕置場を移動したのか。もし、この時点で移動したのなら、万治三年（一六六〇年）に、御仕置場が、千住《せんじゅ》の小塚原《こづかっぱら》に移転したことになる。なぜこんな疑問が生まれるのかといえば、山谷堀の御仕置場が、千住へと移って行った年がはっきりとしないからだ。

寛文七年（一六六七年）に、千住回向院《せんじゅえこういん》ができたときには、小塚原に仕置場があったのは、はっきりとしているのだが。

（御仕置場が移っていったあと、延宝五年〔一六七七年〕に、非人小屋頭の弥右衛門が、砂利場に長さ二十七間、横幅十間の地所を借りて小屋を建て、手下と住んでいる。本書の「おわりに」にも記しておくが、右の地所のうちの十間×五間は、無宿の者が病死したときの埋葬地にあてられている。）

●新鳥越御仕置場

山谷堀と西方寺のあいだにできた処刑場を、「新鳥越御仕置場」と呼んでおこう。一六四五年以降に元鳥越からきて、一六六七年には確実に千住に移転していた。その間、二十年前後である。

穢多頭・弾左衛門はこの処刑場のすぐ近くの土地をあたえられた。山谷堀をはさんでいるが、新鳥越橋を渡ればすぐだ。歩いて五分とかからない。

城下町でのエタの居住地は、城から見て川の外側に置くという鉄則がここでも守られる。川がケガレを防御する境界になってくれる。

江戸の矢野弾左衛門に則していえば、まずは、日本橋川の外、ついで鳥越川の外、こんどは山谷堀の外。

弾左衛門の新しい居住地は、新鳥越町に接していた。しかし、町名は「新町《しんちょう》」という。小さい堀と板塀とで周囲をかこまれていたので、「囲内《かこいうち》」ともいった。明治維新以降は、亀岡町《かめおかちょう》となった。現在の台東区今戸一、二丁目の一部にあたる。

移ってすぐは、「猿屋町」もあった。加賀美太夫はここに住んだのだろう。

しかし、まもなく猿屋町の名は消える。

新町に猿飼がいっしょに住んでいたのは、確実だから、新町の北の端の一郭が、はじめのうちは猿屋町といわれていたのだろう。

穢多頭と猿飼頭は、このように江戸時代をとおして、協力する。だんだんとエタがいばって、猿飼はおもしろくない思いをした。猿飼は、なんどか町奉行に訴えた。新町ではなくて、町中《まちなか》に住ませてほしいというのだ。しかし、幕府は最後までうんといわなかった。

一方、もうひとりのカシラ、非人頭の車善七は、鳥越から山谷に移ったとき、どこにいたのか。

エタ・猿飼の両ガシラと同じ場所にはいなかった。

いっしょにならなかったのは、政治的な意味からではなくて、土地の割り振りの便宜によってであろう。

●『吉原御免状』

すでに述べたように、鳥越からの御仕置場の移転を、正保二年（一六四五年）か、その翌年とした。

新鳥越御仕置場では、移転五、六年目の慶安四年（一六五一年）に、由井正雪の徒党の処刑がおこなわれている。

品川の鈴ヶ森の処刑場は、この年に、本材木町五丁目から移転していた。処刑第一号が、由井正雪の仲間の丸橋忠弥《まるばしちゅうや》だ。

この丸橋忠弥の刑が知れわたったので、「慶安の変」の関係者の処刑は、もっぱら鈴ヶ森で実行されたように思われがちだが、浅草のほうでも刑の執行はおこなわれている。

残党は、新鳥越御仕置場で処刑にされた。

六名が磔《はりつけ》になった。あとの者は、人数は不明だが、首をはねられた。

そのときから六年目に、御仕置場のちかくに、「新吉原」が誕生する。

余談だが、隆慶一郎《りゅうけいいちろう》の小説『吉原御免状《よしわらごめんじょう》』は、新吉原の営業開始の日から物語がはじまる。

冒頭の一行は、つぎのようである。

松永誠一郎が、浅草日本堤の上に立ったのは、明暦三年（一六五七）、旧暦八月十四日の夕刻である。

この小説では、吉原移転にいたる経過は、史実をふまえている。振袖火事にあったために移転したというような乱暴ないいかたはしていない。旧暦の八月十四日から、新築の新吉原が出発したのだ。

右の引用で、主人公が立っている場所は、新鳥越御仕置場のすぐそばである。どうも作者は、処刑場はすでに小塚原に移転していたと錯覚していたらしい。御仕置場があると考えていたなら、「松永誠一郎はさらし首を見たが、眉ひとつ動かさなかった」といったような文章が書きこまれただろうし、のちにこのあたりを通るシーンのどこかに記されてもよかった。

また、それとは反対に、主人公が、「田町の砂利場近く」で剣の練習をする場面が、なんどか出てくるが、この時点では、まだ砂利場はない。

砂利場ができるのは、新吉原が誕生して、三年後である。

『吉原御免状』には、大泥棒の向坂甚内（勾坂甚内）も登場する。その刑死した年を、慶長十八年（一六一三年）にしているが、これはあまりにも早すぎる。そして、刑死の場面の描写はつぎのようだ。

どたん場（首斬場）に送られる途中、鳥越明神の前の橋を渡る時、甚内が叫んだ。

「おこりにかかっていなければ、捕らえられもしなかったのに。うらめしいおこりめ！　我なきあと、おこりで悩む者あらば、必ず癒《なお》してやろう」

世人、この橋を名づけて、甚内橋といった。

向坂甚内は、断首ではなくて、磔《はりつけ》である。木にくくりつけられて、槍で刺された。刑場に入るコースも、「鳥越明神の前の橋」（猿子橋）を渡るのではなく、鳥越橋（地獄橋）を通る。

こんなことは、どうでもよいことだが、この機会にひとつだけ重要なことをいっておけば、隆慶一郎のこの小説には、天皇、将軍、忍者、傀儡子《くぐつし》、非人、乞胸《ごうむね》、辻芸人など、さまざまな身分の者が登場して魅力的だ。さながら、差異を制度化した江戸時代の万華鏡《まんげきよう》になっている。しかし、なぜか、エタは出てこない。

弾左衛門の新町のすぐそばの、山谷堀の河口を描写しながらも、はたまた賤民の多くが登場しながらも、エタだけが出てこない。不自然このうえない。なぜ、こんなことになったのか。もちろん、意識的にはずしたのだ。『週刊新潮』という小説の最初の発表場所が意識され、なにか事がおこる（糾弾を受ける）のをわずらわしいとしたのだろう。

しかし、このケースのように、歴史上のエタを「見えない人間」にしてしまうことで、「被差別部落への差別」が延命してきたのだ。そのことを、いやしくも、差別をテーマにした小説で、無自覚であるべきではなかろう。

はっきりと書くと糾弾を受けるかも知れない。しかし、はっきりと事実を事実として書かないから、いつまでも、部落問題が解決にむかわない。

『吉原御免状』の話は、ここまでにしよう。

主人公・松永誠一郎が浅草日本堤に立つ四カ月まえだ。移転料の一万五百両を受けとりながら、楼主がまだ腰をすえているのにしびれをきらした町奉行が、山谷に下見に出かけた。まえにも記したが、明暦三年（一六五七年）四月のことだ。

出かけたのは、

石谷将監様・神尾備前守様・曾根源左衛門様日本堤え御越被遊、新吉原の場所被遊御見分候

と「新吉原町由緒」にある。

石谷《いしがい》将監《しょうげん》貞清《さだきよ》が北町奉行、神尾《かんお》備前守《びぜんのかみ》元勝《もとかつ》が南町奉行である。

（両人とも「弾左衛門由緒書」に名が出てくる。神尾元勝は御仕置場の新鳥越移転の

まえからの町奉行で、穢多頭・猿飼頭・非人頭の移転地にも意見をはさんだと思える。)

奉行たちは、たぶん楼主もつれて、山谷堀にそい、日本堤を歩いた。

西方寺のそばの御仕置場も、検分した。

弾左衛門と車善七が、威儀をただして奉行を迎えたのは当然である。配下の者は警備についた。

この日、奉行たちは、新吉原の場所を、最終決定した。二町×三町。広さもサービ

小塚原の首切地蔵。正式には、延命地蔵という。いまは、小塚原回向院の隣に移されている。南千住駅のこのあたりが小塚原御仕置場跡で、間口60間余（約108メートル）、奥行30間余（約54メートル）の長方形にちかい形をしていた。新鳥越御仕置場にくらべるとずいぶん大きい。なお、延命地蔵は、寛保元年（1741年）に造られた。

スして、まえよりも大きくした。

「浅草寺からは目と鼻のさきの距離。参詣《さんけい》の人がこちらに流れてくるだろう」とかなんとかいって、楼主たちの尻をたたいた。

しかし、問題の車善七の小屋を、吉原にくっつけておくことを決めたのは、このときではない。

それは、さらに十年後の寛文六年（一六六六年）である。

実行に移されたのが、翌年の寛文七年二月八日だ。

新鳥越御仕置場の再度の移転問題にからめて、「賤民への処遇」が、まとめて討議された。前述したように、新しい御仕置場は、一六六七年には小塚原に存在している。砂利場ができるのが、一六六〇年だった。この一六六〇年に鳥越から移転したのでなければ、一六六七年までの七年間のあいだに、新鳥越御仕置場の移転先の土地をどこにするかが論じられ、同時に、この周辺にいた車善七の居場所をどうするかも同時に討議されたことだろう。このとき、吉原の裏にくっつけておいてはどうかと、道学者の役人が口をはさんだのかどうか。

（なお砂利場は、ジャリを取り終わったのちに浅草寺の所領にもどされた。その年代はわからない。やがて非人の小屋ができたことは、すでに記した。人家が建っても、そこは幕末まで「砂利場」と呼ばれた。）

第二章　車善七の「溜《ため》」

1　吉原裏の家

●非人の起こり

車善七の家が新吉原のお尻にくっつけられたのは、寛文《かんぶん》六年（一六六六年）である。

そこのところを、もうすこしくわしく述べると、同年十一月十八日に、車善七は町奉行に呼び出される。

南町奉行は、神尾元勝の跡を継いだ渡辺大隅守綱貞《わたなべおおすみのかみつなさだ》。

北町奉行は、石谷貞清の跡の村越長門守吉勝《むらこしながとのかみよしかつ》。

車善七は、渡辺・村越の両人から、吉原裏への移転を命じられた。

そして、翌年・寛文七年（一六六七年）二月八日に、

新吉原後之方ニ而、間口京間弐拾間、奥行同断四拾五間之地所

へと、引っ越した。

このことは確実だ。

右の引用は、安政四年（一八五七年）の「弾左衛門書上《だんざえもんかきあげ》」からだが、この二十年ほどまえの浅草非人頭《ひにんがしら》が提出した文にも同じ意味のことが記されている。

二十年ほどまえは、天保十年（一八三九年）になる。このときの浅草の非人頭は、たまたま、車千代松《くるまちよまつ》といった。

なにか失態があって、善七と名のれなかったのだと思える。幼名の千代松のままだ。

町奉行は車千代松を呼びだして、ふたつの質問をした。

ひとつは、「非人」とはなんぞや、「その起源をいえ」というものだ。

町奉行もよくわからなくなっている。そこで改めて、本家本元に問うた。

ふたつめは、「非人頭」とはなんぞや、だ。つまり、車善七家の歴史をたずねた。

わたしたちの関心はふたつめの質問にある。

しかし、ひとつめの質問に、非人頭がなんと答えたのか知りたいと思う人もいるだろう。

みじかく脱線して、紹介しておく。

結論は、「非人と書くわけですが、その語の出所《でどころ》はわかりかねます」である。

この結論の前段では、つぎのようなことをいっている。現代語に訳して、大意を記しておこう。

「非人のはじまりですが、古代、京都において悲田院《ひでんいん》が作られ、飢えと寒さ、病気と貧困で苦しんでいる者が集められました。集められたのは、独り身の廃人《はいじん》で、むかしは、その人たちを、悲田人と呼んでいました。非人とは、悲田人の略語でしょうか。また、京都三条の北に悲田院村という、物乞《ものご》いの集住《しゅうじゅう》しているところがあり、そこを悲田地とも呼んでいるそうです」

車千代松はこのように自問自答している。奈良・平安時代に諸国諸寺に造られた貧民救済の施設が、語の起こりではないかといっている。悲田院は一度はすたれるが、鎌倉時代に忍性《にんしょう》が復活させた。悲田院に収容されている人ということで、「非人」になったのではないかという。しかし、非人頭も、自信がない。

●千代松由緒書

ひとつめの質問はわからないにしても、自分の家の起こりはわかるだろう。当時の身分制社会で、家系図や由緒書がないというのは、こんにちの日本で、戸籍や住民票がないのと同じである。

非人頭は、幕府の仕事をしている。ここはどうしても、ちゃんと答えなければならない。

なんと答えたか。

穢《え》多頭《たがしら》・弾左衛門には、「弾左衛門由緒書」がある。車善七には、それにあたるものがない。車千代松が町奉行に提出した文を、「由緒書」にかわるものと見なそう（以後、「千《ち》代《よ》松《まつ》由《ゆい》緒《しょ》書《がき》」と呼ぶ）。

すこし長いが、全文を引用しておく。


先祖善七儀は、三州あつみ村出生ニて、乍恐御入国之砌、浅草大川端辺に、小屋補理相煩罷在候処、慶長十三申年中、町奉行米津勘兵衛様、土屋権右衛門様、御勘役之節、非人頭被仰付、浅草元鳥越ニて五百坪之居地被下置候処、其後御用地に被召上、寛文六未年十一月十八日、渡辺大隅守様、村越長門守様御内寄合江被召出、当時之地所九百坪為替地被下置候旨被仰渡、町年寄樽屋藤左衛門様ニて、引料金三十五両頂戴仕、其以来只今以永続仕候儀に御座候、右就御尋往古之書物取調候処、先年焼失仕候間、乍恐申伝奏書上候　以上

天保十亥年九月十七日　　車千代松

これが、車善七の家系についてわかるすべてだ。

とすると、長くはなく、とてもみじかいことになる。

たったこれだけしかわからない。

それだけ貴重なテキストといえようか。

先祖が、三河国《みかわのくに》（愛知県中東部）の渥美村《あつみむら》の出だという。

ほんとうかどうか、徳川にゆかりの国名をあげただけかも知れない。

渥美村は、のちの渥美町（現・田原市）だろう。渥美半島の先端のほうだ。

家康が江戸に入国した天正十八年（一五九〇年）には、「大川端《おおかわばた》」にいた。大川端とは、隅田川の吾妻橋《あづまばし》（大川橋）より下流の右岸をいうが、あまりにも範囲が広すぎる。地名を特定したとは、とてもいえない。どこに住んでいたのかわからないから、こういう表現になったのだろう。

「非人頭」を任じられたのは、右の引用文によると、慶長十三年、西暦一六〇八年という。

「町奉行米津勘兵衛様、土屋権右衛門様」が、おつとめしていたときのことだと述べている。

たしかに北町奉行に、土屋《つちや》権左衛門《ごんざえもん》重成《しげなり》が、南町奉行に、米津《よねつ》勘兵衛《かんべえ》由政《よしまさ》が在籍している。土屋権左衛門が、土屋権右衛門になっているのは、ご愛敬ですますことができよう。

このとき、浅草元鳥越にもらった土地が、「五百坪」だという。妥当な広さだし、信じられる。なによりも、これで非人頭が鳥越にいたことが、はっきりとした。

もちろんそこには、これまで述べてきたとおりに、穢多頭もいたし、猿飼頭の加賀美太夫もいた。（エタ頭がいたと断定したが、日本橋にいた初代弾左衛門が、いつの時点で鳥越に移されたのかはあきらかではない。いまの日本銀行あたりにあった牢が小伝馬町に移るのが、慶長年間・一五九六―一六一五年だ。牢と御仕置場と弾左衛門が同時期に動いたとすると、車善七の非人頭誕生が、慶長十三年だとするのは、うなずける。この年代に、江戸初期の裁判と処刑の制度がまとまったと思ってもいいのではなかろうか。）

●記憶の脱落

車家のはじまりの記述に妥当性をみとめるとして、問題は、「千代松由緒書」のつぎの文だ。

引用文の三行目、五百坪の土地をもらったという言葉のあとだ。もらった五百坪がその後、御用地としてとりあげられる。

其後御用地に被召上、寛文六未年十一月十八日

云々《うんぬん》とつづく。「その後、土地を召し上げられて、寛文六年（一六六六年）に、替わりの土地九百坪をあたえられた。引っ越し料として、町年寄から三十五両をもらった」という。

引用の寛文六年は未年《みどし》とあるが、未年ではなくて午年《うまどし》だという指摘は、中尾健次が、『江戸社会と弾左衛門』（解放出版社）でしている。未年は翌年になる。この誤記が生じた理由は、渡辺・村越両奉行からの言い渡しが寛文六年で、実際に動いたのが翌年の寛文七年の未年だからだろう。

替わりの土地は、九百坪だった。そしてその土地にずっといて、公儀の仕事をしてきたと、天保十年（一八三九年）の車千代松はいう。

とすると、この九百坪の土地とは、吉原にくっついている土地のことだ。広さも、さきに引用した「弾左衛門書上」の「間口二十間、奥行四十五間」という記述と一致する。

なにがいいたいのか、もうわかってもらえたと思うが、「千代松由緒書」にしたがうと、非人頭の移動は、五百坪の元鳥越から、九百坪の吉原裏に直行したことになる。その年が、寛文七年（一六六七年）だというのだ。

文書資料だけを信じるとそういうことになる。

一六四五年に鳥越は御用地になり、御仕置場も穢多頭も猿飼頭も、山谷堀のそばに越した。なのに、車善七だけが元鳥越に残って、二十二年間も、いったいなにをしていたというのだろう。

其後御用地に被召上、寛文六未年十一月十八日

という文のまんなかに、一六四五年から一六六七年のあいだ、二十二年間にわたって住んだ地名が入らなければならない。

しかし、天保時代の車千代松の記憶からは、その土地の名が脱落している。三十五両を移転料としてもらったのが、いつの時点なのかというのもはっきりとしない。だからか、「千代松由緒書」の末尾には、「古い書類を取り調べなければならないのに、先年、焼失してしまいました。そこで、伝聞を書きました」と弁解しなければならなかった。

古い書物や書類が焼けてわからなくなったというのは、弾左衛門なども使う手だ。

2　車善七の「溜」

●刑罰システムの完成

寛文七年（一六六七年）に、車善七は吉原裏に移った。もう幕末まで、ここを動かない。

土地の大きさも、変化しない。

京間《きょうま》で、間口《まぐち》二十間（約四十メートル）。

奥行《おくゆき》が四十五間（約八十八メートル）。

のちの実測で、間口二十一間四尺、奥行四十八間四尺五寸という図面が残されている。この数字は、田舎間《いなかま》での計測で、京間に直すと前記と同じ寸法になる。（一五七ページ参照。なお京間は一間が約一・九七メートル。）

一六六七年に吉原裏に移ったときの車善七が何代目かは、はっきりとしない。

新町《しんちょう》の弾左衛門は、三代目で、諱《いみな》が集信《しゅうしん》といった。「ちかのぶ」と読むのかもしれない。車善七の方も、三、四代目といったところだろう。

仕事場が、この寛文七年（一六六七年）には、小塚原《こづかっぱら》に移動している。まえにも書いたが、両国の回向院《えこういん》の分院が刑場のそばに建てられ、千住回向院と呼ばれるようになるのが、この年だ。

鈴ヶ森の刑場もふくめて、小塚原の御仕置場も、もう幕末まで場所をかわらなかった。これらのことを思いあわせれば、江戸幕府の中期から後期にかけての刑罰関係のシステムは、プランとしては、この時点で完成した。それが実際にうまく機能しだすまでには、第3章で記すような大事件がおこるのだが。

そして、やがて穢多頭や非人頭の「役《やく》」も、明確になっていく。

賤民を街はずれに置くというセオリーから考えれば、江戸という都会の範囲も、だいたいが、為政者のアタマのうちで確定したということである。江戸の経済力、市政の統治能力、物資の流通、交通手段の技術的段階などが勘案されてのイメージであった。（江戸の北東のはずれが小塚原〔荒川区南千住〕、南が鈴ケ森〔品川区南大井〕というふうに。江戸後期、文政元年・一八一八年に、江戸御府内《ごふない》を確定する朱引《しゅびき》を地図に引いた。そのときにも、この北と南の御仕置場は、朱引の内側ぎりぎりに入っている。）

参勤交代《さんきんこうたい》は、人質の提出と江戸警護のためだが、全国からの富を吸収する装置にもなっている。江戸で使うカネが、藩財政の半分を占めたりする。半分が地元で、残りが江戸で使われる。大雑把《おおざつぱ》にいえば、日本の富の半分が集中することになる。

江戸は空前の好況だ。

地方から見れば、江戸に行けば食っていけると思える。（住居移転の自由はないけれど、知恵をしぼってやってくる。）

江戸の大きさを確定した幕府は、以降は、江戸へ流入してくる者を排除することで範囲を制御しようとする。

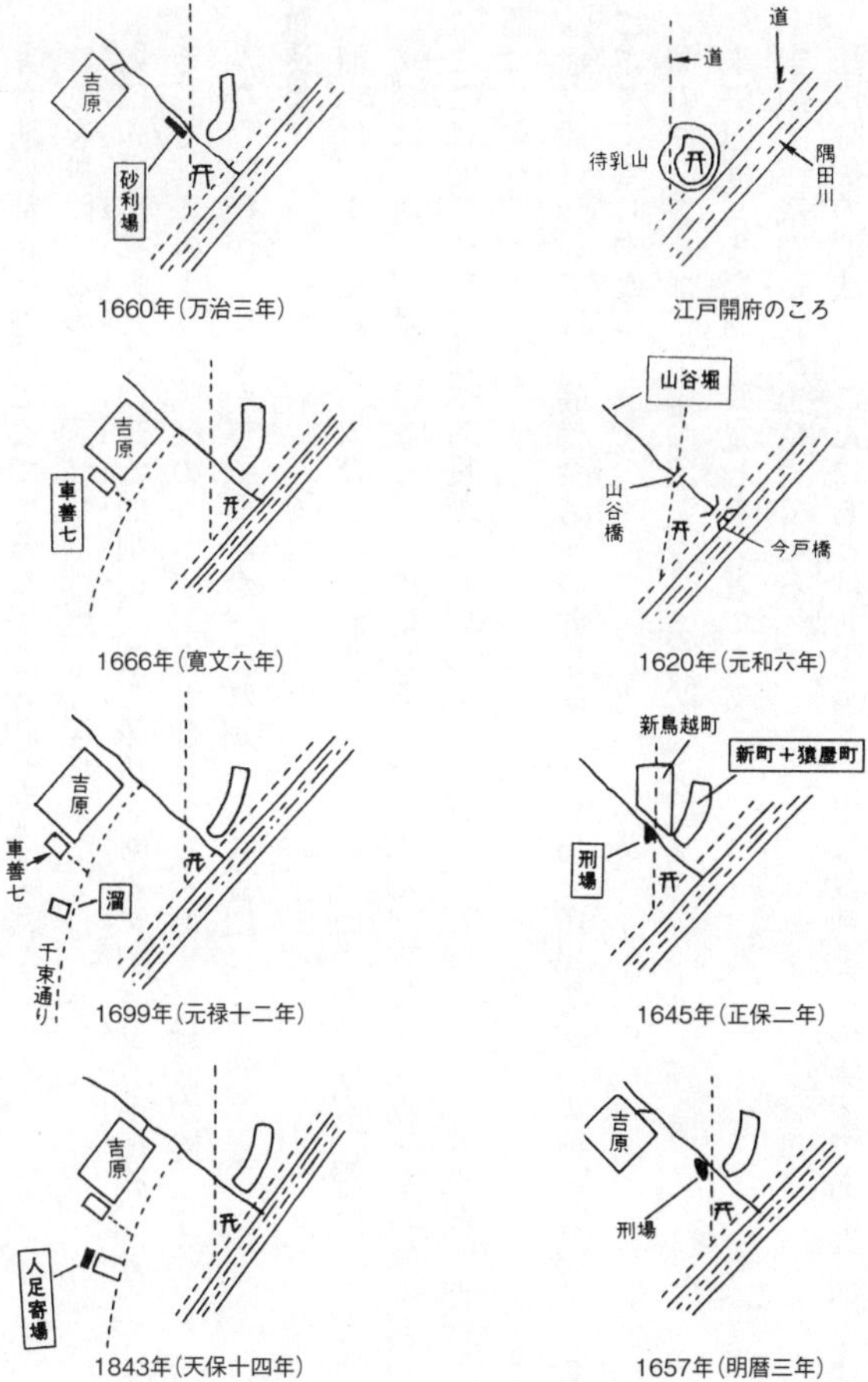

江戸時代の山谷堀周辺の変動図

非合法に都市へ逃げこんでくる貧民を、「野非人《のびにん》」という。

これを排除するのを、「野非人制道《のびにんせいどう》」という。

人口の自然拡大とその政治的制御、この矛盾をもろに引き受けるのが、非人である。

そして、このような軋轢《あつれき》のうちに、あとひとつ、吉原裏に施設が誕生する。

かなり時代がたってからであるが、それが、「浅草溜」である。

●浅草溜

「溜」は、タメと読む。人びとの「溜《た》まり」である。いまでいう、「施設」である。

タメは、浅草だけではなく、品川にもあった。また、京都・大坂・長崎にもあった。

ここは溜について述べる場ではないので、車善七が管理をした「浅草溜」だけを問題にしよう。

（溜全般については、高柳金芳・石井良助・南和男・中尾健次らの研究がある。参考にさせてもらった。）

溜のはじまりは、「未決囚《みけつしゅう》の病者」の収容であった。

未決囚は、まだ刑の確定しない者である。

牢内で、裁判と判決を待っている。

江戸時代の刑法は、こんにちとはちがって、牢は裁判を待つ場所である。刑が決まると、原則として、牢から出て行く。例外が、永牢《ながろう》だ。それ以外の犯罪者は、冥土《めいど》へか、遠く離れた土地へ送られる。それとも、自宅で蟄居《ちっきょ》するか。あるいは、非人にされる。（非人にされるのは、下女と心中して、死ねなかった主人など。）

判決を待つ牢にも、いろんな者がいる。みんながみんな、いかつい壮年の悪漢《あっかん》ばかりではない。

老人もいれば、女もいる。まだ十歳前後というのもいる。

壮年の者でも、つかまったときにケガをしていることだってある。オコリにかかっている者もいた。あるいは、牢のよどんだ空気、粗末な食事、便所の不衛生から、病気になる者もいた。

大きな部屋につめこまれているから、感染する者も多い。

もちろん、牢屋敷の役人が、非人を手足に使用して、世話をする。

わずらわしい仕事だから、おざなりだったかも知れないが、ほうっておいたわけではない。

貞享《じょうきょう》四年（一六八七年）三月だった。

町奉行は、そうした病者のうちの二名を、車善七にあずけた。

ふたりの名は、目玉権兵衛、はゞかり安兵衛とわかっているが、どうしてこの時点で、非人頭にあずけられたのかがわからない。この年の一月に、「生類憐《しょうるいあわれ》みの令《れい》」が出ていることから、将軍綱吉《つなよし》の意向がはたらいているのだろうか。いずれにしろ、

「ふたり」を皮切《かわき》りにして、溜に送られてくる囚人の数はふえた。ただし、牢にいる重病の者のすべてが、浅草と品川の両溜に送られたのかどうか。そうではなかっただろう。

溜送《ためおく》りが、どういう基準でおこなわれたのかは、はっきりとしない。以後に記すように、実にさまざまなケースがあるのだ。ただ、出発点のふたりの場合は、両人とも、「無宿《むしゅく》」だったのではないかということである。「目玉」という姓といい、トイレを意味する「はゞかり」といい、まじめではない。

「無宿」というのは、人別帳《にんべつちょう》からのぞかれた者である。江戸にひそかに逃げこんだ「いなか者」や、江戸市民でも借金で首がまわらなくなってすがたをくらました者などだ。

さきに述べた「野非人」と、ほとんど同じだ。

無宿（野非人）をつかまえるのは、非人の仕事だという意識が、町奉行にはある。だから、牢の病者のうちの「無宿二名」を、車善七に渡して、めんどうを見させた。右のように考えたい。目玉権兵衛と、はゞかり安兵衛は、「賤民」だから非人頭に渡されたとは考えない。

無宿には、エタや非人など「賤民の無宿」もいるけれど、しかし、ふたりは、「賤民」ではない。

もし、ふたりが賤民ならば、小伝馬町の牢屋敷には、入れられない。

賤民は、犯罪者になっても、弾左衛門の管轄下におかれる。新町には、エタ・猿飼・非人たちの罪人専用の牢が用意されていた。

賤民の管理統制、その裁判、その刑の執行は、賤民自身にやらせるというのが、徳川政治のセオリーなのだ。（ただ、弾左衛門は裁判の結果を、町奉行に報告する義務があった。）

●溜の場所

目玉とはゞかりの両人が浅草溜に送られた貞享四年（一六八七年）三月には、品川の非人頭にも、病者があずけられた。

以降、「溜預《ためあず》け」の人数は、ふえつづける。

やがて、子や女もふくまれる。

判決を待つ武士なども、ほんとうに病気なのか、仮病《けびょう》なのかわからないが、溜にやってくる。無宿かどうかは、いつしか問題でなくなっている。

未成年の犯罪者は、刑が確定してもすぐに執行されないで、十五歳まで、溜にあずけられた。たとえば、島流しの判決がおりても、十五歳になるのを溜で待つ。それから、船に乗せられた。

女の病者が溜にくるようになると、非人頭は、女だけの溜（女溜《おんなため》）を作らなければならなくなる。

ずっとのちになると、罪人ではない病人も入っている。

溜で死亡した場合は、検死することになっていた。

車善七が、「無罪の者の死は検死の必要がないのではないか」という問い合わせを、町奉行に出している。この文書から、罪人ではない病人、無宿の病者が、溜に入れられていたことがわかる。

だんだんと、溜は、「貧民のための病院」の役も、引き受けるようになる。

（隅田川河口の石川島に人足寄場《にんそくよせば》ができて、ここに無宿が集められだすのは、ずっとのち寛政二年・一七九〇年である。明治維新以降に誕生する「東京養育院《とうきょうよういくいん》」は、実際の看護人として、「元車善七手下《てか》」の助けを借りた。運営の技術的な原型は、たんに欧米の「貧民救済病院」のまねではなくて、溜や寄場にあった。）

さて、本題だが、溜に必要な諸費用は、町奉行からあたえられた。しかし、充分ではなかった。

溜は、車善七にとっては、負担のかかる仕事だった。それでも、幕府の「御用《ごよう》」を引き受けているという自負心は、カネに換えられないものだった。

とはいえ、人がふえれば、スペースが必要だ。はじめは、吉原裏の自領の庭に、十二坪（約四十平方メートル）の小屋を建て、そこに病者を入れていた。

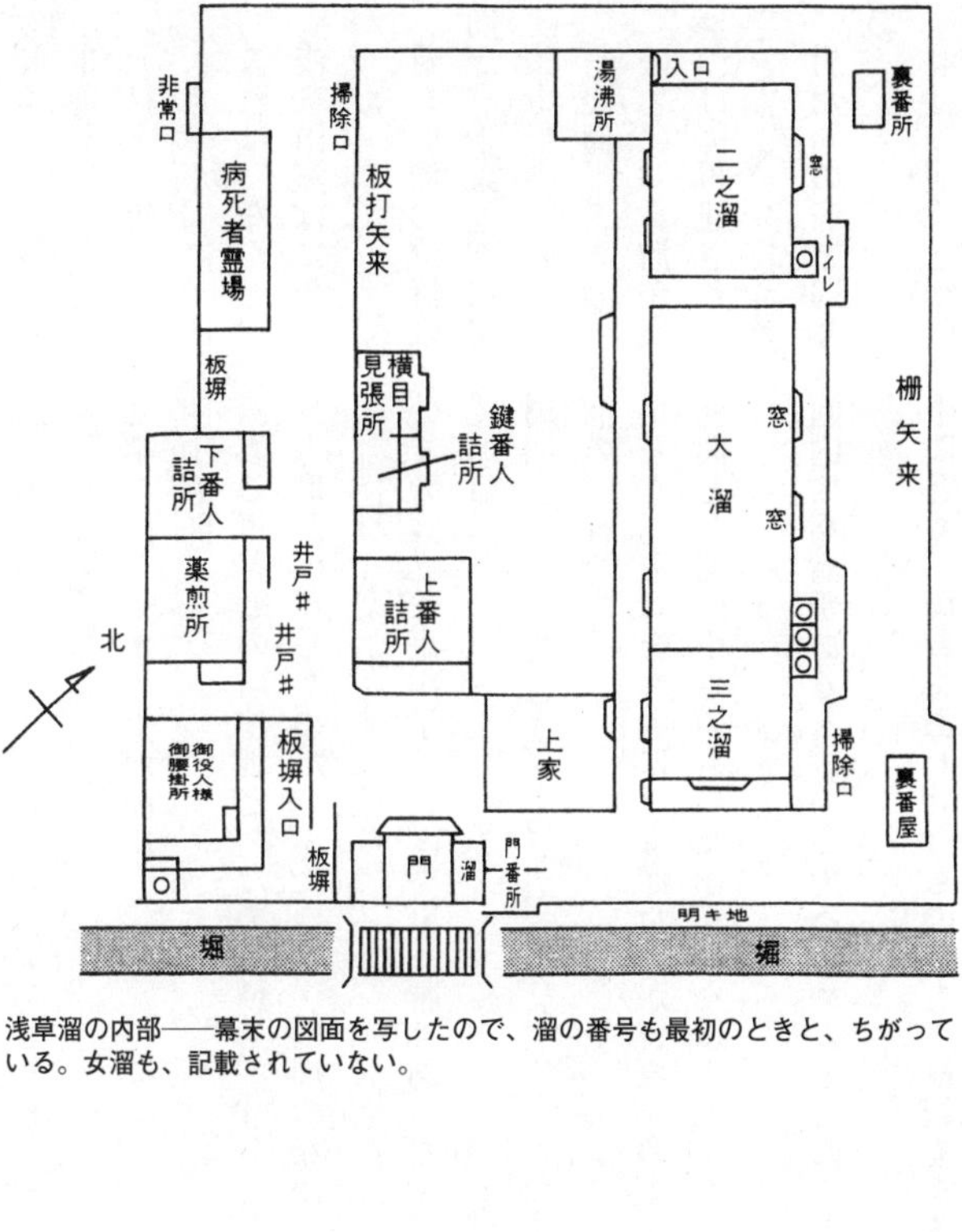

浅草溜の内部――幕末の図面を写したので、溜の番号も最初のときと、ちがっている。女溜も、記載されていない。

でも、六畳間が四つほどの広さでは、すぐにいっぱいになった。

車善七は、「増地《ぞうち》」を町奉行に願い出ている。

元禄十二年（一六九九年）に、オーケーが出た。

大きさが、二十間に四十五間。

これは、なんと、吉原裏の車善七の居住地と、たても横も、寸分とちがわない。

浅草田んぼに合同の長方形が出現したのだ。ふたつは、田畑のなかの細い道でつながった。（二一三ページの地図でAとBをむすぶ道。）

新しい溜の位置は、いまの区立千束《せんぞく》小学校をふくむ一帯であった。溜の東側の二十間が、千束通りに接している。

長方形のこの区画の周囲に、「下水《げすい》」をめぐらせ、そのなかに、長屋《ながや》を建てた。

一之溜、二之溜、女溜《おんなため》の三棟である。

のちに、女溜が壊れたとき、それを機会に、女溜だけが吉原裏の車善七居住地にくっつけて再建された。九間と七間の小さいものだが、新たに土地をもらったわけだ。

（三五五ページ参照。）

男たちの溜と同じ区画内に女溜があると、いろいろとめんどうなことがあったようだ。

溜は、病院と牢屋の中間とも、両者をあわせたものとも、解釈できる。

牢屋よりはいいのだ。牢役人に鼻薬《はなぐすり》を効かせて、小伝馬町の牢から、浅草・品川の両溜に移った囚人の記録もある。

しかし、牢よりはいいというだけだ。あまりのくささに、看護の非人は、「にが」という丸薬《がんやく》を口にふくんで仕事をした。不衛生で、食事も充分ではなかっただろう。

ここで死ぬ者も多かった。死ぬと無縁仏として砂利場に埋葬されるか、小塚原の火葬《かそう》寺《でら》へ運んで焼いた。

3　牢屋人足と日勧進

●牢屋人足
「御公儀御用《ごこうぎごよう》」は、車善七の非人頭としての存在を、社会的に保証するものだった。だから、全力をつくして奉仕するのだが、その負担もまた大きい。

溜の運営だけではない。

「牢屋人足《ろうやにんそく》」の御用は、もっとたいへんだった。

小伝馬町の牢屋敷に、配下の者を、「人足」としてさしだす。

この人数がハンパではないのだ。

一カ月に、延べで、千人ともいうから、一日三十人以上だ。

牢屋奉行は、弾左衛門に、必要とする人足の数をいう。

仕事によって、×月×日に、エタが何名、非人が何名ときまってくる。この要請に、弾左衛門と車善七で、まちがいなくこたえなければならない。

それでは、どんな仕事があったのか。

「牢屋人足」の仕事として、中尾健次は、つぎのようにまとめている。借用しよう。

1・裁きに際し、各掛《か》かりへ引き出される囚人に付き添う人足。
2・牢屋敷を掃除する人足。
3・塩詰《しおづ》めにした牢死囚人の番人。
4・不浄物《ふじょうぶつ》を捨てる人足。

まとめて簡単にいえば、牢屋敷に勤めている役人が、自分ではやりたくない仕事を、非人に押しつけている、ということだ。押しつけているとわたしがいうのは、本来は、それは武士身分の仕事だからだ。紛争を解決し、裁判し、責任者を処罰するのは、支配階級の重要な仕事だ。しかし、その仕事のうちの「不浄（ケガレ）」部分を、武士階級は自分たちでやることを恐れて（いやがって）、賤民（河原者）に押しつけた。

非人だって、塩詰めにした死体とひと晩すごすのはイヤに決まっている。イヤなことだが、車善七にいわれて、しかたなくしたがう。

いちばんイヤなのは、処刑に立ち会い、その死体を片づける（捨てる）仕事だった。

江戸幕府は、軍事政権だから、成立時は、荒っぽく、生臭い。処刑の残酷さも、戦国時代の荒っぽさを引きついでいる。簀巻《すまき》にして水中に投げこむなどは序の口で、罪人の足を左右の牛に引っ張らせて引き裂いたり、釜《かま》で煮殺《にごろ》したり、目玉をえぐり取ったりだ。

世の中が落ちつくと、生理的な不快感の強い処罰は、しだいにへったものの、「見せしめのため」に極刑《きょっけい》にするという考えは、ずっとつづいた。市民をこわがらせて、その種の事件がくりかえされないように予防する。

そのために、磔《はりつけ》や火あぶりは公開になった。死罪は非公開で牢屋敷のすみの土壇場《どたんば》でおこなわれたが、罪の重いものは、処刑後、小塚原や鈴ヶ森でさらし首にされた。

維新前後のハリツケの写真（『写された幕末』明石書店より）

●処刑手伝

ハリツケになるのは、重い刑を犯した者である。主人殺しなど、支配者にとって、もっとも忌《い》むべき罪に対して、あたえられた。

罪人をはりつける木は、片仮名の「キ」のかたちをしている。上辺の横木に、左右に伸ばした腕をむすぶ。下辺に足を開かせてむすぶ。
(女性は脚を閉じたまましばるので、下の横木が円形の台になる。次ページ下の絵のなかの右側がそうである。)

罪人をしばりつける作業は、「キ」型の木＝罪木《つみぎ》を、地面に横たえておこなう。これは、非人の仕事である。

手足を縛《しば》りおわると罪木を立てる。根元を土中に一メートルばかり埋めて固める。弾左衛門の手代《てだい》が、非人の監督をしている。用意ができると、検使の役人(武士)に報告する。

検使が「よし」と、手代(エタ)にいう。手代が、非人に「よし」と伝える。

非人ふたりが、罪人がしばりつけられた木の下に立つ。左右から槍《やり》をのばして、処刑者の顔ちかくで、穂先《ほさき》を、チャリと合わせる。

これを、「見せ槍」といった。

見せ槍がおわると、ただちに、脇腹《わきばら》から肩にかけて突く。ヤリの穂《ほ》の血を藁《わら》でぬぐい、また突く。これを、えんえんとくりかえす。血がほとばしるだけではない、胃腸から未消化の食べ物がふきだすという。(処刑をわざと長びかすのは、みせしめの効果をいっそうあげるためだろうか。それとも、わざわざ見物にきた人たちの好奇心に

死罪の処刑寸前。
囚人をおさえている
「手伝人足」が非人。

ハリツケになった罪人は三日間さらされたのち、非人たちによって
とりかたづけられた。

こたえるためだろうか。）

検使の役人の合図があったのち、やっと右の喉元《のどもと》に「止《とど》めの槍」となる。

死体の片づけも非人である。

つらい仕事である。

火罪《かざい》の場合は、罪人（主として放火犯）を柱にしばり、茅《かや》と薪《まき》で全身をおおう。それに火をつけるのも、非人の仕事である。エタは、磔のときと同じように、手代が検使と非人のあいだに立って、指示を伝える。残りのエタは、刑場の警護にあたり、見物人のさわぎを制したりしている。

死罪《しざい》は、首を斬ることだ。

これは、まえに記したように、小伝馬町の牢屋敷のすみで、非公開で実施された。罪人を牢からつれだし、処刑場のむしろに這《は》いつくばらせるのが、三人の非人だ。観念しきれない死刑囚があばれるのを、懸命に押さえつける。

首打役《くびうちやく》の同心が、首を切り落とす。

血だまりに落ちた首をひろって、髪をつかんで、検使の役人に見せなければならない。

胴から血をしぼりだすのも、非人の仕事だ。

様斬《ためしぎり》（試し切り）のときは、首のない胴を、かたわらの土壇場《どたんば》に乗せなければならない。

死体を俵《たわら》に入れて、小塚原まで運ぶのも、エタがひとり付いてくるものの、非人にまかされた役だ。

さらし首は、二夜三日間、だいたい御仕置場でおこなわれる。首を乗せる獄門台《ごくもんだい》のそばの小屋で、「上番六人、下番六人」の計十二人が、昼夜、首の番をする。

「上番」は、新町のエタのこと。「下番」が、車善七の配下。

死刑執行にかかわるこうした仕事は、エタ・非人の両身分にとってきびしいものだが、その仕事に、さらに上下の差をもうけられたことが、非人をいっそう苦しめた。

なぜエタが「上番」で、非人が「下番」なのか。その根拠がはっきりとしてないから、なおさらなのである。

●日勧進

「御公儀御用《ごこうぎごよう》」と呼ばれる、幕府から下される仕事は、隅田川や堀の清掃など、ほかにもあった。まえにすこしふれた「野非人制道」などもそのひとつである。いずれも、それで大きく儲《もう》かるということはない。

溜ですら、はじめは、入居者の食費しか支給されなかった。のちに、小屋の建設費・修繕費《しゅうぜんひ》などは出るようになったが、江戸時代を通して、看護にあたる非人への手当は、ついに支払われないままだった。

それでも、車善七が溜の仕事をすすんで引き受けるのは、「御用」のおかげで、非人頭の地位が公的になり、ほかの収入が、保証されるからである。

非人の収入の第一は、「乞食」という、非人本来の仕事である。

家々をまわって、恵《めぐ》みを乞《こ》う。道ばたにすわって、あわれみを求める。

その米銭《べいせん》が収入になる。

しかし、いつしか、そのような物もらいの方法は、野非人（無宿）が、もっぱらにやるようになる。

皮肉にも車善七は、その野非人を捕らえる側にまわるのだが、「物を乞う」という非人の原則は残った。

車善七ら、抱非人《かかえひにん》は、物もらいのもっとスムーズな方法を見つけていた。

「日勧進《ひかんじん》」といった。

「勧進」というのは、仏教の言葉である。乞食は、仏教のイデオロギーから誕生するのである。

「勧進」という語の意味の変化もまた、そのことを示している。

「勧進」の第一義は、ホトケの教えを説いてまわることだ。僧が、人びとを救おうとして、仏教への帰依《きえ》をすすめる。オルグ活動のことであった。

やがて僧は、ホトケのために寺を造りたいという。塔も建てたい、仏像も買いたい。

『訓蒙図彙（くんもうずい）』に出ているコジキ。

それで寄付を募《つの》る。かくして、浄財《じょうざい》を集めること、差し出すことが、「勧進」になる。これが第二の意味だ。

「勧進」は、なかなか便利のいい言葉なのだ。そこで、在家《ざいけ》の僧が、寺の造営や修繕などに関係なく物を乞うことまで、「勧進」というようになる。自分の糊口《ここう》のためだけでも、平気になる。ホトケに仕える身だから、生産や商売にたずさわってはならない。だから、托鉢《たくはつ》してまわる。一応は、ホトケの教えに立脚していた。

この「乞食坊主《こじきぼうず》」から、コジキがものをねだるのが「勧進」になるのは、あと一歩だ。信仰の対象が、ホトケからカネに転換するにしても。

だから、「日勧進」の「勧進」は、

「一文くだされ」というコジキの行為をさしている。

「日勧進」の「日」も、転倒した使い方で、むかしは、毎日毎日、勧進して歩いた。そのころに使用していた「日」が残っている。つまり、車善七らは、やがて、毎月とか、節季《せっき》ごととかに、まとめて勧進してもらう方法に移行した。もはや、日勧進ではない。月勧進、節季勧進と呼んだほうが実態にちかい。

ただ、この言葉を使用することで、この金子《きんす》は、「日勧進」にあたるものだということを、受けとる側と払う側で確認しあっているともいえる。

三十文を払うが、これは、三十日分の勧進だ、という確認である。

毎日一文ではなく、月に一括して支払うには、町民の生活の向上が必要だった。江戸の市民が豊かになって、はじめてできる。

町民のほうから見れば、裕福になればなるほど、コジキに、門前をブラブラされたくない。商家だって、たむろされたのでは、商売にさしさわる。そこで、まとめて支払うほうがよくなった。

非人のほうから考えても、これは楽だ。毎日もらいに出かけなくてすむ。

保険の掛け金を、銀行から引き落とすことができるようになった保険会社と同じだ。

非人にも文句はない。

市民も文句がないが、文句が出るとしたら、カネを払っているのに、他のグループの乞食が、葬式や結婚式など、冠婚葬祭の場に、ものほしげに集まってくることだ。

こういう他のグループを排除してくれと、市民は非人頭に強く要求する。

車善七と他の非人頭とのあいだで、「縄張り」、つまり「勧進場」について協議される。その談判で、ものをいうのが、御公儀の仕事を、どれほどしているかだ。

●江戸の非人頭

江戸には、非人頭は、四人いた。江戸時代の後半には、「四家」は、確定している。

車善七以外は、その支配の土地の名をアタマにつけて呼んでいる。

1・車善七
2・品川松右衛門《まつえもん》
3・深川善三郎《ぜんざぶろう》
4・代々木久兵衛《きゅうべえ》

これらのオカシラのもとに、五、六千人の非人が組織されていた。

組織された乞食のことを、「抱非人《かかえひにん》」という。親方のもとに抱《かか》えられているのだ。

ふつうに「非人」というときは、この一統を指す。

かれらは、人別帳（非人人別帳《ひにんにんべっちょう》）にも記載されている合法のコジキだ。

非合法の無宿である「野非人」とは、厳密に区別された。

車善七と松右衛門とは、それぞれの溜《ため》があった。すでに述べたように、浅草と品川の両溜だ。

御仕置場も、小塚原と鈴ヶ森にあり、車善七と松右衛門とで、そこでの仕事をわけあった。

ただ、牢屋人足は、車善七が独占していた。

車善七と松右衛門は、中央区の新橋（古くは日本橋）をはさんで、江戸の北と南を、縄張りにした。これは町奉行も認める境界で、行き倒れ人が、新橋のどちら岸で倒れているかで、どちらの非人が出かけて行くかがきまった。

日勧進の勧進場も、同じだ。

それぞれの縄張りで、どれほどの収入をあげているかを見れば、四家の非人頭の勢力がおよそわかる。

中尾健次は、『江戸社会と弾左衛門』で、文政五年（一八二二年）の「日勧進」による出来高を表にしている。それによると、年間およそ、

車千代松　　四百十六両
松右衛門　　七十六両

善三郎　五十六両
久兵衛　三両

となっている。

車善七の収入が圧倒的に大きい。全体の四分の三を占めている。それにくらべて、郊外を受け持つ代々木久兵衛は、たった三両、超零細《れいさい》だ。車善七は江戸のもっとも繁華なところを「勧進場」にしているのだから、ダントツなのも当然といえよう。また、それだけたくさんの手下をかかえ、日勧進の払いを受け取るために、各町内を走らせている。

右記の書には、二十年後になるが、天保十四年（一八四三年）の手下の人数が表になっている。これも、引用させてもらおう。

車千代松の手下　三九四六人
松右衛門　九八四人
善三郎　四四一人
久兵衛　二七二人

総計が、五六四三人だから、車善七は、江戸の抱非人のうち、じつにその七割を配下に置いているわけだ。

（なお、寛政十二年・一八〇〇年と明治元年・一八六八年の非人の戸数は、拙著『資料浅草弾左衛門』にある。非人頭四家のほかに、「木下川《きねがわ》非人頭久兵衛」という名が出てくることもある。東京都墨田区の皮革生産加工地に、非人の頭領がいてもおかしくはない。しかし、代々木久兵衛と同名なのが不自然である。）

4　非人寄場と浅草紙

●紙くず拾い

江戸の抱非人たちは、いまひとつの大きな営業を持っていた。紙くず拾《ひろ》いである。

非人頭の車善七らの下には、小屋頭《こやがしら》が組織されている。

この小屋頭が、輪番で、紙くず拾いに当たる。

小屋頭の下にいる五人から十人ほどの「ヒラの非人」たちが動員される。

動員された非人は、竹の七、八十センチほどの箸《はし》と籠《かご》を渡される。

籠は左の脇の下にかける。右手の箸で、道に落ちている紙くずを拾い、籠に入れる。

それだけの簡単な仕事だ。

盛り場を中心にさまよい歩く。

日のあるうちだけ許され、日が落ちると禁じられた。

また、江戸城周辺、寛永寺、増上寺の三カ所は、立ち入りを禁止されていた。

吉原はいちばんカネになったというから、紙くず拾いが入っても文句は出なかったようだ。（吉原内の道路の清掃をかねていたのかもしれない。）

この紙くず拾いは、日勧進ほどではないにしても、働いたぶんだけの所得が保証される。

収入があるから、身なりはそれほどきたなくなかったようだ。

ヒラの非人が拾い集めた紙は、月番《つきばん》の小頭《こがしら》（小屋頭）のところで、重さをはかられた。それを記帳しておいて、月末に換金される。一、二両にもなることがあったと、維新後の「朝野新聞《ちょうやしんぶん》」の記事にある。

小屋頭を経由した紙くずは、車善七の居住地の庭に集められ、山とつまれた。（吉原が炎上するたびに、類焼はまぬがれなかった。）

古紙は「平人」の紙屑問屋《かみくずどんや》が買いにきた。

紙洗橋。山谷堀は埋められて「山谷堀公園」になっても、橋の名だけは残っている。うすく「紙洗橋」の文字がある。

これらの古紙を、もういちど漉《す》きなおして、「落とし紙」を作る。Ａ５判ほどの大きさのちり紙、つまりトイレットペーパーになる。

浅草製の「落とし紙」は、「浅草紙」と呼ばれて有名だった。

山谷堀にかかる橋に、「紙洗橋《かみあらいばし》」というのがある。その橋の下で、「大福帳」などの古紙の墨を洗った。余談だが、永井荷風の『濹東綺譚』の冒頭にこのあたりの描写があり、橋の名は「髪洗橋」になっている。そのように記憶していたのだろう。

紙洗いの作業には、非人もくわわっていた。

非人が、古紙から再生紙（落とし紙）を作り、それを販売する仕事までを一貫しておこなわなかったのは、商行為になるからだ。

非人には、生産と商いは原則として禁じられている。仏教のイデオロギーを引きずっているのだ。

非人から物を買う市民は盗人《ぬすっと》と見なすという、おふれが出ていたりする。ついでにいっておくと、抱非人が芸を売らなかったのも、こういう禁令と関係してくるのかもしれない。

非人はキヨメ（清掃）と関連してくる紙くず拾いを受け持ち、一方、芸を売るのが乞胸《ごうむね》だという厳密な区別がある。

乞胸の経営は、浅草寺の奥山《おくやま》や両国広小路でおこなわれた。歌ったり、踊ったり、

石川豊信画

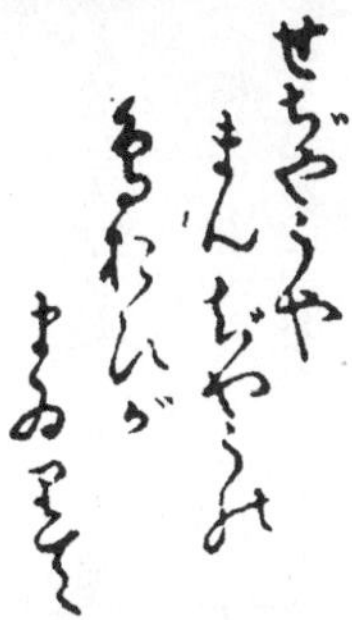

『今様職人歌合』に描かれた鳥追いの艶な姿。

奇術や忍術を見せ、語りに寸劇となんでもやる。それに、珍獣の見世物などは、あたれば大もうけができた。

非人頭の車善七は、乞胸の監督者という立場で、いくらかの上納金を受けとるだけだ。

ただ、よく知られているように、鳥追《とりお》いだけは、祝《しゅう》儀《ぎ》（祝いの儀式）だからか、非人でも大目に見られていた。

トリオイは稲にむらがる鳥を追いはらうことだ。その名のとおり、農家のための祝いの儀式だった。スズメを追いはらい、豊穣《ほうじょう》を願う。

しかし、江戸では、非人の女（女房・娘）が、正月に町家を訪れて、鳥追い歌をうたう。

紅鹿子《べにかのこ》の絞《しぼ》りの紐のついた編笠《あみがさ》をかぶり、手には三味線《しゃみせん》。

数多く描かれた鳥追いの絵を見ると、なかなかに艶冶《えんや》だ。つまり、なまめいて美しい。

彼女たちは、ときに、いや、しばしばか、売春をかねた。

しかし、非人の本質を思えば、鳥追いの女たちが、お鉢《はち》に米銭を勧進してもらい、そのお礼に言祝《ことほ》ぎの歌を一曲というのも、ごく自然だ。それが、商行為にいつしかなったにしても。

鳥追いを例にして考えれば、非人と乞胸の差は、あるかないかだ。

現実には、エタと非人は重ね合わされて理解され、「牢屋人足」の仕事などを共につとめているが、非人と乞胸の差にくらべて、非人とエタの差のほうがはるかに大きい。

猿飼は、猿をまわすというその芸においては、これは乞胸と同じでいいのだが、武士とのつながりが強すぎたために、つまり、武士に必要とされたために、弾左衛門に似てきた。武士に便宜がいいようにと、弾左衛門といっしょに住まわされた。それを納得させるために、ウマとサルの古くからの宗教的な関係が、ことさら強調されたのかもしれない。

●人足寄場

以上、車善七が引き受けた役と営業の代表的なものを、いくつか見てきた。あとひとつ、これもまた、「御役《おやく》」なのだが、「非人寄場《ひにんよせば》」というのがあった。

幕末にちかく、ごくみじかい期間だった。

場所は、浅草溜の西側になる。溜の外堀（下水《げすい》）をはさんで、くっつけて建てられた。

幅は、溜と同じの二十間。それに、もう一方は、十間。

溜の長さが、十間伸びたと想像してもらうと、わかりやすい。

二十間×十間で、二百坪の区画だ。

下水をめぐらせたこの敷地に、大きな「無宿小屋」と六間の「手業場」が作られた（一九一ページの図参照）。

天保十四年（一八四三年）に完成し、最初は野非人（無宿）が収容された。

この年代からあきらかなように、天保時代の初頭の「天保《てんぽう》の飢饉《ききん》」が遠因だ。数次にわたる凶荒《きょうこう》で大量の困窮者《こんきゅうしゃ》が出現したことが、はじまりだ。

田畑を捨てたり、質で流した農民が、江戸に逃げてきた。

石川島の「人足寄場《にんそくよせば》」も、すでにいっぱいだった。

辻や広小路に集まってくる浮浪者をどうするか。

「天保の改革」の重要なテーマのひとつになった。

幕府が人道的だったのではない。治安が不安定になるのをうれえたのである。

これまでは、「野非人制道」でつかまえた無宿は、「いなか」に追いかえすか、抱非人にして非人頭が監督をした。

飢饉がくるたびに、皮肉にも、車善七は幕府から頼りにされ、その力を強めてきた。

「天明の飢饉」のときも、同じだった。飢饉で米価が高騰するとともに、野非人が町にあふれる。

食えなくなったかれらは、米屋を襲った。

天明七年（一七八七年）の江戸での打ちこわしの参加者は五千人、その中心にいたのは、江戸周辺から逃げこんできた農民だった。

このとき幕府は、隅田川河口の石川島に、人足寄場を作った。

寛政二年（一七九〇年）である。

松平定信《まつだいらさだのぶ》の「寛政の改革」の一環である。

「人足寄場」には、まずは、無宿を入れた。これまでは、非人頭にあずけられていたものである。それから「刑余《けいよ》の者」も入れた。刑を勤め上げた者、つまり「前科者」

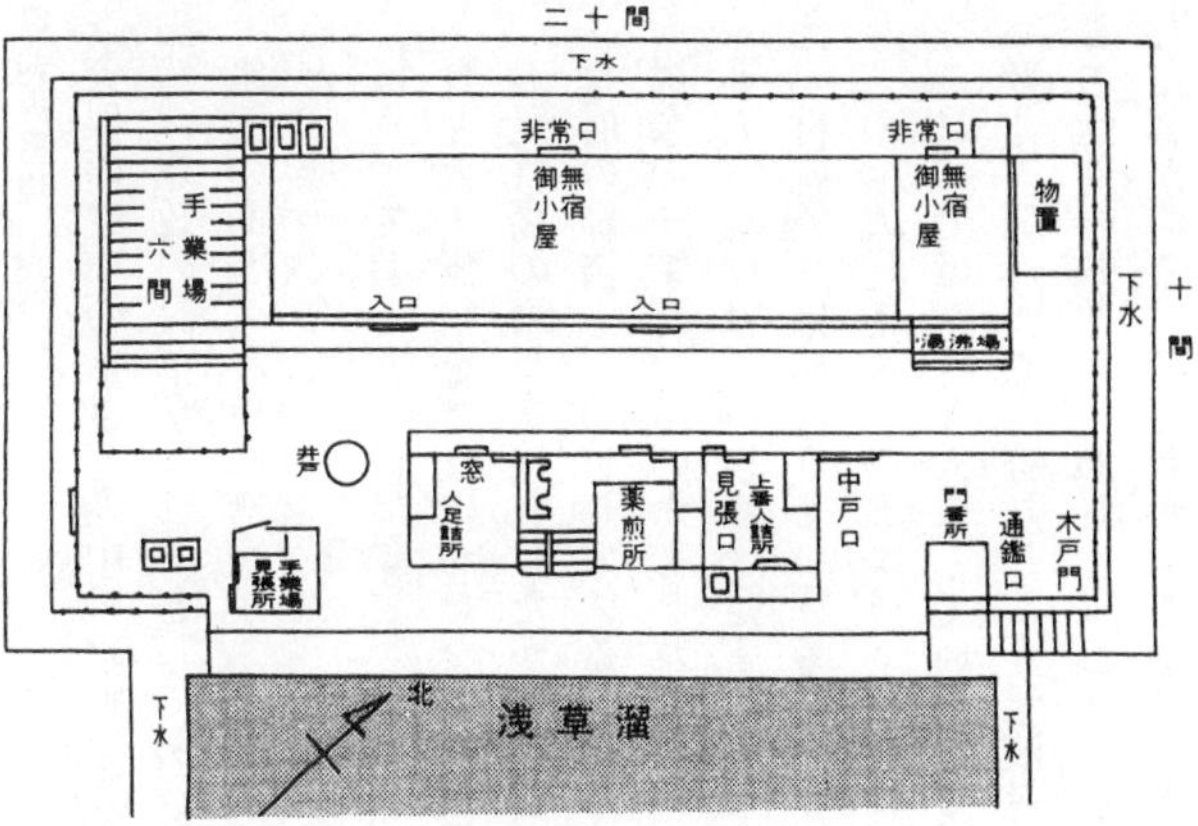

非人寄場内の建物の配置──浅草溜（217ページ）の北西にくっつけておかれた。

のことである。

また、人足寄場には、病人や女性の長屋も作られている。溜と同じである。どういう基準で、人足寄場に行くのか、あるいは、溜にするのか。判断の基準があるのか、ないのか。（人足寄場の者が、「溜」に送られるのをいやがっている記録がある。）

人足寄場が、溜とちがっていたのは、授産《じゅさん》に力を入れたことである。油しぼりなどの仕事をやらせたし、大工《だいく》仕事などを教えもした。

人足寄場は、暴動を起こしそうな者を、「予《よ》防拘禁《ぼうこうきん》」したという面もあるが、「社《しゃ》会更生《かいこうせい》」をはかるという一面もあった。いずれにしろ、都市がいやおうなく直面する問題へのひとつの対応策であった。

●非人寄場

天保の改革のとき、老中・水野忠邦《みずのただくに》や、北町奉行・遠山景元《とおやまかげもと》のアタマのなかには、当然、寛政の改革がモデルとしてあった。

飢饉のあと、江戸に無宿がふえつづけ、治安が不安定になっているのは、寛政のころと、そっくりだった。

ほうっておくと、「打ちこわし」が、また起こるだろう。

野非人・無宿をどうにかしなければならない。

人足寄場の増築を検討したが、経費がかかりすぎる。

幕府の経済も、逼迫《ひっぱく》している。

窮余の一策だったのかもしれないが、簡便な「非人寄場」を作ることになった。

非人寄場には、石川島人足寄場にならい、作業場がもうけられた。ここで仕事を教え、再就職をはかろうという考えだった。授産更生の場にしたい。

この「人足寄場」のミニチュア版に、野非人が収容された。

これまでは、抱非人にしていた者である。

「野非人制道」で「狩りこんだ浮浪者」を、非人寄場に入れるか、抱非人にするか。

この選別の基準もくわしくはわからない。ただし、一度、抱非人にしたのに、逃げだした者がいる。その者がふたたびつかまったときは、すかさず、非人寄場に入るときまった。

とすると、「更生施設」の作業場があるものの、ここに入れられるのは、罰則的、、、でもある。

抱非人の生活とはちがう。

抱非人になり、紙くずを拾っているうちは、まだよい。

非人頭に命じられて、死体を塩漬けにしたり、ハリツケの死体を雨の中で取りかたづける役がつらい。

だから、逃げだす。

逃亡して、ふたたび無宿になる。ゴミを漁《あさ》って生きていくことになる。いつ「行き倒れ」になるかわからないが、死体の片づけをしなくてすむ。

ある日、むかしの仲間につかまる。そして、腕に入れ墨《ずみ》をされて、こんどは「非人寄場」に入れられる。

非人寄場には、多いときは、年平均百五十名ほどの入所者がいた。

しかし、非人寄場は、しだいに使われなくなり、嘉永《かえい》六年（一八五三年）に閉鎖された。

ちょうど十年のいのちだった。

江戸に流入する無宿の数がへったということもあるが、本当のところは、非人寄場が経済的に立ちいかなくなったからだ。

幕府のほうでは、入所者に仕事をさせて、経費をおぎなうという計画だった。公儀のカネは使わないというのだから、はじめから、虫がいい。

しかし、収容者がやれる仕事は、ほとんどない。ゾウリかワラジづくりならできるだろうと、やらせてみる。しかし、ゾウリやワラジすらも、できない者が多かった。なにもできないから、放浪していたのだ。

「非人寄場」については、高柳金芳の『江戸時代被差別身分層の生活史』（明石書店）にくわしい。

そこには、経済的になり立ちにくくなった非人寄場をすくう方途として、「紙漉手業《かみすきてわざ》」の計画があったことが紹介されている。

「紙漉手業」とは、この場合は、トイレットペーパーを再生することである。「落とし紙」の製造過程が書いてある。

本筋とは関係ないが、おもしろいので、みじかくつけたしておく。

●紙漉き

データだけを、抜き書きにする。

紙くず（古紙）が、どういう単位で、いかほどの値段で売買されていたのかも、わかる。

また、できあがった落とし紙の値段なども、はっきりとする。（なお、一貫は千文、四貫で一両である。）

1、非人小屋頭から紙くずを、一日につき、五十貫目買う。代金、十五貫文。

2、この五十貫目からできる落とし紙。

一束九十六枚のものが、二百三十束できる。

定価は、十束が一貫文。総計で、二十三貫文。

売り歩く人を雇い、十束につき二十文を払う。

純益は、一日、七貫五百二十文。

3、紙くず五十貫目から落とし紙を作るのに必要な人数。

漉《す》き方《かた》二十五人

（内訳）漉き方、十人。

手伝い（紙くずの選別、叩き係り、干し係り）、十五人。

4、これらの作業を非人寄場の入居者に教えるために、「紙漉職人《かみすきしよくにん》」を雇《やと》う必要があり、また道具類もそろえる必要がある。

右のようなプランを、町奉行のほうでは立案した。車善七にも相談しただろう。順を追って見ていくと、まず、車善七の裏庭から古紙を買ってくる。そこには、雑多な紙がまじりあってたばねてある。まず、紙質でもってよりわける必要があった。紙の選別など、簡単だと思われがちだが、これがむつかしい。どの紙が「落とし紙」にむいていて、どの紙はまじりこむとこまるか。だれにでもすぐできるというものではなかったのだ。熟練がいる。専門職人をやとう必要があった。

紙が選別されると、それを水に溶かして、漉《す》く。このとき、山谷堀の水を使った。漉くための道具が、ここで必要になる。

つぎに、漉いた紙をたたく。

板に張りつける。

それを天日《てんぴ》に干す。

たたくための棒もいるし、張りつける板もそろえなければならない。

奉行のほうでは、はじめは、かんたんに考えていた。「落とし紙」の再生ぐらいは、そんなに、むつかしくはないだろう、と。

しかし、製造過程を具体的に知ったあと、計画は放棄された。「紙漉手業」でもって経費に充当するプランは、机上の空論だったわけである。

第三章　車善七 vs. 弾左衛門

1　神話的前史

●エタ支配への反発

元禄時代から享保《きょうほう》にかけて、弾左衛門の力が、おおいにゆらいでいる。

西暦でいえば、一七〇〇年をはさむ、前後四十年ほどの時間だ。

力が弱まったというのではない。

ゆらいだのだ。

古いシステムが新しいシステムにむけて脱皮する過程での不安定さだった。

それが、江戸という市街地のアナーキーな膨張と、政治的な制御を背景にしていることは、本部第二章で記した。

また、刑罰制度《けいばつせいど》の変化とも、連動していることも述べた。

徳川家康が制度化した「賤民による賤民統治」というスタイルも、すこしずつ変化する。

まずは、弾左衛門の干渉を受けていた賤民たちが、そのキズナをふっきって、町人化をめざす。

座頭《ざとう》が、そして、歌舞伎役者が、弾左衛門のクビキからのがれる。

支配下とされていた「職能集団」が、つぎつぎと逃げて行く。それで、弾左衛門の力がゆらいで見えた。

もちろん、弾左衛門個人は、かれらをずっと配下にしておきたい。

一方、座頭たちは、逃げだしたい。芝居関係者も、もちろんだ。

対峙《たいじ》する当事者の欲望は、単純にして熾烈《しれつ》だ。

はげしく対立する。

しかし、かれらを統治する町奉行は、冷静だ。高みから、人びとの動きを見ることができる。

弾左衛門があまりにおおくの配下をかかえていると、その管理のために力が分散される。

町奉行の手伝いがおろそかになるのではないか。

それでは、こまる。

弾左衛門の仕事の合理化がはかられる。

座頭や歌舞伎役者が、弾左衛門との関係をはずされた。これまでは、弾左衛門の力を削《そ》ぐのを目的にしたといわれた。

支配下の賤民集団をへらす。そういった措置《そち》は、これまでは、弾左衛門の力を削《そ》ぐのを目的にしたといわれた。わたしも、そのように理解していた。しかし、実際は、座頭や歌舞伎役者が離脱したあと、弾左衛門の政治的な力は、弱まっていない。むしろ、ましている。その支配地も関東地方全域へと広がる。さらに関八州をこえてのびている。

非人に対しても、強権的になる。

そうしたことを総合的に判断すると、弾左衛門の配下におかれていた種々の「職能集団」の離脱は、一種の合理化だったと判断するのがいいのではないか。

しかし、結論をいそがないで、もうすこし、具体的に見よう。

●金剛太夫の違反

座頭が、弾左衛門から離脱をこころみる前後に、ひとつの事件がある。

弾左衛門と役者の関係をよく示す事件だ。

わたしは、「金剛太夫《こんごうたゆう》事件」と呼んでいる。

ときは、寛文七年（一六六七年）、金剛流《こんごうりゅう》の金剛太夫が江戸で大がかりな勧進能《かんじんのう》を、おこなおうとしていた。

金剛流というのは、能のシテ方《かた》の流派のことだ。

シテ役は、ワキ役と並べて使う言葉で、つまり、主役である。（シテ方の能楽師には、金剛流のほか、観世《かんぜ》、金春《こんぱる》、宝生《ほうしょう》、喜多《きた》の各流派がある。）

これまでの慣習では、江戸での勧進能をおこなうときは、弾左衛門が桟敷《さじき》を作った。弾左衛門にとっては、桟敷製作の発注を受けることで、もうけが保障された。金剛太夫は、弾左衛門にことわりをいれないで、興行を強行しようとした。

二月二十八日、初日の朝、というくわしい報告もある。雨がふりつづいて初日が延びたという記述もあるから、能は露天《ろてん》で興行されている。

諸大名、町人が集まり、能がはじまる。はじまったばかりのとき、弾左衛門の手代《てだい》が、手下《てか》五十人を引きつれて、突如、舞台に乗りこんできた。

手代は、裃《かみしも》を着て、槍《やり》に長刀《なぎなた》を持っている。

つきしたがう手下《てか》たちが、犬の皮二十枚を運びこんだ。

そして、舞台で、「金剛太夫、出てこい」とさわいだ。観客の面前で話をつけようという算段だ。

しかし、呼びにやっても、金剛太夫は出てこなかった。

もう能を演じるどころではない。

「御老中様」がこの件をあずかることを約束し、やっと、弾左衛門の一味は退出した。礼を失した横暴だ。

弾左衛門は、責任を問われ、罰を受けてもしかたなかった。しかし、弾左衛門にとがめはなかった。むしろ、能役者のほうが、弾左衛門の保持する権益を守らなかったというので、注意を受けた。

この「金剛太夫事件」が起きた年代には、諸説がある。信用できる史料がない。ただ、この事件は、芝居関係者のあいだにも語りつがれていたし、当時の弾左衛門は諸国の配下に、この大勝利を報告している。

そこで、およそ、このような事件があったと思っていいだろう。年代も、犬公方《いぬくぼう》の徳川綱吉が登場するまえがいい。「生類憐みの令」が出ていたら、いくら弾左衛門がアタマにきていようと、「犬の皮」を舞台にほうりこみはしなかっただろうから。

弾左衛門の家来が、このとき犬の皮を持参したのは、それでもって、勧進能の舞台をケガそうとしたからである。世間のケガレ観を逆手にとったとほめるべきか、エタ身分の者もまた、皮＝ケガレ観にとらわれているると、そのおろかさを悲しむべきだろうか。

●座頭離反

「金剛太夫事件」は、弾左衛門の勝利におわった。支配下の者が、弾左衛門の所持する権益をおかそうとした行為はくいとめた。

しかし、こんどは、座頭が離反しようとする。

わたしは、それを、「岩船検校事件《いわふねけんぎようじけん》」と呼んでいるが、これも、その起きた年代が、はっきりとしない。信頼できる史料がない。同じ話があちこちに出てくるが、元禄のこととしていたり、宝永のこととする。

およそ、一七〇〇年のころと考えようか。

両者衝突のきっかけも、はっきりとしない。

事件と発端はわからないけれど、座頭とエタ、どちらの身分がエライのか、ということが根底にあるのは、はっきりとしている。

エタは、座頭を配下だとする。

座頭は、エタの風下《かざしも》に立ちたくないという。

ここで、「座頭」について、みじかいコメントをつけておくと、わかりやすいだろう。

座頭とは、剃髪《ていはつ》した盲人だ。

僧衣《そうい》をまとい、杖をつき、琵琶《びわ》をかかえていたりする。平家物語のひとくさりを語りもするし、按摩《あんま》もする。

座頭がからんでくる裁判は、寺社奉行《じしやぶぎよう》でおこなわれるきまりだった。

それで、さきの事件の裁判のために、京都から五人の検校《けんぎよう》が、江戸へ出張してきた。

寺社奉行でおこなわれた裁判で、弾左衛門は、証文をふたつ提出した。ひとつは、欽明《きんめい》天皇の朱印のある物。もうひとつは、頼朝の判《はん》のある物。

それを見た五人の「老検校」は、裁判を放棄して京都へ逃げ帰ってしまった。

勝ち目がないと読んだのだ。「金剛太夫事件」の犬の皮のことなどがアタマをよぎったのかもしれない。

そこで、ピンチヒッターの登場となる。

琵琶を背負った供をひきつれた座頭
（『建保歌合』より）

救世主は、岩船検校といった。

裁判が再開される。

岩船検校が実在したことはわかっている。岩船城泉《いわふねじょうせん》といった。上級の職検校で、やはり京都の職屋敷《しょくやしき》にいる。

生年は、わたしにはわからなかったが、死亡年は、貞《じょう》享《きょう》四年（一六八七年）である。

貞享、元禄、宝永と元号はつづく。だから、この裁判があった年を、元禄とする説も、宝永とする説も、ここで、矛盾に遭遇する。岩船検校はもうとっくに死亡しているのだから。

「岩船検校事件」は、これで、ますます信じかねるできごとになったが、この機会に盲人の社会的な位置について、すこしだけ見ておこう。

江戸時代、盲人の多くは、厚く保護されていた。税金を免除されたばかりではない。いくつかの職種の独占、それに、「金貸し業」を営む許可も、もらっていた。

盲人を保護するための組織は、「当道座《とうどうざ》」と呼ばれていた。

この当道座（当道制度）の中央委員会が、「職屋敷」なのだ。公卿《くぎょう》の久我《こが》家をアタマにいただいている。

「職屋敷」は京都にあり、そこでの最高実力者の委員たちを、「職検校」といった。前述したように、岩船城泉もここに属していた。

ちなみに、当道座の職階のランキングを、えらい順にならべると、

検校（けんぎょう）
別当（べっとう）
勾当（こうとう）
座頭（ざとう）

である。

これらの官位は、京都の職屋敷に行って、カネを払うと、買うことができた。琵琶

女の盲人と琵琶法師。琵琶の演奏こそが当道座の「表芸」である。すぐに履けるよう、ハキモノのハナオに杖を通している。

を背にかかえた盲人が、京都へと旅している絵を、よく見かける。京都には、全国から集まってきた盲人の姿がしばしば見られただろう、これも、洛中洛外図に探すことができる。

当道座の独占する職種のおもなものは、

1、琵琶法師（びわほうし）盲人の「表芸《おもてげい》」で、2以下の「裏《うら》芸《げい》」と区別される。久我家が当道座の保護者になったのは、つぎのようなアネクドート（逸話）による。光孝《こうこう》天皇（在位八八四―八八七年）の子の雨夜親《あまやのしん》王《のう》は、盲目で琵琶を弾くのをなぐさめにした。久我家は、その雨夜親王の子孫なのだ。

2、箏曲（そうきょく）コト（琴）。江戸初期に、八橋検校《やつはしけんぎょう》が普及した。

3、三弦（さんげん）三味線《しゃみせん》。

4、鍼灸（はりきゅう）

5、按摩（あんま）

6、座頭金（ざとうがね）高利貸し。

である。

江戸での座頭とエタの衝突に、京都から検校が、わざわざ応援にやってきたわけが、これではっきりとする。

●頓知

弾左衛門が寺社奉行に提出した頼朝の証文にはつぎのようにしたためてあった。

「山守、関守、座頭、髪結、牢番、猿引、渡守、筆師、陰陽師、土器師、墨師、傾城、金掘、傀儡師、蓑作、

右之他数多これありといえど、これらは皆長吏之下たるべし」

座頭は三番目にあるが、ここには、非人という言葉は出てこない。ただし、「守」と「番」が付く職種、山守《やまもり》、関守《せきもり》、牢番《ろうばん》が、非人を指していると見るべきだろう。

筆師《ふでし》は馬のシッポを使用するし、墨師《すみし》はニカワを必要とする。それでここに名がならべられた。

もちろん、この証文は偽書《ぎしょ》で、弾左衛門とその手代が、おおいそぎで作ったものであった。

弾左衛門が、座頭を配下だと考える理由は、放浪する僧体の琵琶法師《びわほうし》を見て、乞胸《ごうむね》芸人と変わらないではないか、というところだろう。また、裁判でも述べているように、三味線の皮を張るのが、エタの専業になっていることも根拠にしている。

弾左衛門の攻撃に対して、岩船検校は、雨夜親王の話や、久我家とのむすびつきの故事来歴《こじらいれき》を語る。

弾左衛門は、そんなに、故事来歴が重要ならば、頼朝の証文にまさるものはないではないかと反論した。

とうとう岩船検校が負けたかと、傍聴していた者は思った。

しかし、岩船検校は、がんばった。

「いまも、頼朝時代と同じように、東照宮《とうしょうぐう》日光山の御門守《ごもんしゅ》が、山守《やまもり》として弾左衛門の配下にくみこまれているのならば、座頭とて、むかしどおりにしましょう。もし、いまも、箱根の関所の役人が、関守として、弾左衛門の配下ならば、座頭とて、そうしましょう」

弾左衛門は反論できなかった。

弾左衛門一言之申上義無之

とある。

そして、この時点から、山守、関守、座頭は、弾左衛門の配下のリストからはずされた。

頓知《とんち》による、一件落着である。

（中山太郎『日本盲人史』にある原文を使って現代文に直した。拙著『資料浅草弾左衛門』に、裁判に関する原文全文を再録しておいた。）

2　実話的前史

●勝扇子事件

このあと、わたしが「勝扇子事件《かちおうぎじけん》」と呼ぶ裁判になる。

これは、これまでの二件にくらべて、信用ができる。

こまかいことは、『弾左衛門の謎』（河出文庫）に書いたばかりなので、そちらも、参考にしていただきたい。

事件は、宝永四年（一七〇七年）三月十日に起きた。京都四条からやってきたから、くり師の小林新助《こばやししんすけ》と二十数人の人形遣《にんぎようつか》いは、安房《あわ》（千葉県南部）の各地で、興行をしていた。

幕府公認の江戸四座以外は、興行に際しては、弾左衛門にことわりを入れなければならなかった。

しかし、小林新助は、そんな面倒なことに付きあうつもりがなかった。

丸之内　薄谷《すすきがやつ》村での興行の二日目だ。

（この地名は実在しない。丸御厨《まるみくりや》のあった珠師谷《しゆしがやつ》に、まちがった字、「薄谷《すすきがやつ》」を当てたのではないかというのが、わたしの意見だ。）

さて、興行二日目のことだ。安房のエタ頭が、三百人ばかりの配下を引きつれて舞台をおそった。

金剛太夫事件と似ている。

人形操《にんぎようあやつ》りの芝居は、あっというまに、つぶされた。以降の興行も、キャンセルになり、大損害だった。

江戸にもどった小林新助と座元の者が、三月二十一日に、町奉行に訴えた。

そして、裁判になる。

弾左衛門が呼びだされた。四代目で幼名を介次郎《すけじろう》といった。諱《いみな》（死後にいう生前の実名）は、集久《しゆうきゆう》。このとき、もう六十をすぎている。

弾左衛門集久は、興行のたびに、芝居関係者から、カネ・酒・入場券（札《ふだ》）のどれかを受け取った事例を、いくつかあげた。

また、頼朝からもらった証文も提出した。

「岩船検校事件」のときの証文よりも、手がこんでいる。また配下の数がずっとふえている。

冒頭まず、その証文が、源頼朝の直筆ではなくて、「鎌倉藤沢長吏《ちようり》弾左衛門頼兼《よしかね》写し」であることがことわられる。

そして、弾左衛門の支配下にいる者たちのリスト。

「長吏、平家座頭、猿楽、陰陽師、壁塗り、轆轤師、鋳物師、辻売、石切、鉢叩、渡守、笠縫、非人、一銭剃刀、壺作、筆結、関守、舞々、ニカワ屋、皮屋、獅子舞、オサ師、ハタ大工、説経、紫屋、傀儡師、猿舞し、藍屋、傾城屋、鉢叩、鐘打」

宝永のころの人が、「農・商・工」の身分概念におさまりきらない仕事をどんどんと書きだしたかのようだ。おまけに最後に「右の外にも多数ありますが、これらはみな長吏の下です」とつけたしていた。そこに歌舞伎が入るというのだ。

とうとう、芝居関係者が負けそうになる。

京都からきた小林新助も、もはや、退散かと思われた。

しかし、がんばった。

岩船検校と似ている。

そして最後は、これまた頓知。

小林新助は、進み出ていった。

歌舞伎の歴史は、江戸になってからはじまった。しかもはじめたのは、出雲《いずも》の巫女《みこ》の阿国《おくに》で、彼女は賤民《せんみん》ではない。

それに、わずか八十年まえにはじまったことが、なぜ鎌倉時代の頼朝の証文に載っているのか。そんなはずはないではないか。

弾左衛門は、反論ができなかった。

「詫び証文」を奉行に差しださざるをえなくなる。

しかし、安房の「丸之内薄谷村」で暴れたことをあやまっただけだ。

役者たちが、のちにいい伝えるように、「江戸四座以外の芝居にも口を出さない」とは書いてないし、そうと決まったわけではない。

判決は、玉虫色ではあった。

だから、弾左衛門も役者も好きなように解釈した。自分たちの仲間に伝えるときには、あたかも、一方的に勝ったかのような表現になっている。

以降、四座以外の役者は、弾左衛門にあいさつを入れるかどうか、いろいろと思案したろうし、弾左衛門も、あいさつがなくても、芝居を打ちこわすわけにも行かなくなった。

当事者のそうしたこまかい屈折とはべつに、江戸の市民は、弾左衛門がやっつけられたかのように理解して、快哉を叫んだ。

●勝扇子の影響

芝居関係者と弾左衛門との興行権をめぐる裁判を、なぜ「勝扇子事件《かちおうぎじけん》」と呼ぶのか。

小林新助は、京都にもどると、すぐに、安房であったことと、裁判の結果とを書きとめた。

その写しを読んだ江戸の二代目市川団十郎は、よろこんだ。

「役者がエタのいうままになることはない。これは、そういう判例だ」と市川団十郎は思った。

そして、その写しを作り、たいせつにした。巻物にして、『勝扇子』と表題をつけた。

市川家では、これを代々、家宝のようにあつかったが、いつしか、実物は失せた。

しかし、市川家の『勝扇子』を写した者が何人かいて、そちらのほうが残った。

わたしは、前記の『弾左衛門の謎』で、その成立過程と内容の検討をした。

書かれていることは、当時の諸事実とよく符丁した。実際に裁判があったのはまちがいない。小林新助の記述も、「薄谷村」のような誤記はあっても、正確だ。

そこで、この「勝扇子事件」を原点にして、まえの「岩船検校事件」を見ると、両者の類似が気になる。京都からきた小林新助と岩船検校が果たす役割が、そっくりなのもへんだ。

物語の構成も似ている。

頓知の質にも、共通性がある。

拙著『資料浅草弾左衛門』では、「岩船検校事件」が現実にあったこととしたが、右に記した類似点からすると、座頭のほうは、どうもフィクションの可能性が高い。

当時の社会では、自分たちの「職能集団」の地位の上昇をはかるためには、平気で偽書《ぎしょ》をデッチあげる。

たとえば、浄瑠璃《じょうるり》役者の家から、「勝扇子事件」のときに弾左衛門が書いた「詫《わ》び状《じょう》」の写しが見つかっている。役者につごうのいいことばかりが書いてある。どうも、偽書のようだ。

「岩船検校事件」は、当道座が、「勝扇子事件」にならって作りだしたものかもしれない。だから、年代があやふやで、元禄であったり、宝永であったりする。

現実にはなかった事件ではないのか。

だが、わざわざ「岩船検校事件」のような内容のものを作って、市井《しせい》に流布《るふ》させた背景には、盲人の社会的な地位の上昇がある。弾左衛門が文句をいってきても、立ちむかえるだけの力量をつけたということでもある。

元禄五年（一六九二年）に、犬公方《いぬくぼう》・徳川綱吉は、「関東総録《かんとうそうろく》」というのを作っている（元禄六年という記述もある）。

これは、京都の職屋敷の「江戸版」だ。やがて本所一ツ目《ほんじよひとつめ》に職屋敷を置き、これを「関東総録」とした。いまの江島杉山神社（墨田区千歳一丁目）の場所だ。関八州の当道座を、京都の職屋敷から切り離して、独立させたことになる。（弾左衛門に関八州のエタ身分を支配させたのに似ている。）

しかし、この関東総録は長つづきはしなかった。そして、ふたたび、京都の職屋敷の全国支配になるのだが、元禄から宝永、そして正徳、享保にかけて、江戸の座頭の意気は、おおいにあがっていたのだ。

ニセの裁判記録を作ってでも、弾左衛門との関係を否定する。

否定することで、自分たちが賤民ではないということを強調する。

自分たちがケガレていないとなると、座頭は、これからは賤民の家には、鍼灸《はりきゆう》・按摩《あんま》に行かないと宣言した。そして、実行した。

3　車善七の訴え

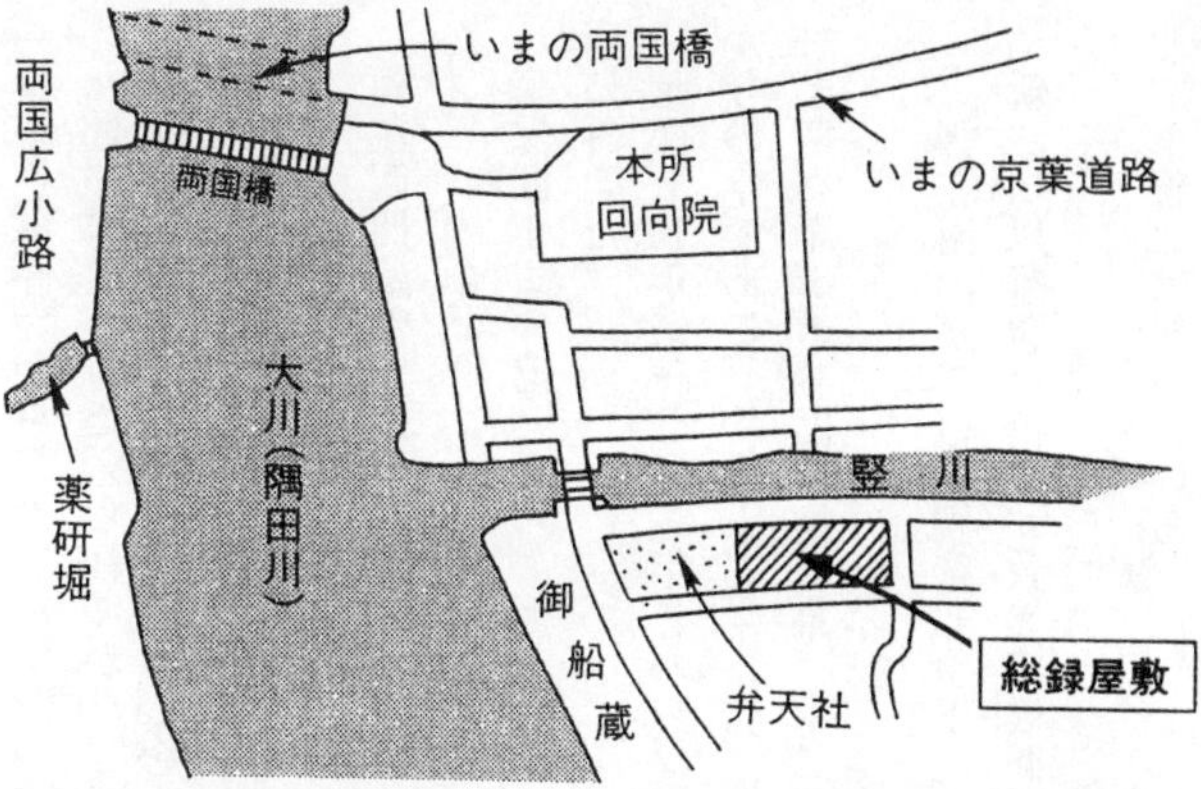

関東総録の場所――関東総録が廃止になったあとも、「総録屋敷」の名は残り、検校が住み、隣の弁天社で盲人による「琵琶会（びわえ）」が、毎年、営まれた。

●真打ち・非人登場

「勝扇子事件」のあたえた影響は、「偽書」が作られるほど、大きかった。

弾左衛門の支配下に押しこめられていた賤民にとって、まさに朗報だった。いい手本になった。

車善七も、役者の動きや、座頭の興隆を、すぐそばで見ていた。

もう、じっとしていられない。

部下の非人小屋頭《こやがしら》も、親分を焚《た》きつける。

いつまで弾左衛門のいうままになるのか。

「人足《にんそく》何名をすぐに出せ」という命令に、なんで唯々諾々《いいだくだく》としたがわなければならないのか。なんの根拠もないではないか。

ほぞをかためた車善七が、町奉行に訴えて出たのは、享保四年（一七一九年）のことである。

「勝扇子事件」から、十二年がたっていた。

九百坪の溜《ため》をあたえられてから、二十年後。

溜の仕事の命令は町奉行から直接、非人頭にとどく。このスタイルになれてくると、「牢屋人足」の仕事が、いちいち、弾左衛門役所をとおしてくるのが、うっとうしく思えだす。

弾左衛門ばかりが、非人をこき使って点数をかせいでいる。車善七には、そう思えた。

享保四年（一七一九年）七月二十八日、車善七は、北町奉行に行き、中山出雲守時春《なかやまいずものかみときはる》に訴えた。

元禄十五年（一七〇二年）からはじまった三奉行制が、また二奉行制にもどったばかりの年である。（以下の抗争については、中尾健次『弾左衛門関係史料集』第二巻、一七四ページの「旧記捨要集」十二ノ下より引用。）


（弾左衛門が）召仕候善七手下之諸職人次第相増、一ケ年ニ及五千人余、ならびに新法ヲ以難題申掛ケ、致迷惑候間、支配離レ申度

と、車善七は怒っている。

弾左衛門が要求する非人の「諸職人」（人足）の数が、しだいにふえて、一年間で、五千人にもなる、というのだ。月にならせば、四百人以上だ。

右の引用の、そのあとの文をどう読むのか、ここはすこしやっかいだ。すっと読めば、弾左衛門が、そのうえ「新法」を作って難題をふっかけてくるので、弾左衛門の支配から離れたいと読めてしまうが、新法を作るのが車善七だと、中尾健次の本にはある。とすると、車善七は新法を作ることで、弾左衛門の支配から離れようとした、ということになる。（引用文の文意のまぎらわしさは、これが、弾左衛門がこの間の経過を書いた報告書だからだ。弾左衛門が車善七から「難題を申しかけ」られたという意識がここにのぞいたと解釈すべきだろう。あるいは、これを読む町奉行の心証を自分に有利に誘導するため、政治的に「以難題申掛ケ」とつけくわえた。）

訴えられた弾左衛門（この報告書の筆者）は、六代の浅之助で、諱《いみな》が集村《しゅうそん》である。

このとき、二十二歳。

「勝扇子事件」の小林新助から屈辱を受けた翌年に、祖父の四代が死に、同年に父も病死した。

不幸がつづいたのである。

浅之助は、十二歳の若さで、六代をつぐことになった。それから十年目に、非人から訴えられた。

被告の弾左衛門については、右のことがわかるのに、車善七のほうは、何代目でいくつぐらいだったのかも、わからない。

しかし、これだけのだいそれた訴えを起こしたのだ。そんなに若くはなかろう。二十二歳の弾左衛門浅之助よりは、年上だろう。

訴えた翌年に亡くなっているのも、若くなかったかのような印象をあたえる。

●車善七不満

引用文は、「支配離レ申度旨、御訴訟申上候ニ付、段々御吟味之上、同十一月廿七日」とつづく。「段々御吟味之上」とあるから、取り調べがつづいたのだろう。その間、牢屋の清掃や処刑の仕事は、これまでどおりに、つづけられていただろう。

日常の業務はこれまでのままで、一方、北町奉行所で、車善七と弾左衛門は、争論の火花を散らしていた。

奉行もこまっただろう。

両人にへそを曲げられると、実務にさしさわりがある。死刑を行使できなくなる。牢屋敷の汚物を、だれが片づければよいのか。

奉行は公平になれない。だんだんと吟味をかさねたものの、享保四年（一七一九年）十一月二十七日に出た判決（御裁許《ごさいきょ》）は、双方の顔を立てたものとなった。

つまり、

1、車善七が弾左衛門の支配を抜け出すことは許されない。
2、ただし、職人（人足）の数を半減する。弾左衛門は、これまでの五千人の半分、二千五百人以上の非人を使ってはならない。
3、車善七の新法は認めない。

である。

3の新法の内容がどんなものなのか、わからないけれど、車善七は、この判決に不満だった。

弾左衛門と和解するつもりはなかった。

正月がきても、浅草新町に年始のあいさつに行かなかった。

この時代の年始回りは、儀礼的なだけではない。儀礼ではあるが、それだけではない。

それは、年一度の、支配・被支配の定期的な確認の作業でもある。

身分関係の再契約なのだ。

だから、年始は、ピラミッド社会の下の者が上の者の屋敷にうかがう。一段ずつ上の階層に行く。この行為を社会全体でおこなう。（いまでも、政界や企業社会にこの名残がある。）

吉原裏の車善七の家には、重役の「組頭《くみがしら》」や、管理職の「小屋頭《こやがしら》」が、あいさつにくる。（乞胸頭《ごうむねがしら》も支配を受けているので、やってくる。）

配下の者は新しい年を言祝《ことほ》いだあと、「非人掟《ひにんおきて》」の証文にサインをする。字が書けない場合は、爪印《つめじるし》をつけたりする。これで、組頭や小屋頭は、一年間のポストが保証されたことになる。それまであたえられていた縄張《なわば》りを、ことしも維持できる。

一年分の上納金をこのときに持参することもある。

そして、車善七は車善七で、新町《しんちょう》の弾左衛門役所に行って再契約をしなければならない。きらいだとか、会いたくないといった問題ではない。

弾左衛門はこれまた、町奉行などの幕府の機関に、年始に行く。ここでは、契約の更新の具体的な作業はないが、贈り物の「金剛草履《こんごうぞうり》」（丈夫で質のよい草履）を差し出し、それを受け取ってもらうことで、「穢多頭」の役の継続に、町奉行が合意したことになる。

江戸時代においては、武士・町人・職人・農民・漁師のどこの社会であろうと、この慣習があった。

それを守らないのは、反逆を意味する。

めでたい正月に、親方のところにあいさつに行かないのは、親分子分の関係を、子分のほうから一方的に破棄したことになる。

親分のメンツはまるつぶれになる。

だから、クーデターと見なされる。

●掟証文一例

それでは、車善七は、新町に年始に出かけて、弾左衛門と、どんな「掟証文《おきてしょうもん》」をかわしたのだろう。


幕末にちかい天保十二年（一八四一年）の証文を、紹介しておく。

猿飼頭や穢多小頭の「掟証文」が、五、六項目なのにくらべて、非人頭のは長い。十五項もある。


項目が多いだけ、そのぶん、車善七と弾左衛門の緊張した関係をよく示している。

現代文に訳して全文を以下にならべよう。（猿飼頭、非人頭の「掟証文」をふくめ、以下の項目の原文は、『資料浅草弾左衛門』にある。もちろん非人について論じた多くの本に掲載されている。）


車善七が、弾左衛門に約束する証文はつぎのようにはじまっている。

1、盗賊やキリシタンは、申し上げます。
2、博打《ばくち》打ちがいたときは、申し上げます。怪しい者を片時もそばに置きません。

３、生き物をたいせつにします。捨て子をした者がいれば報告します。

という。この三つの項は、猿飼頭などの「掟証文」と同じである。注目するところがあるとすれば、第一項に、盗賊とならんで、「キリシタン」と出てくることだ。

とくに、天保時代の掟証文に、この字を見いだすと、幕末ちかい江戸に、まだ「隠れキリシタン」がいたのかと思ってしまう。そんなはずはないので変な気持ちがする。

しかし逆に、ここにキリシタンとあることで、この証文のスタイルが非常に古いことがわかる。原型が、キリシタンが問題になっていたころに作られ、そのまま二百年ちかくにわたって踏襲されてきた。

キリスト教が厳禁になり、ポルトガル人の来航を禁止して、「鎖国」が完成するのは、寛永十六年（一六三九年）である。

これ以降、隠れキリシタンの探索はきびしさをました。

掟証文は、そのころから使用されていたのだ。

わたしは、そんなことを考えていた。そんなこととしか考えていなかった。

しかし、峯岸賢太郎《みねぎしけんたろう》の『近世被差別民史の研究』（校倉書房、一九九六年）を読んでいて、「江戸の浮浪民」のあいだにキリスト教が広まっていたという記述を目にした。キリスト教に救いを求めた「浮浪者」が、江戸のはじめには、けっこういたのである。

センタカヤにて乞食二十余人、牛込には乞食十人

とか、

神奈川、穢多二十余人

といった、信者の記録が、そこには引用されている。そして、峯岸賢太郎は、「穢多・乞食」に対するキリシタン探索が他の身分に比して遅れていたという事情があるにしても、キリスト教信仰が「穢多・乞食」の中に、他に比して濃密に浸透していたことが窺われるのである。

としている。

エタ・非人・猿飼などの掟証文のしょっぱなに、なぜキリシタンのことが出てくるのか、これでわかった。

●掟証文後半

つぎに、服装や装備についての注意になる。

4、槍などの「長道具《ながどうぐ》」をきちんと調べて置いておきます。脇差《わきざし》や刀をさしません。

5、衣類は木綿《もめん》以外は着ません。絹《きぬ》は所持しません。

6、仏事や祝事はひかえめにして、万事、目立《めだ》たないようにします。

非人は、「野非人制道」などをおこなうために、槍・突棒《つくぼう》・刺股《さすまた》・袖搦《そでがらみ》・十手《じって》などを所持している。これらの武器を、ちゃんと整理整頓しておくというのだ。

衣類は、綿服《めんぷく》のみで、絹は所持すらも許されなかった。

冠婚葬祭も、目立たないようにするという。

これらの項目が「掟証文」に記載されだしたのは、エタ・非人の風体《ふうてい》が町人と区別できなくなったためだろう。町奉行では、しばしば、賤民の身なりがよくなったことに苦情をていしている。身分制度社会では、貧民の生活が向上してくることはよろこばしいことではないのだ。身分制がゆらぐのを恐れてである。

7、人別帳《にんべつちょう》を毎年正しく調べて、（エタの）組頭《くみがしら》や場主《ばぬし》にさしだします。誕生と死亡による増減、逃亡のときは、すぐに報告します。

8、「場役《ばやく》」の者は、これまでどおり、（エタの）組頭や場主の命令にそむきません。

7によると、「非人人別帳」が、かなりきちんとした内容だったと思える。8は、弾左衛門にとって重要な項目である。

9、非人は、物を作ったり、商売をしたりしません。

この9項こそ、すでに述べたように、非人の本質を定義している。生産と商売に従事してはいけない。つまり、近代でいう「労働」を、禁じられた身分なのだ。

10、非人の髪の毛を、毎月、切ります。

11、頭巾や覆面《ふくめん》などの被《かぶ》りものはしません。乞食に出て、悪たれをついたり、喧嘩をしたり、口論をしたりはさせません。

エタは手下《てか》にいたるまで、丁髷《ちょんまげ》を結《ゆ》っていたが、非人一般はそれを許されなかった。（非人でも、非人頭、小屋頭は結っていい。ヒラの抱非人が、許されなかった。）

時代によって変化するが、ヒラの非人は、ばさっと伸びるにまかせた「ザンギリ髪」だった。十項はそのヘアスタイルをエタが管理していたこと、月に一度しか切ってはいけないというのだ。かぶりものも、ザンギリ髪を隠すことになるので許されない。ヘアスタイルが、非人の第一の表徴《ひょうちょう》になっている。そして、そのことを幕府も隠していない。

享保八年（一七二三年）十一月に大岡越前守は、「非人が元結《もとゆい》に髪を結《ゆ》うと、常之もの同然に罷《まか》りなり候《そうろう》」と述べ、「常之もの（平民）」とまぎれるのがこまるとしている。ヒラの非人は、「髪結のきわからはさみで、ざん切りに致し、頭巾はもちろん、かぶり物いっさい着用してはならない」ときびしい。

ちなみに「女非人」は、黒紐の元結《もとゆい》か、長めの黒い紙で髪を束ね、木櫛《きぐし》をさした。

12、火の用心をします。

13、非人が乞食に出るときは、火《ひ》道具《どうぐ》を持参させます。行った先でタバコを吸いません。

第十三項は、「同火《どうか》の禁」のことをいっている。つまり、賤民は、その他の身分の者と同じ火を使ってはならないという不《ふ》文律《ぶんりつ》があった。具体的には、「日《ひ》勧進《かんじん》」のために立ちよった町家で、タバコの火を借りてはならないということだ。火を借りなくてすむように、非人は「火道具」を携帯した。

14、抱《かか》えている非人手下《ひにんてか》をひどいめにあわせません。

15、自分の「抱非人」以外の非人を、みだりに小屋に置きません。

十五項は、縄張り（勧進場）を守るという約束だ。

そして、結語がくる。

「右の条々は申すに及ばず、仰《おお》せつけられた法の主旨を理解して堅く守ります。もし、すこしでも背《そむ》きましたら、どのような見せしめでも、ご命令ください。そのために、毎年、年始に参上して、証文をさしあげております」

4　由緒捏造合戦

●弾左衛門由緒書

車善七がついに裁判を起こした年に話をもどそう。裁判の過程で、弾左衛門も車善七も、自分たちの正当性を主張するために、先祖について語らなければならなくなる。

享保四年（一七一九年）、弾左衛門浅之助は、町奉行に、自分たちの由緒《ゆいしょ》を書いた一文を提出した。

また、享保十年（一七二五年）には、いっそう完成された由緒書《ゆいしょがき》を出している。「勝扇子事件」のときは、「頼朝の証文」に頼った。こんども、同内容のものを出したが、前文に少々長い家職の歴史を書いた。

これが、こんにちに残っている「弾左衛門由緒書」の基本形である。

その内容について、わたしは『資料浅草弾左衛門』や『弾左衛門とその時代』〈本文庫第Ⅰ部〉で、語ってきた。ここではくりかえさないが、享保の車善七との対決の中で、「由緒書」が練り上げられたこと、その過程で鎌倉の長吏（由井《ゆい》長吏）との連続性が、これまでよりもいっそう強調されたことは、確認しておきたい。

徳川家康が権威主義的な意識でもって、「よりとも以来の穢多」（『天正日記』）ということにした矢野弾左衛門が、その密約の信憑性《しんぴょうせい》を増そうと、この時期、捏造《ねつぞう》にいっそうの力をこめたのである。

それは、鎌倉の極楽寺村《ごくらくじむら》にいる、本物の「よりとも以来」の長吏・由井氏から、古証文を巻き上げてくることでもあった。

また、「頼朝の証文」に出てくる支配下の職能集団のリストも、いくらか変わった。「長吏、座頭、舞々、猿楽、陰陽師、壁塗、土鍋、鋳物師、辻目暗、非人、猿引、鉢叩、弦指、石切、土器師、放下、笠縫、渡守、山守、青屋、坪立、筆結、墨師、関守、鐘打、獅子舞、蓑作、傀儡師、傾城屋」

そして最後に、「右以外にも、同類のものが多いが、皆長吏の下だ。盗賊は長吏と同等、湯屋、風呂屋は、傾城屋の下。人形舞は、二十八番の下」とある。

右のそれぞれについて、説明をしはじめるときりがない。ここでは、リストの表示にとどめるが、ただ、「人形舞《にんぎようまい》は、二十八番の下」と最後につけくわえているのがおもしろい。これを書くときに、弾左衛門浅之助は、京都四条の小林新助のからくり人形を思いだしていたにちがいない。「人形舞（からくり人形）」は、いちばん低い身分とされた。

●車善七の捏造

車善七の祖先は、本部第二章で記したように、三河国の渥美村の出身だ。家康の入国時には、隅田川のほとりにいた。慶長十三年（一六〇八年）に「非人頭」になり、鳥越に五百坪の土地をもらった。

幕末ちかい天保のころ、車千代松がそう証言している。

しかし、一方で、車善七の祖先を、佐竹の家臣だとする説が流布《るふ》されている。祖先を武士だとするこの話は、弾左衛門に対抗するために、この享保のころに作られたのではなかろうか。

信憑性《しんぴようせい》がまるでない話だが、つぎに紹介しておく。

＊

初代の車善七は、改名まえは、車善七郎《ぜんしちろう》といった。

その父は、車丹波守義照《くるまたんばのかみよしてる》という。

戦国時代の人で、常陸国《ひたちのくに》（茨城県）の佐竹藩の家老だった。

つまり、車丹波守は、佐竹義宣《さたけよしのぶ》に仕《つか》えていた。

関ヶ原の合戦のときだ。車丹波守は、主君の佐竹義宣に、西軍の豊臣方につくようにすすめた。

豊臣の恩顧にこたえたのだが、読みをまちがえもした。

勝った徳川家康は、佐竹藩を出羽《でわ》に減封《げんぷう》した。家老の車丹波守はハリツケになった。

丹波守の子の車善七郎は、父のカタキを討とうと、庭作りになって、江戸城に入りこんだ。ちょうど家康が庭に出てきたので、木バサミで討とうとしたが失敗し、取り押さえられた。

家康が、「なに、力を入れて枝を切ろうとしたために、木バサミを取り落としただけだろう。以後、気をつけろよ」と取りなしてくれた。家康の温情で難をのがれた。

しかし、車善七郎は、家康に感謝するどころか、勝手知った江戸城に、ふたたび忍びこんだ。庭にかくれ、家康がトイレに行くのを待った。

そして、厠《かわや》から出てきたところをおそったが、お小姓《こしょう》につかまった。

家康は、そんなに執念深く、なぜわしの命をねらうのかと質問した。

車善七郎は、父のことを話した。そして、「父のカタキと同じ天を戴《いただ》くわけにはまいりません」といった。

家康は怒った。「あくまでもわしの命をねらうなら、おまえの親族をみな死刑にしてやろう」

車善七郎は、これにはこまった。

家康にあやまった。

車善七郎は、そのまま放免《ほうめん》されたが、「父のカタキと同じ天を戴くわけにはいかない」といった手前もあり、「人界《じんかい》を辞して、乞食《こじき》のむれに入ります」とこたえた。

家康は憐《あわ》れんで、「では、乞食のカシラになれ。名を車善七とせよ」といわれた。

＊

明治維新後に、新聞記者の福地桜痴《ふくちおうち》（源一郎）が、この話をもとにして、小説『車善七』を書いている。右の話がよく知られていたし、すこしは信じられていたのである。

５　裁判再開

●浅之助の反攻

享保五年（一七二〇年）の一月十七日。前年の十一月二十七日に出た判決にしたがって、車善七が、年始あいさつのために、新町の屋敷にくる日だった。

弾左衛門浅之助は待った。裁判所の勧告も出たことだ。ことしは、こないはずがないだろう。

もしこないというのなら、相手は町奉行まで敵にまわした全面戦争に突入する覚悟だ。そう考えながら、待った。

車善七は現れなかった。

二月になって、こんどは、弾左衛門が車善七を訴えた。

つまり、弾左衛門浅之助も、相手をたたきつぶす覚悟をきめた。

争点は、ふたつあった。

ひとつは、三十六年もつづいていた年始にこないのはけしからん、というもの。

いまひとつは、車善七の「勧進場」は、弾左衛門の「革取場」の権益をくれてやったものだ。それを返すように。

訴えは、北町奉行の中山時春《なかやまときはる》（当時六十九歳）に提出されたが、南町奉行には、享保二年（一七一七年）以降、大岡越前守忠相《おおおかえちぜんのかみただすけ》（当時四十四歳）がいる。

記録を読みながら、わたしが感心に思うのは、町奉行が、訴えを却下したりはしないで、ちゃんと取り上げていることだ。享保の改革の時期だ。ヒマではない。いそがしいにちがいない。それでも、自分たちの直属の配下からの訴えに対して、誠実に詮《せん》議《ぎ》をつづけている。

町奉行が合意をいそぐのは、牢屋敷や処刑現場での混乱を最小限にくいとめたかったからだろう。

一年後の十二月に、弾左衛門浅之助が語った文にはつぎのようにある。


先格之通、年証文仕候様ニ、再三被仰付候得共、致違背罷在候内、当六月中善七病死仕候

「これまでどおり、年証文をするように再三、町奉行よりおおせつけられたにもかかわらず、違背《いはい》いたしました」ということだ。つづけて、「そのうち、六月中に、善七は病死しました」という。

奉行の命令を拒否したのち、車善七は死んだというのである。屈辱のなかで、病死したのか。

ほんとに、病死か？

もちろん、うたがってもよい。暗殺されてもおかしくない。

真の死因はわからないが、非人の親方は死んだ。

配下の組頭が、裁判を引きつごうといい、いきり立った。

不運の親方の遺志をつぐ。ふたたび幕府に訴えて出たのは、以下の組頭《くみがしら》の面々だ。

助九郎、作兵衛、武右衛門、勘七、平兵衛、善兵衛、所左衛門の七人である。

七人のサムライというところである。

こうして、吟味がまたまたはじまった。「革取場」と「勧進場」の関係については、奉行はつぎのように断じた。

弾左衛門が革取場を車善七にあたえたというのは、証拠がない。「勧進場」を返すようにいう根拠はない。善七の手下は、勧進場を長年の生活の場にしている。いままでどおり、勧進をつづけてよい。

もっとも、死牛馬《しぎゅうば》から皮を剝《は》ぐ仕事で、必要な人足の数は、おたがいに相談して決めること。

非人のほうでは、初代善七のことをこの詮議では、つぎのようにいっている。

元祖善七義、御草履奉直候者故、江戸二十里四方非人頭被仰付候由申上候

家康の履く草履をあげていた者だというのだろうか。それで、非人頭になったという。

佐竹藩の車善七郎の話は、まだできていなかったのか、それとも、奉行所で語るには、ホラが大きすぎたのだろうか。

年を越しそうになった。年始までに結論を出さなければならない。

十二月二十一日、暮れもおしせまって、町奉行は、決断した。

冷静な判断だとは、ちょっといいにくい。腹立ちがこもっていた。

つまり、享保四年の裁許に、車善七が違反したのがけしからんというのだ。先例どおりに、年始に行くように指示したのに、それを守らなかったのは許せない、となった。そういうことなら、組頭の訴えを聞くまえにいっておいてもよかったのではなかろうか。数カ月にわたって、当事者ですらウソかホントかわからないような証文を検討するまえに、町奉行の口から出てもよい判決だった。

●非人受難

享保六年（一七二一年）の暮れもおしせまっていいわたされた裁許が、享保四年からはじまった、数次の裁判の最後だった。こんどが、結論だった。

あしかけ三年にわたる戦いで、非人は、完璧《かんぺき》に負けた。

これまでは玉虫色の判決を出した町奉行も、最後は、弾左衛門の側に立った。七人のサムライならぬ七人の非人組頭は、逮捕されて、牢にぶちこまれた。非人が入れられる牢は、新町のうちにある。弾左衛門の屋敷の向かい正面だ。七人の屈辱はいっそうつよまった。

夏に死んだ車善七には、菊三郎《きくさぶろう》という子がいた。まだ十三歳だったから、おとがめなしになった。それどころか、車善七の跡をついでよいことになった。

町奉行は、菊三郎に、新しい組頭を選ぶようにと命じた。

（この間の裁判闘争には、深川の善三郎、代々木村非人頭の久兵衛もくわわり、弾左衛門の支配を抜けようとした。しかし、車家以外の「非人頭」には、おとがめはなかった。従前どおりに弾左衛門の支配下にとどまることが命ぜられ、人足の件は、これまでの半分でよいとなった。）

そして、享保七年（一七二二年）の一月十七日。

十四歳になった菊三郎は、新しい組頭とともに、新町の弾左衛門役所にやってきた。年始のあいさつをしにである。弾左衛門役所の座敷で、ひさしぶりに、「捉証文」がかわされた。

車菊三郎が選んだ組頭は、利右衛門、金十郎、市郎左衛門といった。

町奉行の指図にしたがったのだろう、新幹部を中心にして、こんごとも車善七をもりたて行くことを、すべての非人小屋頭に約束させた。

こうした過程に、弾左衛門の意志もまた、強くはたらいていただろう。非人が支配下から抜けだそうとするようなさわぎが、こんご二度とあってはならないのだ。組頭選出の人事にも、口を出しただろう。

そして、非人の新体制についての町奉行への報告も、弾左衛門浅之助がおこなっている。そこでは、車菊三郎が年始にきたことを、うれしそうに記している。


年証文、先格之通仕セ、出入相済、難有奉存候

毎年慣例の掟証文を、むかしのしきたりどおりにすますことができました。もめ事もこれで終わりました。ありがたく思っております。

だが、はたして、「出入《でいり》」は、ほんとうに終わったのか。

●七人の運命

一方、七人のサムライである「元組頭」の運命は、どうなったのだろう。敗者はみじめである。

賤民は賤民が治める。その原理は、弾左衛門が賤民の裁判をおこなうことで実行される。しかし、ことが弾左衛門にからんでくる事件や、影響が大きな事件のときは、

弾左衛門が判決の案を出し、それに町奉行が答えるというかたちを取っている。

こんども、弾左衛門が七人の刑罰の案を出すことになった。

ケンカの片方が判決を出すのだから、公平は期しがたいが、これがこの時代のルールである。

そして、弾左衛門は判断した。

助九郎、作兵衛、平兵衛は、首謀者だし、幹部クラスだ。「死罪《しざい》」が適当だ、と。

武右衛門、所左衛門、勘七は、幹部クラスの三人にすすめられて訴えにくわわっている。「遠島《えんとう》」（島流し）にしたい。

残りのひとり、善兵衛は、以上の六人にいわれるままに、したがっただけだ。新町の牢に入れておく、「永牢《ながろう》」がいい。

これが弾左衛門が町奉行に提出した案であった。この案を討議したのち、町奉行は享保七年（一七二二年）六月二十日に、決定をくだした。

幹部クラス三人は、案文どおり死罪でよろしい。

残りの四人は、こんごどのような指図でも受けられるように待機させておくこと。

町奉行がいってきた翌日、六月二十一日、はやくも、弾左衛門は、幹部クラスの三人に、刑を執行した。新町の牢のすみにある土壇場《どたんば》（首切り場）で、斬首《ざんしゅ》にした。

残りの四人は、新町の牢にとめおかれた。町奉行からなにもいってこなければ、

「永牢」と同じである。

しかし、こんどこそ、「一件落着《いっけんらくちゃく》」となっただろうか。

非人たちの怒りは静まったのだろうか。

また、町奉行は非人の要求に耳をかたむけながらも、なぜ、急転直下に、弾左衛門の肩を持つことにしたのか。

解答になるのかどうかはわからないが、「火事と放火」について、最後にふれておく。

●火事と放火

奈良《なら》本《もと》辰也《たつや》は、『日本の歴史』（中公文庫）十七巻で、八代将軍の吉宗を、「火事にとりつかれていた」と表現している。享保元年（一七一六年）八月に、徳川吉宗が家督をついでからというもの、やたらと火事がおおいというのだ。そして、火事の責任を非人に転嫁するかたちで、「非人が放火した」というウワサが流されたという。そこで、町奉行は、「非人狩り」を強行し、島流しにした。大略、そのように奈良本辰也は記している。

火事について、調べてみた。出火の記載を追っていくと、たしかに、享保の時代はおおい。

たとえば、享保二年（一七一七年）だけを拾ってみても、一月七日、尾張町より出火、築地まで焼ける。
一月十三日、桶町より出火、本材木町を焼く。
同、日本橋南二丁目より出火、日本橋から京橋までの東側を焼く。
一月十九日、染井筋で出火。
一月二十二日、小石川馬場井出宅から出火、大名旗本屋敷、町屋を焼く、死者百名余。
六月九日、小伝馬町三丁目から出火、柳原、下谷、浅草あたり一里ばかり焼く。
十一月十五日、本所回向院のあたりから、深川八幡のちかくまで焼ける。
十二月二十八日、牛込より出火、市ケ谷、番町、麴町、増上寺の前まで。

もちろん、これが全部ではないだろう。冬場が多いのは当然として、春や秋にないのもおかしい。記載された火事だけがこんにちに伝わっている。逆に、たまたま、享保期は丹念に書きとめられたので、こんにちに伝わった火事の数が多いだけかもしれない。

だから、吉宗と火事をいちがいにむすびつけるのは、冗談で許されるぐらいだろう。

享保五年（一七二〇年）四月に、「火災防止のため町屋《まちや》の土蔵造《どぞうづくり》、塗屋《ぬりや》、瓦屋根《かわらやね》を奨励《しょうれい》」するお達《たっ》しが出されている。

これまでは、町人には、クラも、厚く塗ったカベも、カワラ屋根も禁じられていたのだ。それらがゼイタクだったからだろう。「身分不相応」と考えられていた。

だが、これからは、勝手に作ってよいという。

そして、こうした建築は、火事に対しての効果が、すぐに発揮されはじめる。

いわば、善政である。

この法令がよく知られたために、ああ、吉宗は火事にこまって、クラ造りを許可したのだな。よほどこまったのだろうな。そういえば、享保の時代は、なんだか、火事がおおかったな、というわけだ。

吉宗が「火事にとりつかれていた」と見える理由は、こんなところだろう。

そして、ものの<ruby>ついで</ruby>に、吉宗のころに火事がおおかったのは、非人が放火したからだという尾ひれが話に付いた。

そんなウワサが、広まった。

奈良本辰也は、そのことについて、非人はスケープゴートにされたのではないかという。

町人や農民の不満が、為政者《いせいしゃ》に向かわないようにするために、デッチ上げられた、という。わざと、非人が放火しているというウワサが流されたという。

しかし、そんなことはない。すこしだけ論理的になれば、デッチ上げでないことがわかる。奈良本辰也の解釈は、エタ・非人の存在理由を、農民の不満をそらすための安全弁（「社会の沈《しず》め石」）だとした戦後部落史の教条の応用でしかない。

●真　実

考えてみるといい。

非人は、町奉行の配下だ。非人のうちから「火付け」を出すということは、町奉行の汚点である。

非人が放火に走るというのは、町奉行の「賤民管理」がうまくいってないこと、「監督不行届《ふゆきとどき》」を告白するようなものだ。

デッチあげるはずがないのだ。むしろ、非人が放火して歩いている事実を、もみ消したいぐらいなのだ。

つまり、非人が放火して歩いているというのは、フレームアップではない。

真実、非人が火をつけて回ったのだ。

この非人の反乱にあって、直接の関係者である大岡忠相は、賤民統治のあり方を本気で考えざるを得ないところまで、追いこまれた。

なぜ、非人の火付けが、享保のころに増大して、社会問題にまでなったのか。

弾左衛門と車善七の対決のすごさを見てきたわたしたちには、すでに答えが出ている。

町奉行は、はじめは非人の要求も聞き入れようとした。妥協もし、これまでの「違反」に目をつむりもした。しかし、非人の統制が非人頭にできなくなっているのを知ったとき、弾左衛門の側について、非人の独立運動を弾圧した。

裁判が終わり、弾左衛門によって幹部クラス三人の首がはねられた。

「敵討《かたきう》ち」が美風とされていた時代だ。親分らを殺された子分は復讐を決意し、以後、ゲリラになる。もちろん、面従腹背《めんじゅうふくはい》で生きていく者、転向してエタに媚《こ》びを売る者など、さまざまな者がいただろう。

闘いの続行を決意したゲリラ部隊は、もっとも簡単に社会不安を醸成《じょうせい》する手段として、「火付け」をつづけた。個々人のスタンドプレーではなく、あるていど組織だった放火戦術をとったはずだ。抱非人のシステムが、そのとき、ひそかに利用されただろう。

つまり、抱非人が放火したのだ。犯人として野非人が捕らえられたことがあっても、そのほうが例外か、デッチあげだ。

しかし、放火は、家を焼かれた武士や町人に迷惑をかけるだけではない。エタ・非人にも負担になる。

エタ・非人は、消火のために駆けつけなければならない。それだけではない。焼け跡の死骸の始末もやらされる。(明暦三年の振袖火事のときに、弾左衛門は、エタ・

非人の人足を三千二百八十五人差し出し、一万人にちかい焼死者を、両国の回向院《えこういん》に葬《ほうむ》っている。）

そして、放火犯が抱非人のときは、たとえ、非人の闘いのために放火したにしても、皮肉にも、その咎《とが》は、非人頭にもおよぶ。

享保八年（一七二三年）には、手下が火付けをした廉《かど》で、車善七、品川松右衛門の両非人頭は、罰金《ばっきん》二十貫文をとられたうえに、「逼塞《ひっそく》」を命じられている。（ここに出てくる車善七は前年に就任した菊三郎。この年、十五歳になって、車善七を襲名している。）

逼塞とは、門を閉ざして、昼のうちは家に閉じこもっている。夜は、潜《くぐ》り戸からなら出てもいい。（正門は夜でも開けてはならない。）主として、武士と僧に科せられる刑だから、非人頭は、ここでは武士なみにあつかわれている。罰金の二十貫文は五両だ。それよりも、昼に外出できないのはこまるだろう。逼塞の期間は書かれてないが、幕末では五十日と三十日の二種があった。

罰を受けたのは、非人頭だけではない。火付け犯が所属していた非人小屋の主（非《ひ》人小頭《にんこがしら》）は、「小屋主《こやぬし》」をやめさせられた。その上、弾左衛門より相応の仕置きを受けた。

非人は、なにをしても救われない。踏んだり、蹴ったりだ。

ただ、非人の放火で、弾左衛門も、監督不行届で、「急度叱《きつとしかり》」を受けている。これは、「叱《しかり》」よりも重い。奉行所で罪をきびしく叱責される。

そして、以後三人以上の非人の放火犯がつかまった場合には、罰金三十貫文ときまった。

町奉行は賤民を締め付けている。必死である。

なにが起こっているのか。

菊三郎が、車善七の跡目を無事についだにもかかわらず、波風は収まっていなかった。

●二百二十六人遠島

そして、享保九年（一七二四年）三月に、「異様な書付《かきつけ》」が、大岡越前守忠相より、弾左衛門と非人頭に渡された。

なにがあって、こんなことになったのかがわからない。

だからこそ、異様に思える。

現代ふうの表現にアレンジして、全文を示しておく。

「二百二十六人の非人を、弾左衛門が願い出たとおりに、このたび、遠島《えんとう》（島流し）にした。残された非人だけでは、これまでどおりに生活できないだろう。しかし、食を得るのは緊急の問題だ。ここは、むかしのように、小屋を構えないで、乞食に出てよい。渡世《とせい》（生業《なりわい》）についてこのような結論を出したからには、いっそう目を光らせて、手下のものどもが罪をおかさないようにしなさい。このこと、きつく命じておく。町方《まちかた》に対しても、うたがわしい者がいたならばつかまえてくるようにいっておいた。おまえら（弾左衛門と非人頭）の所に、見たことのない者がいたら、すぐにつかまえて、奉行所に訴えて出るように」

二百二十六人の非人がつかまっている。いや、もっと、大勢つかまっただろう。島流しになるのが、二百二十六人なのだ。

無宿の浮浪者が、「野非人制道」でつかまったのなら、不思議ではない数字だ。このくらいの人数は、つかまる。

しかし、これは、抱非人だ。車善七たちの配下だ。小屋頭もいっぱいいたのだろう。だから、小屋がなくなった。

建物の小屋はあっても、小屋頭がいなければ、小屋を構えることができない。これまでどおりの渡世ができなくなっている。

それで、カシラをうしなったヒラの非人に、コジキに出て、身すぎをするようにといった。

前代未聞のことだ。

二百二十六人は、いったい、どんな犯罪をおかして遠島になるのか。島流しは、死

最後の弾左衛門・弾直樹（1823–1889）　1871年の撮影

罪につぐ重罰である。二百二十六人は、火付けをしようとしたのか。火付け犯は、火あぶりの刑ときまっていた。どうして島流しになったのか。二百二十六人も火刑《かけい》にするのは、いささか、すさまじすぎたのか。

それにしても、遠島でもたいへんではないか。船は何次にもわたって、霊岸島《れいがんじま》（中央区新川二丁目）を発ったのだろう。受け入れの伊豆七島でも、こまったのではなかろうか。奄美《あまみ》大島《おおしま》の方に送られた者もいただろう。

いったい、なにがあったのか。二百二十六人以上の非人がなにをしたのか。

非人の大反乱が起こったとしか考えられない。（のちの、エタによる「越生《おごせ》鼻緒《はなお》一《いっ》揆《き》」にも匹敵するような、「非人の一揆」があった。実行されたのか、計画段階で発覚したのだろうか。）

弾左衛門は、ここでは弾圧者だ。二百二十六人を島流しにするよう、町奉行に申し出た。

二百二十六人を、家族から引き離して、島に送った。

そして、この翌年、享保十年（一七二五年）に町奉行は、弾左衛門、車善七、品川松右衛門に、再度、それぞれの家系の「由緒書」を提出させている。

一七〇〇年を前後して、おおいにゆらいだ弾左衛門の力は、危機に直面したあとで、定まった。

幕府も、社会的な混乱を経験しながら、賤民の身分的な位置づけと、その統治方法を確立した。

以後、関八州の非人は、弾左衛門の支配下におかれたままだ。

これら享保時代の一連の動きの結果が、幕末までのエタ身分と非人身分との関係を規定する。

車善七は「野非人」を、たえず「狩り込み」、かれらを「抱非人」にするというシステムのために、膨大な数の子分を持ちながらも、弾左衛門の足下《そっか》にひれふさなければならなかった。

第四章　車善七の解放令

1　顔のない親分

●車善七の墓所

もう、最後の章だ。

なんだ、ちっとも、車善七は出てこないではないか。

『江戸の非人頭　車善七』と看板にうたっておいて、ヒーローが出てこない。羊頭狗肉《ようとうくにく》ではないか。そのようなお叱りを受けそうだ。

カタキ役の弾左衛門の墓は、台東区今戸一丁目の本龍寺にある。最後の弾左衛門の十三代は、写真まで残っているし、生まれた神戸の住吉村には、墓まである。

しかし、車善七は、墓すらたしかめられない。

代々の浅草非人頭は、どこに葬《ほうむ》られたのか。

「朝野新聞《ちょうやしんぶん》」の一八九二年（明治二十五年）七月十九日号には、「善七対弾左衛門の大葛藤」という読物記事が載っている。これは、享保のときの対立ではなく、天保《てんぽう》（一八三〇―四四年）のときの対立を描いている。浅草本願寺《あさくさほんがんじ》（東本願寺、西浅草一丁目）の大座敷に、非人たちは集合し、町奉行に対して抗議集会を持った。

目的は、弾左衛門と車善七とを、対等にあつかえというものだ。

町奉行に訴えて出たものの、またしても、受け入れられなかった。それでいきりたち、いきまき、本願寺に結集した。

徳川の時代に、「集会の自由」などはない。「徒党《ととう》」を組むことは、御法度《ごはっと》だ。

非人たちは、すでに法を犯している。

町奉行は弾左衛門に命じて、非人を逮捕させた。判決はこんども、きびしかった。

車善七は、死刑。子の千代松は、小屋頭《こやがしら》にあずけられた。

「朝野新聞」をすこしだけ引用すると、

因《ちなみ》に記《し》るす。当時死刑に処せられたる善七をば箕《み》の輪《わ》の光雲寺《こううんじ》に葬りたりしが、弾左は其の墓石に青網を被《かぶ》せ置きたるよし。這《こ》は当時罪人の乗り物に網を被《おお》たるに倣《なら》ひたるにて生前弾左に抵抗したる罪は死後猶《な》ほ之《こ》れを雪《そそ》ぐことを得ずとの意を写したるなりとぞ。

ほんとうのことかどうかわからない。このような話が残されているのは、幕末ちかくなっても、車善七と弾左衛門とが、対立していたからだろう。

わたしは、「朝野新聞」の賤民に関する記事に注釈をつけて、『江戸の下層社会』(明石書店)のタイトルで、刊行している。そのとき、「光雲寺」について調べたが、わからなかった。箕輪や浅草に、この名の寺を見つけることができなかった。

またほかに、橋場町《はしばまち》の総泉寺《そうせんじ》を、車善七の菩提寺《ぼだいじ》だとする説もあった。新町《しんちょう》の北にあった大きな寺だ。いまは、板橋区のほう(都営三田線の志村坂上《しむらさかうえ》駅のそば)に越し、橋場二丁目には、平賀源内《ひらがげんない》の墓がぽつんと、取り残されている。

なぜ、車善七の代々の墓が総泉寺だというのか。

総泉寺の中興開基《ちゅうこうかいき》は、佐竹義宣《さたけよしのぶ》だ。

初代車善七(善七郎)の父が、佐竹藩に勤めていたというのは、まえに紹介した。あのアネクドートから、総泉寺が車善七の菩提寺にされたのではなかろうか。

それらよりも、もっとも確実に思われるのは、良感寺《りょうかんじ》だ。これは、元禄十六年(一七〇三年)の文書《もんじょ》に出てくる。(前出『弾左衛門関係史料集』第一巻、一七七ページ。)

幕末の地図で見ると、良感寺の場所は、入谷鬼子母神《いりやきしぼじん》(真源寺)のとなりになる。真源寺は、朝顔市《あさがおいち》で有名な寺だ。市の立つ門前の言問通《こととといどお》りが、いまはなき良感寺の地

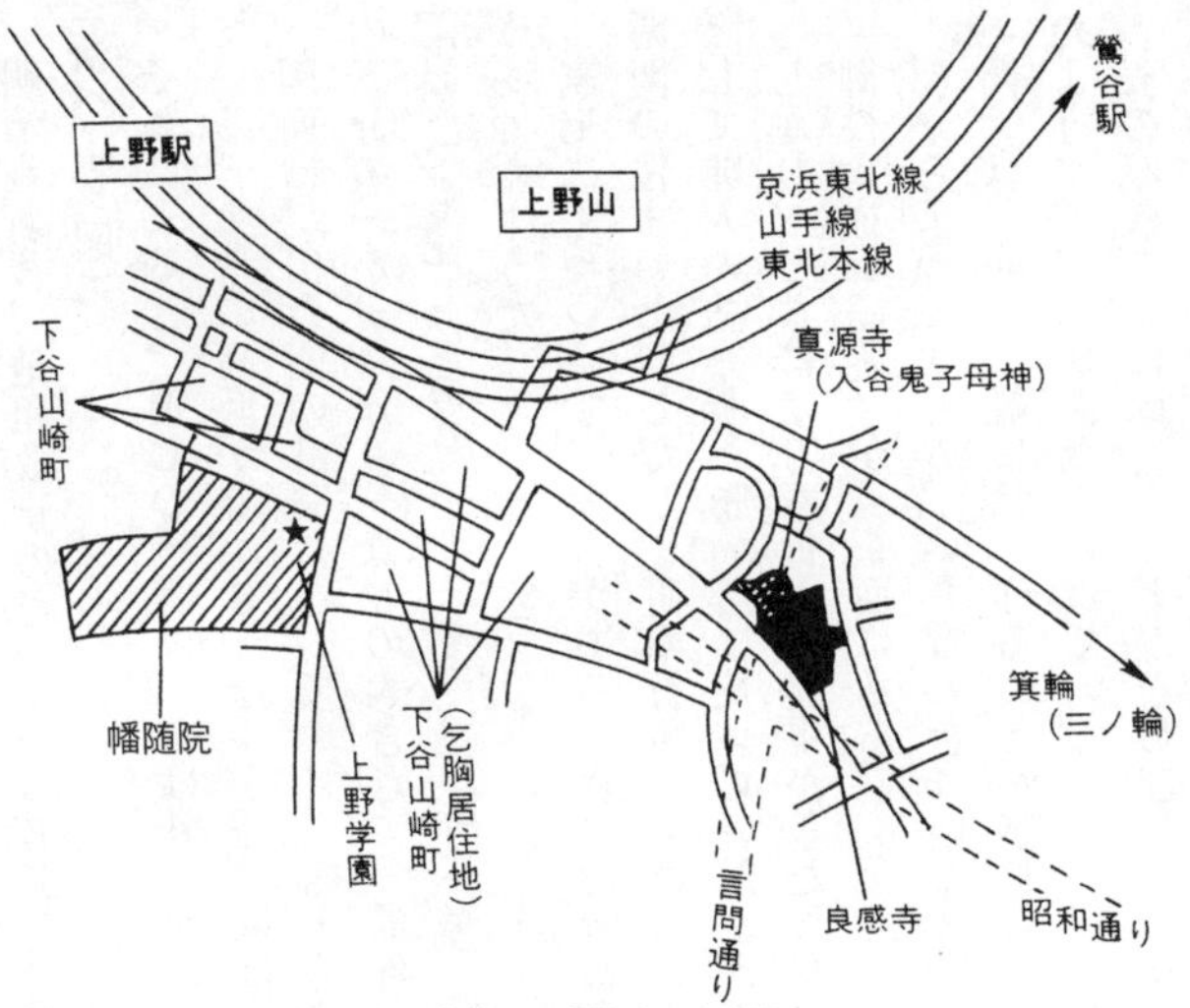

車善七の菩提寺・良感寺

所の一部だ。

浄土宗である。

上野駅の正面ちかく、上野学園の場所に幡随院《ばんずいいん》という寺があった。良感寺は、この寺の末社である。

江戸時代、幡随院から良感寺にかけては、「ぐれ宿《やど》」と呼ばれる遊芸《ゆうげい》の賤民層のための宿もあったし、乞胸《ごうむね》も住んでいる。場所的には、うなずけるものがある。もちろん、そこにあった墓石は、いまはない。

●親分の家宅

顔がなくても、墓の場所だけは、良感寺とつきとめた。

住んでいた場所は、再三、述べてきたように、吉原裏である。

明治維新後、地租改正《ちそかいせい》のために、善七から東京府に提出された図面が残っている（次ページ図）。

それによると、善七の地所は、やはり、おはぐろどぶを挟んで新吉原町にくっついている。土地の高低が書かれてないが、吉原は土盛りしている。

図面は、田舎間《いなかま》の計測になっていて、四十八間四尺五十寸×二十一間四尺の地所。その五分の一か、六分の一ほどの大きさで、車善七個人の家宅がある。北東のすみには、「雪隠《せっちん》」も記してある。トイレは、当時は屋外に設《もう》けられたから、ここに小さい裏庭があったようだ。

家宅にくっついて、役所がある。表の役所と裏の私宅をパックにした作りは、弾左衛門の住まいと同じだし、町奉行所とも似ている。ただ、車善七の場合は、表は、主として非人の詰《つ》め所と賄《まかな》い所に使っていたようだ。

しかし、ときには町奉行から巡視がきたのだろう。

「御役人様御詰所《おやくにんさまおつめどころ》」が、正面にある。

門から入ってすぐの、いちばんきれいな部屋だった。

「門」は、非人一般には、作ることが禁じられている。カシラだけは、帯刀が許されたように、特例があたえられている。

表の座敷の奥には、カマドがならび、その脇に、「米搗《こめつ》き所（米舂所）」がある。

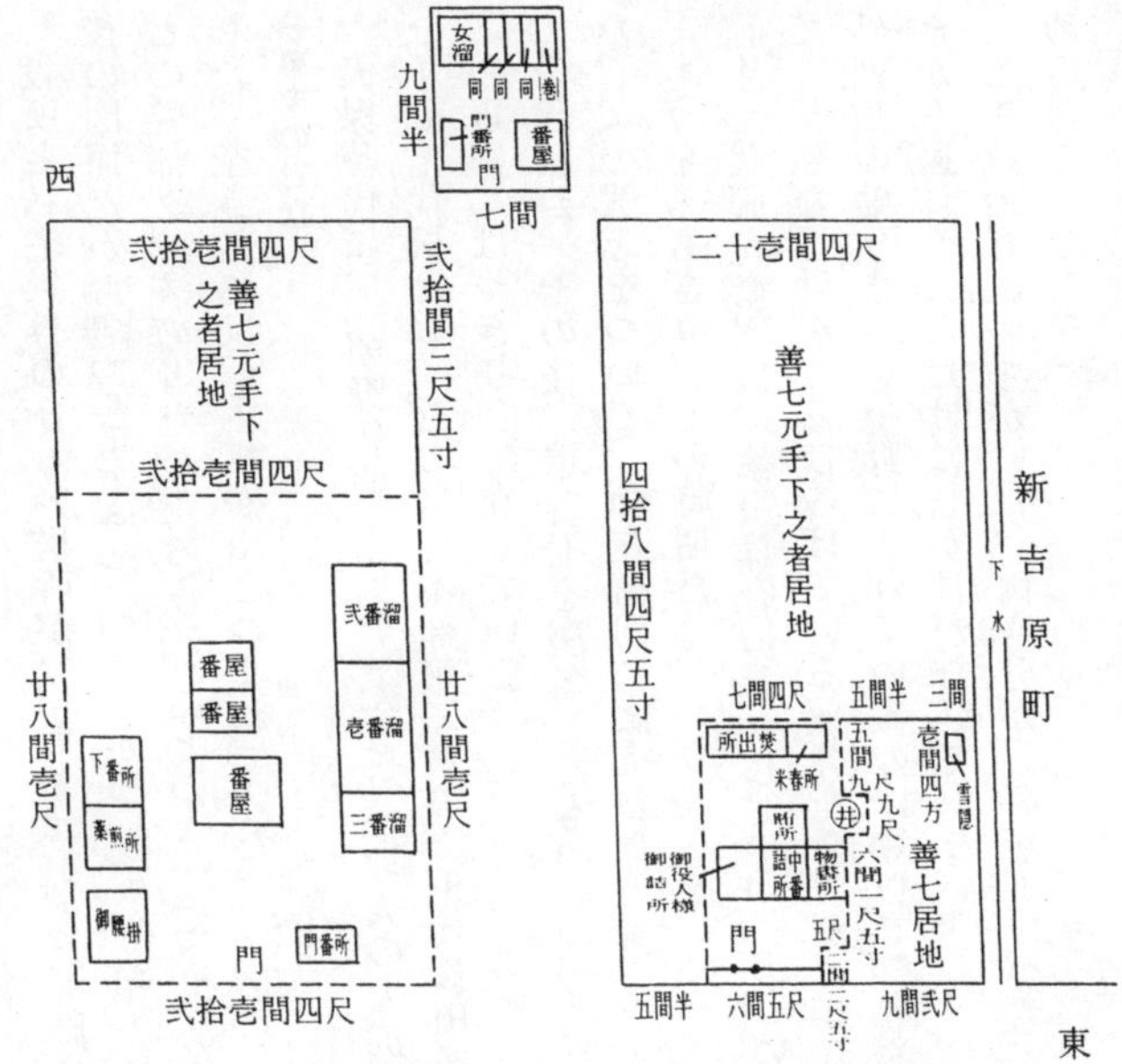

車善七の居宅と溜――右側が車善七居住地。切絵図によっては、ここも「浅草溜」と記載されている。中央の小さい地所が「女溜」で、善七居宅にくっついて作られていた。「百姓地」に作られたため、いくどか裁判になるが、町奉行の働きで内済になっている。そのためか、切絵図に記載がない。（善七居宅の地所内にあったとする説はこのためである。）上図の左側は溜。収容小屋が削られ、残りの土地にいつのまにか「善七手下」が小屋を建てて住んでいる。居住地、女溜、溜の位置関係は本書213ページの地図参照。『史料集明治初期被差別部落』（解放出版社）より。

役所と私宅以外のひろい場所が、「善七元手下之者居地」となっている。（解放令直後の図面だから、「元手下」と「元」がついている。）ここにいた手下は、「組頭」などの幹部クラスの者だったろう。「あとがき」に書いたように酒屋が二軒あったりもした。空き地には、古紙《こし》が山とつまれていた。

●幕末の対立

天保時代に、「朝野新聞」が記したような非人の大抗議集会があったのかどうか。子が千代松といったのは、本部第二章の「千代松由緒書」について語ったとおりだ。こちらは、はっきりと実在している。

千代松が、その後、車善七を襲名したものの、「朝野新聞」にしたがえば、これまた、父の遺志をついで、弾左衛門に反抗した。

もう幕末もぎりぎりの時期だ。

十三代弾左衛門は、徳川幕府にたいして、「エタという身分の引き上げ」をもとめて、猛烈な運動をくりひろげている。弾左衛門が、薩長という西国の藩の存在から海外列強の動きまでを視野に入れているのに対して、車善七のほうは、弾左衛門のくびきから逃《のが》れることだけにしか目がむいていない。

この政治意識のちがいは、両身分が、幕藩下につちかってきた力量の差がしからしめるところだろう。

それだけ、経済的な差があったということだ。

それだけ、弾左衛門が非人身分から収奪してきたということでもある。

この千代松善七も、父の二の舞になった。弾左衛門によって処刑にされたとしても、自爆したようなものだ。

自爆した車善七（千代松）にも、また、子がいた。

庸之助《ようのすけ》といった。父が死んだとき、まだ年端《としは》もいかないので、深川の非人頭の善三郎が後見人《こうけんにん》になり、「非人頭役見習」ということになった。

またしても、親分（千代松・善七）を殺されたのだから、江戸の非人たちは、いきりたったり、やきもきしたりで、おちつかない。

幕末、非人がさわいだという記事が、瓦版《かわらばん》の紙面にすくなくない。

庸之助が車善七を襲名するのは、維新後になってである。

許諾をあたえる町奉行はすでになく、弾左衛門と東京府が相談してきめた。

一八七〇年（明治三年）七月、「解放令」の出る一年まえだ。

●子分の小屋

江戸府内のエタ身分は弾左衛門の新町《しんちょう》に住んだ。朱引内ではここ以外に住んではならない。

一方、非人身分は、一カ所にまとまって住むことを強制されなかった。

だから、これまでは、ばらばらと空き地や河原に小屋を作って住んでいた、というイメージだった。

もちろん、隅田川の土手の下に小屋掛けをして日々を送っていた非人もいただろう。

しかし、そのような非人の多くは、野非人のほうで、抱非人は、もうすこし保護されていた。いいかえれば、住居も制度化されて、町奉行の干渉を受けた。

天保のころ、日本橋川の大がかりな清掃作業があった。もちろん非人が動員されて、泥をさらった。そして、皮肉にも、清掃係の非人たちは、命令されるままに、仲間の非人小屋のいくつかを取り払った。将軍の船

非人小屋の配置例——図Aは、本材木町五丁目の河岸。図Bは、小舟町（こぶなちょう）で、岸には土蔵が立ち並んでいる。

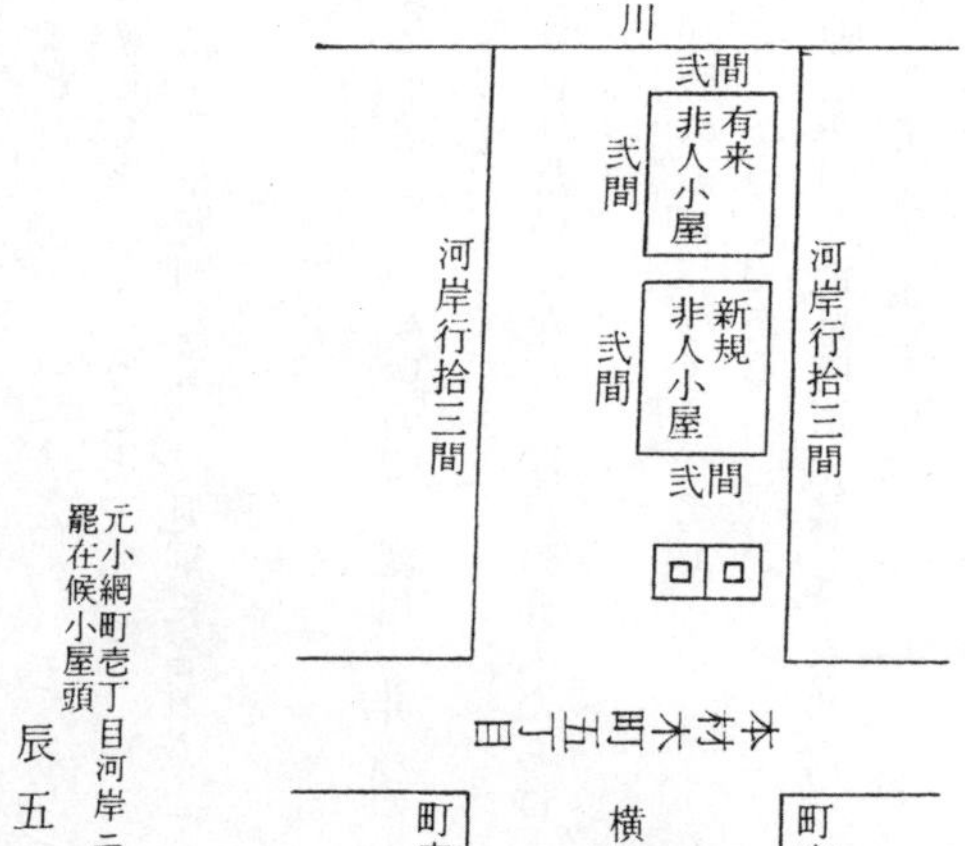

（図A）

が通るときに、めざわりだという。（いつの時代でも、役人の発想は変わらないと見える。）

これらの小屋は、新しい場所に移されたのだが、不幸中の幸いにも、移動さきの図面が残った（前出『弾左衛門関係史料集』第三巻、参照）。そこには、新しく移ってくる非人の小屋ばかりではなく、むかしからの小屋も記されていた。

これでもって、非人小屋の配置の典型《モデル》がわかる。非人小屋は、河岸《かし》のそばに置かれている。

一例をあげよう。まず、河岸に沿って平行の道がある。図Aは、本材木町五丁目で、江戸初期に御仕置場

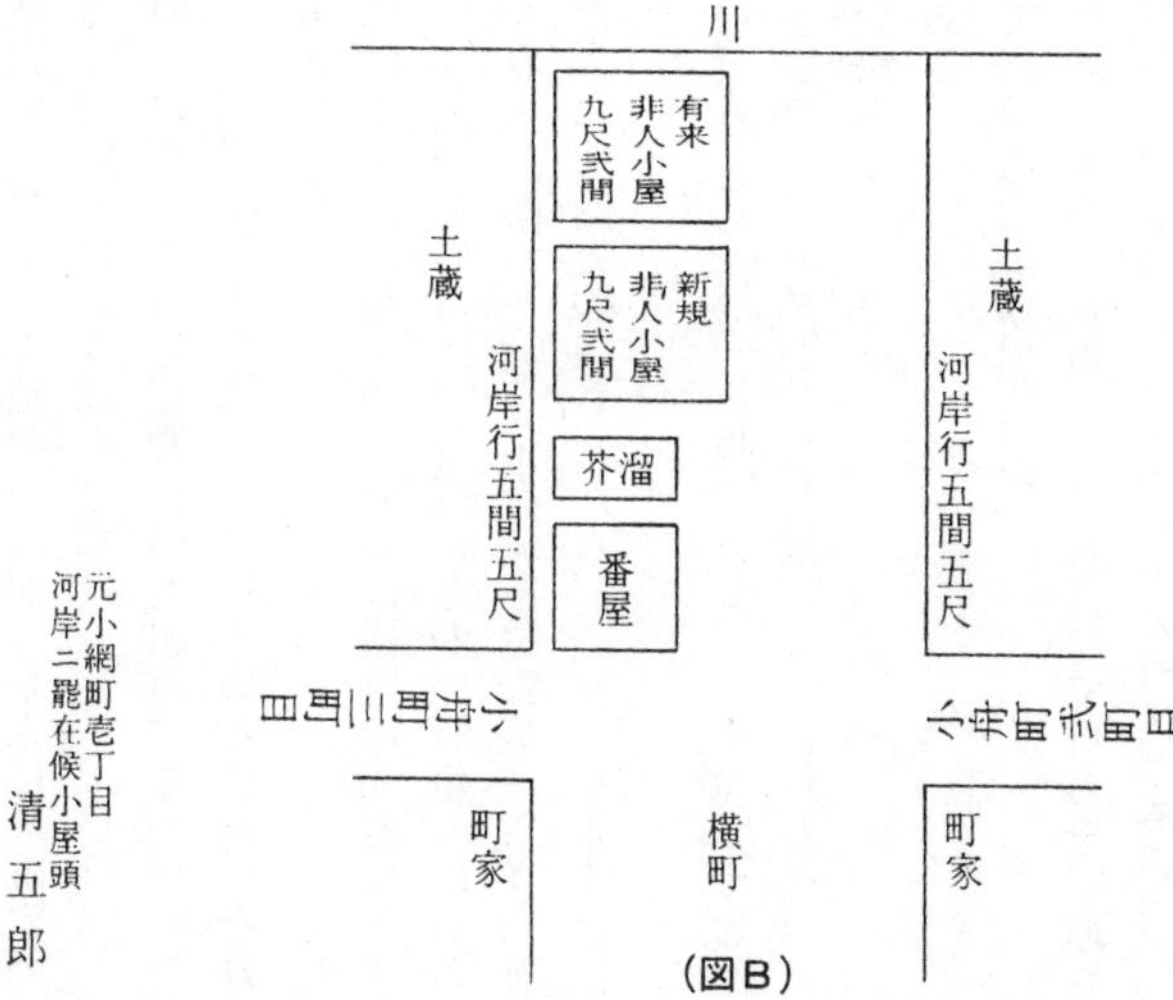

（図B）

があったところだ。当時は、一帯は湿地帯でさびしい土地だったが、幕末には町家で埋まっている。東京駅八重洲口のちかくで、いまはビルばかりだ。

　楓川《もみじがわ》にそって、石組の河岸《かし》がある。河岸は川に平行して段状の石組みになっていて、船からの荷物のあげおろしが楽にできる。「河岸行十三間」と書いてあるのが、それだ。二十三、四メートルになる。かなり広い。

　横町という道が、五丁目通りを突きぬけて、川にむかっている。横町の先端は川までつづいて切れる。段状になっていない。道が終わると、垂直にちかい石組みになる。

　図面では、川に面した道（岸）ぎりぎりの場所に、非人小屋が置かれている。「有来非人小屋」と書いてあるのが、それだ。二間四方の広さだから、タタミを敷くと八畳になる。

　そのとなりに、日本橋川にあった小屋のひとつが、「新規」として、やってくる。やはり二間×二間で、これが小屋の大きさのスタンダードだと考えていいだろう。

　通りと小屋のあいだには、公衆トイレがある。

　また、しばしば、芥溜《ごみだめ》（ゴミ箱）がある。

　また、交通の要所には、通りに面して、「番屋《ばんや》」が置かれた。

　番屋（番小屋）は、町営のポリボックスのようなものだ。町人自身で自らを管理させようというので、「自身番《じしんばん》」制度という。幕末で、江戸市中に千カ所ほどもあった。

自身番につめている町人も、裏の小屋に住みこんでいる非人を使ったことだろう。トイレとゴミ箱の清掃はもちろん、道路や川に動物の死骸が見つかったときは、すぐに非人に片づけさせた。

また、町内の木戸内に「ごろつき」が入りこんできたときには、非人たちに、追い払わせた。

非人に、「日勧進」の寄付を強要されながらも、エタ身分ほど非人がきらわれなかったのは、右のように町人と日常をともにしていた非人小屋頭が多かったからだろう。

2　解放令

●東京誕生

明治維新を、「無血革命」のように唱える学者がおおかった。

いまはどうか知らない。

まあ、これも一種の皇国史観《こうこくしかん》だろう。

天皇が親政《しんせい》するのに、だれも反対しなかったといいたいのだ。

維新時の江戸・東京の混乱は、御用歴史学者によって、極力、おさえた筆致で描かれた。

しかし、実際は、日本史に何回とはない変革期だ。

千年もつづいた「武士」と「賤民」の階級《クラス》が、このとき、消滅したのだ。そのうえ、暦《こよみ》が変わり、廃仏毀釈《はいぶつきしやく》で宗教が変わり、土地制度が変わり、貨幣制度も変わった。変わったものを書き出すと、きりがない。

上野の山の流血、そして、東北での政府軍による略奪、暴行。のちの「皇軍」が侵略地のアジア各地で働いた残虐の原型はこのときにある。（つまり、絶対的な価値をあたえた天皇を軍のトップに戴いたことで、股肱《ここう》の兵は下級の者に対してなにをしても許されるという構造ができたのだ。日本の兵は自己を律する必要がなかった。天皇直属の赤子《せきし》といわれて、天皇と一体化していたからだ。）

錦旗《きんき》の進むところ、千住《せんじゆ》から会津《あいづ》にかけての町人、農民はひどい目にあった。田畑を踏みあらされ、女性は性的暴行を受け、ときに放火だ。

江戸だって、寛永寺などを除いて、焼失をまぬがれただけのことだ。

平静であったわけではない。

徳川残兵によるテロ行為がつづいたものの、戦勝軍の横暴も幅をきかせていた。

そして、維新直後の東京は、本質的な面で、立ち行かなくなっていた。

つまり、都市の規模と人口のバランスがくずれた。

人口は、半減した。百万の人口で成立していた都市が、半分の人口になれば、都市機能は停止する。

あれはてる。大名屋敷が、八重葎《やえむぐら》におおわれただけではない。通りを行くと、ゴミや小動物の死骸が何日も放置されたままだ。人間の死体が、空き家になった江戸城にころがっていたりする。

大名、旗本、御家人、僧侶、大店《おおだな》など、江戸にいた富裕層が逃げ出した。そのあとに、近郊農村から貧しい農民が、遠慮なくやってきた。

これが、「東京」と名を変えた江戸の町だった。

薩長土肥《さっちょうどひ》の兵士と、保護者を失って浪人になった元下級サムライ、逃げて行く場所のない平均的な町人と、それに浮浪者ばかりの都市。

でも、このとき、非人たちは、あいかわらずいそがしかった。

こんどは町家だけではない。江戸時代の非人の守備範囲は町人の住む所だった。それが、その何倍も大きい武家地や寺社領の片づけに駆りだされた。

どさくさにまぎれて、野非人になったり、泥棒に精をだす者もけっこういたけれど、大部分の非人は、むかしと変わらない仕事を、より広範囲でつづけた。

慶応四年＝明治元年、十三歳の庸之助の運命は、すっぽりと弾左衛門の掌中にあったし、維新後もそうだった。

弾左衛門は、いち早く徳川に見切りをつけて、土佐藩とパイプを通じたのち、新政府に出仕した。

そして、ここが重要なのだが、新政府のほうでも弾左衛門とその配下の者を、非人をもふくめて、必要にしていた。

江戸にあふれる浮浪者（むかしの野非人）の取り締まりと、市街に放置された死体処理があった。混乱期に激増した処刑の手伝い、幕府軍の「残党」の探索。それに、窮民の収容などという、さしせまった仕事があった。

庸之助は、新町役所がいってくるままに配下を走らせて、右の仕事をつづけていた。ただ、こまったことに、「日勧進」のシステムが崩壊しかけていた。

むりもない。富裕層が脱出したあとの東京だ。集まるものも、集まらない。配下の非人のくらしが立ち行かない。

弾左衛門に訴えて、このままでは組織が維持できないと述べた。

これには、弾左衛門もまいった。いま、非人がいなくなれば、市政裁判所（町奉行の後身、都庁の前身）の勤めも果たせない。

弾左衛門は新政府に、非人の牢での仕事の賃銭の引き上げなどを願い出ている。

●行き倒れ

政治的な不安も影響したのだろうか。農村は不況だった。

東京に貧民が、流れこんでくる。

やってきても、むかしの江戸の繁華さはない。食えないまま、行《ゆ》き倒《だお》れる。

息を引き取った死体が見つかると、五人組（町人）が立ち会い、殺人でなければ、非人を呼んで片づけさせた。その報告が残っている。（五人組制度がまだ機能している。）

参考までに、一例だけ、こんにちの表現に直して引用しておく。

> 町内の往還《おうかん》に、年齢三十ぐらいに見える無宿非人ふうの男が倒れて死んでいたのを、今晩六時頃に見つけました。木綿《もめん》の単物《ひとえもの》を着て、細帯《ほそおび》を締め、かたわらに古椀《ふるわん》ひとつ、竹杖《たけづえ》一本、紙包みのうちに銅銭三文、真鍮銭《しんちゆうせん》一文がありました。

維新の翌年、一八六九年（明治二年）五月二十五日、三河町《みかわちよう》（千代田区内神田《うちかんだ》一丁目）からの報告の一部だ。

このころ、一年ほどで、餓死三百人。首つり、捨て子も何百という単位だ。都市機能が停止したうえに無政府状態だ。犯罪もおおい。

牢も、寄場《よせば》も、溜《ため》も、ムチャクチャにいっぱいだ。

一八六九年の秋の小伝馬町の牢には、三百名。

石川島の人足寄場にも、三百名。

浅草溜、四十四名。（品川溜は七名の数字しか出てないが、これは、前年と当年の一年九カ月のあいだに、死者二百十八名もが出た。あまりにも死亡者が多いので、入所が禁じられたからだ。）

新政府は、溜に問題があると理解したのだろう。同じ一八六九年の暮れ（明治二年十二月八日）に、溜の管轄《かんかつ》を、東京府から刑部省《ぎょうぶしょう》（のちの司法省）に移した。刑部卿《ぎょうぶきょう》の烏丸光徳《からすまみつえ》は、すぐに品川溜を閉鎖した。閉鎖が解かれることはなかったから、この時点で、品川溜は廃止になったわけだ。（品川溜は、非人頭の松右衛門の家宅と同じ場所にあった。京浜急行の青物横丁《あおものよこちょう》駅のそばだ。次ページの地図参照。）

高柳金芳は、刑部省への移管の時期をもって、両溜が、「その百八拾余年にわたる歴史を閉じたのである」（『江戸時代被差別身分層の生活史』）としている。中尾健次は、移管の日付を、一八七〇年（明治三年）一月二十六日とし、「一八〇年余り続いた溜の歴史は、実質的に幕を閉じることになる」（『江戸社会と弾左衛門』）としている。

わたしは、品川溜は即刻停止になったものの、浅草のほうは、管轄が変わっただけで、その後も数年、収容者がいて、非人がこれまでと同じようにめんどうを見ていたのではないかと思う。

浅草溜の実質的な廃止は、一八七二年（明治五年）になる。

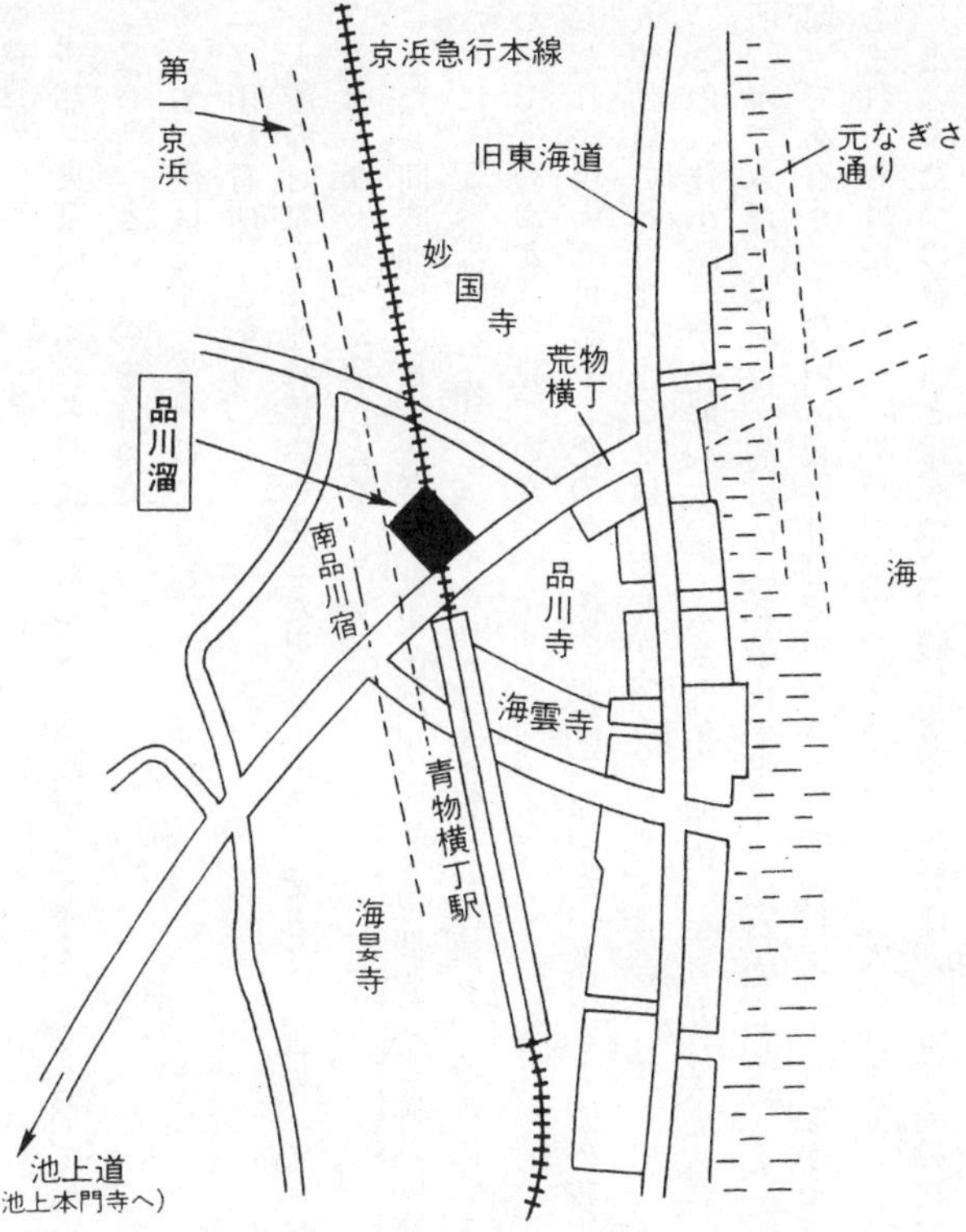

品川溜（非人頭居宅）の場所

●救育所

新都・東京にあふれる貧民に対して、新政府も、手をこまねいてはいられなくなる。

「救育所《きゆういくしよ》」というのを作った。

まず、港区三田《みた》一丁目にできた。

「三田救育所」という。

入所の対象は、連れ添いを失った男女の老人、そして、孤児。そのほか、どうにも立ち行かなくなった窮民となっている。

また、同時期に、東京府は、江東区深川の三十三間堂《さんじゆうさんげんどう》（富岡八幡宮《とみおかはちまんぐう》の東側にあった）に、「救小屋《すくいごや》」を作って、年とった乞食や幼い浮浪者、それに病人や障害者もくわえて、めんどうを見ていた。

だれが現場で世話をしたのか。その記録はないが、深川非人頭の善三郎の配下の非人が動員されただろうことは、察しがつく。

この「救小屋」が発展して、一八六九年（明治二年）九月十四日に、「麴町救育《こうじまちきゆういく》所《しよ》」ができた。場所は、麴町の「和歌山旧邸」に設《もう》けたというから、「紀伊和歌山藩《きいわかやまはん》邸《てい》」であろう。千代田区紀尾井町《きおいちよう》である。とうてい貧民の入れなかった場所に、運びこまれたわけだ。いま、グランドプリンスホテル赤坂などがある。

このふたつの救育所とはべつに、賤民専用の救育所が、港区高輪《たかなわ》にできた。麴町救育所ができて半月後、九月二十七日だ。

収容人のめんどうを見るのは、弾左衛門の配下、新町の者ときまった。

非人がつかまえてきた「無宿浮浪者」の多くを、ここに入れた。

非人頭には、むかしのように、無宿を「抱非人」にして、配下にくりこむ力が、もはやなかった。

「高輪救育所」成立の二十日後の十月十七日には、はやくも、七百五十九人が入所している。うち、女性は、二十五人。

●改　名

明治維新が起こってから三年たった。賤民たちの意識は、徳川のころとくらべて、すこしは変わっただろうか。

この年、庸之助は、十五歳になった。

後見役の深川善三郎らが奔走したのだろう、十三代目の弾左衛門も、庸之助が「浅草非人頭」になることを認めた。

何代目かの、車善七が誕生した。

一八七〇年（明治三年）七月二日だ。

庸之助は、自分が「最後の車善七」になるとは、まだ気がついてはいない。父の跡をついで、やっと「非人頭」になれた。

うれしくてたまらない。

手下の組頭と、各地の非人頭を浅草に招いた。集まってきた仲間と、祝いの言葉をかわしただろう。

この時点では、非人の意識は徳川のころのままだ。しかし、同じ年の九月十九日に、「平民に苗字《みようじ》が許可」になり、弾左衛門が、弾直樹《だんなおき》と称するようになると、庸之助も、なったばかりの「車善七」を改めてしまった。

長谷部《はせべ》善七《ぜんしち》と名乗る。

「長谷部」という姓に、どのような因果があるのか、わからない。

「車」という姓を捨てたのは、そこに、江戸二百数十年間の賤視がこめられているのをきらってであろう。

そして、一八七一年（明治四年）八月のすえに、姓だけではなく、その賤民身分からも解放される。

二十八日に、解放令が出たのだ。

穢多非人等ノ称被廃候条、自今身分職業共平民同様タルヘキ事
はっきりしている。例外規定はない。

エタ、非人らの呼称がなくなる。呼び名がなくなることで、その身分が消滅する。

(「穢多非人」の呼称が、徳川幕府の制度的な正式の名であったことがこれでわかる。)

以来、職業などのすべてが、「平民」と同じあつかいになった。

長谷部善七とその配下の者は、歓呼の声をあげてよろこんだことだろう。

なによりも、これで、弾左衛門のくびきを脱することができた。

何代もの車善七の悲願が、いま、かなえられた。そのために命を落とした何人もの先代に、長谷部善七は、念願成就《ねんがんじょうじゅ》の報告をしたことだろう。

しかし、解放令のたった一行、たった二十八文字で、長谷部善七は、「非人頭」の地位をうしなってしまった。

一年まえに、車の姓を捨てたが、ほうっておいても、一年後には、「車善七」という姓名は、過去の産物になったのだ。

そして、弾左衛門もまた、「穢多頭」の特権を取り上げられた。

もう、長谷部善七になにもいってこない。

解放令ののちも、部落は残った。そのため、解放令を、実質のともなわない空虚な法令のようにいう人があとを絶たない。

しかし、史実はそうではない。

新政府は、解放令を着実に実行した。

「新町牢」を廃止し、そこにいた非人三十名を、小伝馬町牢屋敷にさっさと移した。しかし、非人が入所してくるのをいやがった小伝馬町の牢番もいたし、囚人もいた。しかし、強行した。

また、賤民専用の「高輪救育所」も、賤民身分がいなくなったのだから、一応、廃止になった。「一応」というのは、入居者をすぐに追い出すわけにはいかなかったからで、新政府はこれの民営化をはかっている。福島嘉兵衛《ふくしまかへえ》に、タダで貸与《たいよ》して、入居者の面倒を見させている。

（福島嘉兵衛について、わたしは知らないが、住所が北紺屋町《きたこんやちょう》というから、鍛冶橋交差点から京橋方向に行ったあたりの商人だったのだろう。こののち、三田救育所も貸与されている。三田にいた、病人、障害者、老人、盲人、幼児百九十人を高輪救育所に移し、六十二人の労働可能な者は三田に残し、東京府に対して機械類の払い下げを求めている。）

解放令から一年後、長谷部善七の居住地は、上地《じょうち》（上知）されて、代価を支払うことなく、沽券《こけん》（売り渡し証文）を受け取ることができた。

そのとき、弾左衛門の新町が亀岡町《かめおかちょう》になったように、独立した町にするかどうかが検討された。

結果は、非人たちがおいおいに外に出て行くだろうと読んで、独立させないで千束《せんぞく》村《むら》に合併した。

しばらくは元非人がおおく残っているため、「町役《まちやく》」を置くことになった。

五十二歳と四十八歳の「元手代」（元組頭）が町役になっている。

長谷部善七がならなかったのは、「いまだ若年、ことに病身の者」だったため、と記載されている。

3　乞食撲滅運動

●コジキ受難

もう、「弾左衛門」も、「車善七」もいない。

明治維新というはげしい革命で、武士同様に、その役目がなくなり、身分もなくなった。

弾左衛門は死牛馬から皮革を集める必要がなくなった。皮革は輸入に頼り、牧場の牛馬で不足をおぎなった。

非人といっしょに勤めていた「番」の仕事は、近代警察にとってかわられた。鹿児島から出てきた「元下級武士」が交番に立った。

牢屋敷も廃止されて、近代刑務所が誕生した。

八丁堀《はっちょうぼり》の旦那《だんな》（与力・同心）が不要になったと同じで、弾も長谷部も出番《でばん》がなくなった。

そして、長谷部善七たちの非人には、もっとおおきな災厄《さいやく》が待ちかまえていた。

「乞食撲滅《こじきぼくめつ》」の世論が起こったのだ。

はじまりは、善意なのだろう。

コジキはみっともない、コジキはかわいそうだ、なんとかしてやりたい。コジキを救うために行政はなにをしているのか。

ロシアの皇太子が、東京にくるというのに。

コジキは新生日本帝国の恥ではないか。乞食廃止の世論は、ヒューマニズムとナショナリズムがいっしょになった発想ではじまった。

「文明開化」のスローガンを信奉するかぎり、新政府も、コジキを放置しておくわけにはいかなくなった。

進歩的な新聞も、コジキを怠惰でたないい存在と見て、その一掃を進言している。

しかし、仏教の教えからすると、これは、正反対の結論だ。

「日勧進」の説明のときに述べたように、悟りを求める僧は、世俗の仕事にたずさわってはならないのだった。修行中は、いまも、タイの僧が、黄色いころもをまとい、茶わんを持って托鉢して歩いているように、コジキをしなければならない。行き倒れのコジキが、ひとしなみに、茶椀だけは最後まで持っていたのは、維新後も、この伝統がつづいていたことを示している。

ひとびとの喜捨《きしゃ》によって生きる。そのことは、近代以前では、すこしも恥ずかしいことではなかった。むしろ、仏の教えに忠実に生きる者として、誇り高い行為であった。

維新後、僧体のコジキがへったためか、廃仏毀釈の影響でか、コジキの存在を認める考えが忘れられる。

西洋にかぶれて、それまでの社会的な風俗習慣は徹底的に否定される。そのはげしさたるや、中国の紅衛兵なみだ。

警察までが乗りだしてきて、コジキの取り締まりをはじめた。

東京府から各区に、コジキに喜捨をあたえてはならないという通達が発せられる。

つぎのような文面だ。

これまでコジキへ米銭をあたえてきたのは、姑息《こそく》な情から出たものだ。一時、飢餓《きが》から救うだけで、かえって当人をナマケモノにした。今後は米銭をいっさいあたえてはならない。もっとも、コジキは去る十七日かぎりで禁止になったから、今後、徘徊《はいかい》する者はいないはずだ。ただ、よそから潜入してくる者もいる。この者を軒下《のきした》に泊めたり、米銭をあたえる者がいたならば、二銭の罰金に処する。コジキは、見つけしだいに警察が逮捕する。

すさまじい内容だ。

新政府の独断と独裁がうかがえる。

日付は、明治五年（一八七二年）十月二十六日。署名は、東京府知事大久保《おおくぼ》一翁《いちおう》(忠寛《ただひろ》)。

十月十七日に、コ、ジ、キ、廃、止、令、が出ているのが、この文でわかる。

●コジキ収容

コジキを廃止するというのは、なかなかむつかしい。

この時代、仏教の教えを信じてコジキをしている者は、京都や奈良ならともかく、東京にはほとんどいない。

なにもできないから、僧の真似事として、コジキをしている。

やめろといわれても、活計《たつき》の道を自分で見つけられる者はいない。

無宿は、江戸という都市が直面した病理であった。ふえつづけるコジキの対策として、車善七を頂点にした非人制度ができたのだ。

コジキを手下《てか》に抱え込み、そのコジキに新しいコジキを狩り込ませる。小屋頭のもとにうまく組織して、牢屋や刑執行の手伝い、河岸や道路の清掃をやらせた。清掃の延長で、紙くず拾いがおこなわれるようになった。

身分制を前提にして形成されたシステムだった。

為政者にとって、都市での浮浪者は、重要な問題だった。

一歩まちがうと、「享保の火付事件」のような、社会不安のもとになる。

町奉行が、弾左衛門や非人頭に、それなりに気をつかい、かれらの言い分をよく聞いたのは、そういうことがわかっていたからである。

明治政府は、手探りで、一からはじめる道を選んでいた。

解放令で、非人制度を廃止したのだから、こんどは、東京府でコジキをどうにかしなければならない。

考えられることは、まず、収容することだ。どこかにコジキをみんな収容して、収容者のうちで、健康な成人には、そこで仕事をあたえる。

仕事ができないなら、仕事の仕方を教える。

収容場所を探して、「元富山邸」が見つかった。いま東大付属病院のある文京区本郷七丁目の東の端だ。

収容に際しては、ベテランの世話係が必要だった。道ばたにころがっているコジキを起こして、いやがり暴れる場合でも、無理につれて行くのだ。元非人手下でなければできなかった。

新政府の官吏《かんり》は、鼻をつまんで、遠くから眺めているだけだ。

四日後、どういうわけか、元富山邸のコジキは浅草溜に移された。

浅草溜で、あっというまに百四十人になった。

溜の長屋は、ぎゅうぎゅうだ。

環境は、最悪だ。どこか、もっと広い場所を、探さなければならない。

（浅草溜の廃止の年限をいつの時点にするのかは、このような利用のされかたをした一八七二年・明治五年の直前と見るのがいいのではなかろうか。こののち、三年後の一八七五年・明治八年に、溜の小屋を伝染病の病院にしたいという願いが出ている。空《あ》き家《や》になった小屋が残っていたのだ。）

一八七三年（明治六年）二月五日、溜の収容者は上野の護国院《ごこくいん》に移された。いまの東京芸大美術学部から動物園の一部にかけての地所を有する大きな寺だ（次ページ地図参照）。

東京府は、ここの建物を買って、貧民の収容所にした。

名を「養育院《よういくいん》」という。

浮浪の徒をつかまえると、片っぱしにここへ入れる。

私営の高輪救育所にいた病人や女子、子、老人、障害者もつれてこられた。「当道座」も廃止されたから、盲人たちで困窮した人も入所したはずだ。

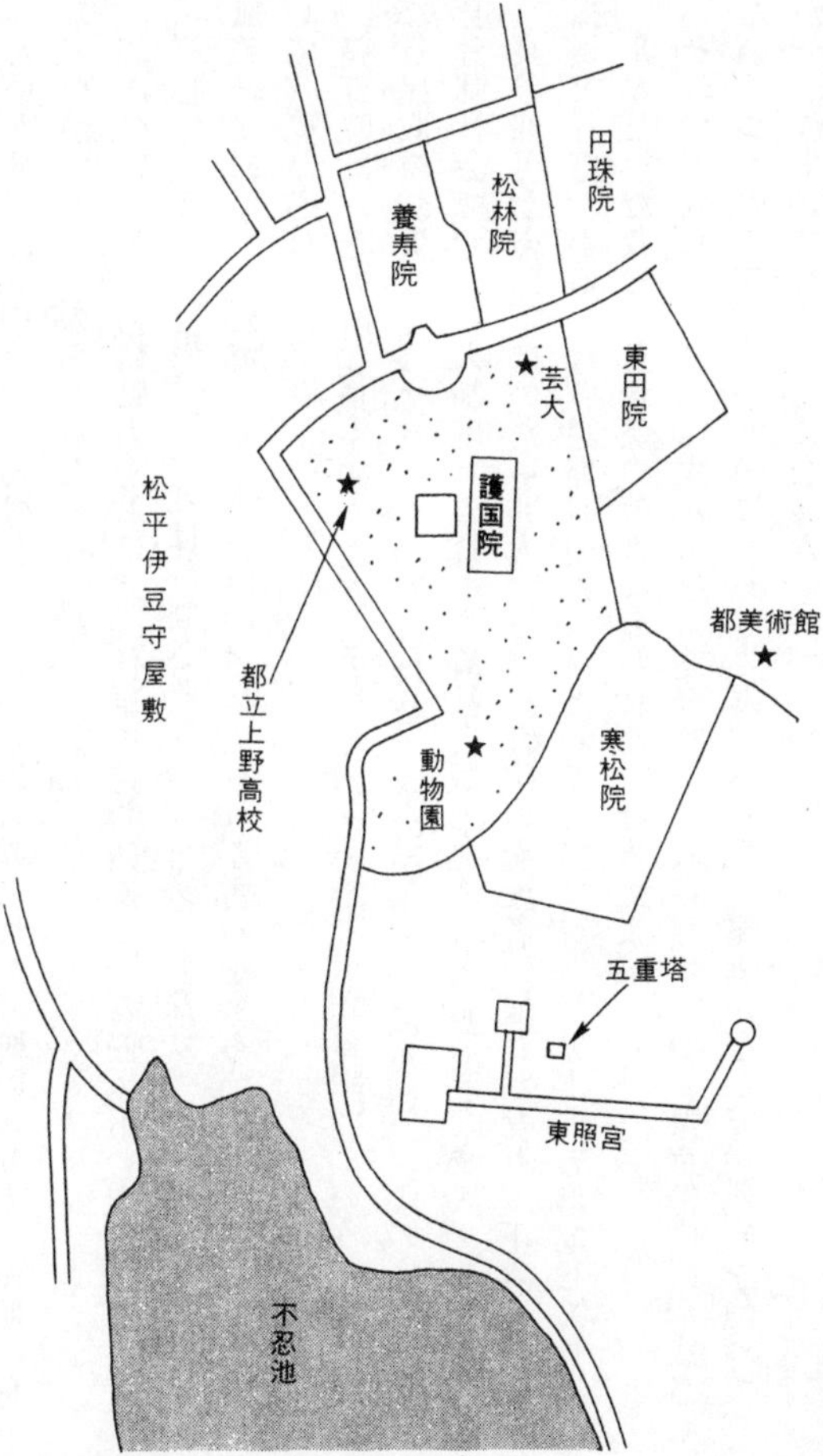

上野の護国院。ここから「東京養育院」が出発する。

養育院は、すぐに六百名をこえた。

「人足寄場」にならって、入居者に授産がこころみられた。靴の作り方、洋服の作り方、やがてマッチの作り方などを、教えている。

ここの安い労働力に魅力をおぼえ、仕事を持ち込んでくる商人もいた。

そして、「非人寄場」で一度は計画されながらも実現しなかった紙すきが、院内の紙漉場《かみすきば》でおこなわれている。東京府庁で捨てられる古紙をもらい受け、ちり紙に再生して、売りさばいた。

養育院は、その所在地を変えながらも、やがて、「東京養育院」という帝都の巨大な貧民収容装置になって行くが、それはこの本のテーマではない。（この「院」を、身分制社会での「非人制度」の資本主義社会版と見ることは容易である。）

長谷部善七の配下にいた「非人」は、養育院の看護者に雇われたり、下水や堀の清掃員として、あるいは、道路普請《どうろふしん》の人足《にんそく》として、プロレタリアートを形成して行く。

非人だった者で、養育院の監督に雇われた者はまだよい。

それに失敗した者は、みずからを「養育院」に収容されるか、東京都内に形成されたいくつかのスラムのひとつにもぐりこみ、不衛生な環境のなかで、残飯《ざんぱん》を漁《あさ》って、かつかつ生きて行くことになった。

マルクス主義で、「都市ルンペンプロレタリアート」と呼ばれる階層である。

近代社会が形成されても、都市を浮浪する者は、増えはこそすれ、減りはしなかったのだ。

病弱だった長谷部善七当人はどうなったのか。

配下だった者は、あちこちに散った。

善七も、もうそこにいる必要がないから土地を売った。

千束村二丁目の吉原裏を離れたあと、どこへ行ったのだろう。

最後の車善七、長谷部善七と名をかえた病弱な青年のその後の運命は、わかっていない。

おわりに

仕事の始まりは、いつも、唐突に思える。

「新書で、車善七について一冊」

三一書房の林順治編集長にいわれて始まった。林さんのほうでは、わたしの守備範囲などをよく考慮して話を切りだされたのだろうが、わたしのほうでは、唐突である。しかし、話が出たからには、もうあれこれと考えない。

やってみる。

車善七については、あまりわかっていないけれど、江戸の非人一般については、もう粗方《あらかた》、語られている。エタ身分については、まだ地方の小頭の家系に資料が眠っている。差別が強かったために「家」がつづいたし、また過去の資料は隠されてきた。それらが、だんだんと公表される。しかし、非人については、新しいデータが見つか

ると は思えない。非人の家系は、九十九パーセント、雲散した。

なにか書くとしても、新しいことをわたしが見つけることなど不可能だ。先人の研究をまとめることしかできないだろう。

それでも、非人頭と非人について、はじめて知ろうとする人には、役立つかもしれない。

とりかかってみた。

書いていると、江戸の無宿に、こんにちの路上生活者の姿がだぶってきた。新宿西口地下街、多摩川河川敷、隅田川河畔、山谷堀公園などに、段ボールやブルーのビニール製の覆いで小屋を作って住んでいるひとたちの姿だ。十年まえにくらべて減っているだろうか。むしろ増えているような感じもする。

むかしは、菰《こも》をかぶって軒下《のきした》にころがっていたのが、いまは段ボールで身を守っているものの、江戸も、いまも、ちがいはしない。そう思えてしまう。

しかし、そうではない。路上生活者に対して、徳川幕府は無策ではなかった。

江戸で幕府がいちばんアタマを悩ませたのは、都市問題である。十万人ほどで出発した土地が、五十万人、百万人と大きくなるのである。

とくに初期の江戸の膨張はは げ し かった。

流入する人口のうちで、浪人と浮浪者にどう対処するか、町奉行は知恵をしぼったのである。

そして、路上生活者への対策として、非人制度が徐々に形成されてきた。

つまり、人別帳からはずれて路上にたむろしている者を、エタ頭や非人頭につかまえさせた。つかまえて、非人小屋頭に抱えさせた。賤民身分に落として、非人の管理下で、働かせたのである。

非人制度は大都市になった江戸には、不可欠のシステムだった。

その総元締《そうもとじ》めが、車善七であった。

この本では、右の考えを基本において、非人の生活や掟を紹介した。

重要なタームは網羅したつもりだ。（抜け落ちているキーワードで有名なものに、「足洗い」がある。これは生得の非人ではなく、刑罰で非人にされた者、落ちぶれて非人になった者で、まだ十年を越えない者が、縁故者からの申請で「平人」にもどれることをいった。）

しかし、単純な網羅では教科書みたいだ。おもしろくない。そこで、これまで語られることのすくなかった「新鳥越《しんとりこえ》御仕置場《おしおきば》」の時代にスポットライトを当てた。

この十七世紀の中ほど、車善七の居住の小屋がどこにあったのかわかっていない。

これまでの研究書では、わかっていないことすら、気がついていない。気づかないのだから、問題にもならない。つまり、そのことは語るにあたいする。

本文では、一六四五年から一六六六年までの車善七の居場所はわからないままにしているが、「もしかすると……」という場所をにおわしておいた。

それが、「砂利場」である。煩雑さを恐れずに、砂利場の大きさや、そこにあった新鳥越御仕置場の広さなどを、いちいち書きとめたのも、そのためである。

（砂利場という地名は一六六〇年につけられたとするなら、一六四五年に車善七が移ったときには、ちがう名前があったはずだ。）

車善七が、一六六七年に吉原裏に移転したあと、車善七配下の小屋頭の弥右衛門が、砂利場を浅草寺から借りた。そのことは、本文にも記したが、『文政町方書上』の浅草寺の項に、

「砂利場、小屋頭弥右衛門居小屋と小屋頭ども罷り有り」

とあって、家七軒、と記録されている。また、地所の面積が、長さ二十七間（約四九メートル）、横幅十間（約一八メートル）とあり、このうち、十間に五間は、無宿のための無縁墓地に当てられたとある。

この記述にならんで、弥右衛門が百姓亀之助から、

南之方、東西長さ十六間一尺、但し下水が通り南北長さ十間

東之方、地境の通り、南北長さ十間三尺

を借りていて、ここに、小屋が九軒建っている。南之方とか北之方は、砂利場を中心にして考えればいいのだろうか。

そのあとに、「右地所、年月相知れず、旧来より借うけ候由」とある。

このような内容をどう読み解くのか。

このあたり、砂利場をふくめて、幅十間ほどの細長い土地が山谷堀にそって長くのびていたようだ。当時は、いまの吉野通りを浅草寺のほうから歩いて行くと、新鳥越橋の手前で、左手に、日本堤にのぼる坂があった。その坂をのぼり吉原にむかうと、右に山谷堀、左の土手下に西方寺が見えた。日本堤と山谷堀に挟まれた細長い土地、それがここでいう「砂利場」だ。諸資料を総合して考えると、まずまずの広さになる。そのどこかに、非人がいつもいた。

(そしていまも、山谷堀公園にそって路上生活者が小屋をつらねている。鳥越神社わきの路上にも小屋ができている。ずっとその場所にいたのではない。そこに非人の集落がなくなって百年も二百年もたって、突然、かつて非人のいた場所ちかくに、路上生活者が集まってくる。これは、いったい、どう説明できるのだろう。)

砂利場のテーマについで、つぎに、享保時代の非人による火付け事件にページをさいた。二百二十六人の島流しについては、よく知られていたが、これを、「非人の反乱」もしくは、「非人の一揆」として、きちんと位置づけて考えてみることはしていない。この事件が、もっと注目され、いったいなにがあったのかが、歴史学者によって解明されるのを期待している（のちに、わたしは時代小説『車善七』を筑摩書房から刊行することになる）。

書き終えて、エタ身分とはまったくちがう非人のすがたが、すこし見えてきた。近代になって非人は消滅する。代わりに近代資本主義社会の負の文字を刻印された「ルンペン」が新たに登場する。

そして、溜に代わって、東京養育院が誕生する。

江戸から近代へ、その間の「都市放浪者」の断絶と連続の弁証法をも書きたかったが、あまりにも、タイトルから逸脱する。そうでなくても、車善七の登場回数はすくないのだ。

べつの機会にしよう。

ゲラになってから、赤字だけではなく、多くの地図や写真を挿入した。『異形にされた人たち』につづいて仕上げを担当していただいた編集部の篠原りょうさんに多大な迷惑をおかけした。お詫びし、お許しを得て、お礼を申し上げる。

本書、生みの親の林順治さんにお礼を申すのはいうまでもない。

一九九七年八月　大田区雪谷にて

文庫版あとがき

車善七の居宅は吉原にくっついている。本書もそのことから書き始めた。わかりやすいし、おもしろいから、そのような構成にしたのだが、こんど文庫にするために手を入れながら考えていると、ここはもっと、あれこれといじりまわして、非人について詰めていけるのではないか。

車善七から見れば、江戸でいちばんおカネが落ちる場所にくっついていることはわるくはない。ここに土地をあたえられたときの車善七は鼻高々であった。一方、新吉原の楼主たちは、とんでもないと鼻をつまんだことだろう。遊女街は非人と同等であると、町奉行からいわれたのとおなじであった。反対運動をしただろうが効果はなかったわけだ。このころ、水戸黄門が朱舜水《しゆしゆんすい》を招いたり、池田《いけだ》光政《みつまさ》が淫祠《いんし》を破壊したり、山鹿素行《やまがそこう》が『聖教要録《せいきょうようろく》』を書いて赤穂《あこう》に追放されたり、閑谷《しずたに》学校ができたりしている。儒教が活発に働いていることも、吉原にとって不利であったか。

吉原との関係で、車善七の住処《すみか》に関する記述がないものかとさがしている。吉原についての文章は山ほど、浮世絵もいっぱいだが、目と鼻のさきの非人についての記録はなかなかあらわれてくれない。すでに紹介したことのある笑い話が二編だけだ。

明和九年（一七七二年）刊の木室卯雲《きむろぼううん》『鹿《か》の子餅《こもち》』からだが、ここでまとめて原文を写しておく。江戸の市民が車善七をどのように見ていたかの参考になる。冒頭のゴチックの文字がタイトルである。

吉原酒の行方　本町に源といふものあり。とつと吝《しわ》き者なり。されども、吉原はすきにてひたと（ひたすら）ゆきかよふ。ある時、散茶《さんちゃ》（遊女のランク、この時代は上か中）にて大ぜい一座して酒盛りしけるに、のちは乱酒に成りて、ひたと酒をこぼす事おびたゞし。なひなひ（内心）吝《しわ》き者なれば、惜しき事におもひて、妓夫《ぎゆう》（遊女屋の若い者）をよび出し盃《さかずき》さして、「さて、此盃の台や膳などに、おびたゞしく酒のしたみ（たまり）があるは、みなすたる（捨てる）事か」と問へば、「なに、むさと

（むざむざと）捨てませう。すき（すっかり）ひとつにして樽《たる》につめておきまする」「それがなに、なる」と問ふに、「是を売る酒屋がござります。それより（そこから）買いにまいります」「うそをつくものじゃ」といへば、「さてさてお帰りに御覧なされませい。善七が屋敷に酒屋が二間（二軒）までござります。看板に上々したみ諸白《もろはく》」

車善七が火事　過《すぎ》にしころ、善七がところに火事のいできけるに、おびたゝしく見ゆる。米河岸（日本橋）の若き者ども多く出《いで》てみけるに、「此《この》火事まさしく吉原にきわまつた」といふ。その中に、上臈《じょうろう》（女郎）にふかくあいけるもの申けるは、「さあらば（そうなら）かけつけて、せめて櫛箱《くしばこ》の一つも退《の》けてやらん」とて、一つ息に成て、友と二人づれにてかけつけたり。浅草駒形《あさくさこまがた》にて、ことの外《ほか》息のきれければ、一人の云けるは、「しばらくまち給へ。水なりとも飲みてか（駈）けん」といふ。「いや、もはや行かずとよし」といふ。「是まできたりてなぜ」と問へば、「まさしく是は善七であらふ」といふ。「こゝにきてなにが知れん」と言へば、「いやいや、善七にきわまつた（決まった）。吉原ならば伽羅《きやら》（香料）くさかろふが、紙子《かんこ》臭《くさ》いほどに、ちり紙に火がついづら」といふ。あん（案）のごとく善七であつた。鼻のきいたやつの。

これがなんで可笑《おか》しいのかはいいだろう。善七居宅エリアに酒屋が二軒見えていたことや、吉原のあまりもの、残飯や酒などが非人たちに渡っていたというのがわかるのがありがたい。紙子《かんこ》臭《くさ》い煙があがって駒形のあたりまでにおったというから、かなりの古紙が集積されていたと判断できるのが貴重だ。岩波書店の「日本古典文学大系」の百巻『江戸笑話集』にも収録されていて参照させてもらった。

『江戸の非人頭 車善七』〔本文庫第Ⅱ部〕は十年ほどまえに三一書房から新書として刊行されたが、同社の内紛のためすぐに店頭から消えた。それでもアマゾンなどで息長く売れていたのを知っていたが、こんど西口徹氏によって、『弾左衛門とその時代』〔本文庫第Ⅰ部〕に並べて河出文庫に入れていただけた。かんたんに入手できるようになったのが、なによりもうれしい。心からお礼を述べさせていただく。

二〇〇八年一月

塩見鮮一郎

弾左衛門・年表

＊年表中の「弾左衛門」は世襲職名である。

一一六八年（仁安三年）	平清盛、厳島神社の社殿造営、不浄物をすべて廿日市に移す。監視の武士を派遣。
一一八〇年（治承四年）	頼朝御証文。弾左衛門に長吏以下の身分支配を命じる。
一一八四年（元暦元年）	この頃、大江広元が鎌倉に下る。検非違使に任じられ、摂津火打村から長吏頭を呼び寄せ、由井弾左衛門とする。
一五二三年（大永三年）	長吏利阿の報告によれば、弾左衛門家は、由井、山ノ内、藤沢の三家に別れた。その経過、その理由はわからない。
一五九〇年（天正十八年）	矢野弾左衛門、家康の命により日本橋尼店から鳥越に移住。
一六三九年（寛永十六年）	いわゆる鎖国令。ポルトガル船来航禁止令などで、皮革の輸入激減。奈良時代の勅命により生きた牛馬からの皮革製造は禁じられている。農家で自然死した牛馬を利用。弾左衛門配下の重要な仕事になる。
一六四五年（正保二年）	江戸の処刑場が鳥越から山谷の新鳥越橋の脇に一時期移り、その後南千住に移転。弾左衛門一族も、浅草新町に集団移住を命じられる。
一六六七年（寛文七年）	金剛太夫事件。能役者が支配から離脱。
一七〇七年（宝永四年）	岩船検校事件。盲人組織（当道座）の離脱。
一七〇八年（宝永五年）	京都の旅芸人・小林新助に訴えられる。いわゆる「勝扇子《かちおうぎ》事件」で、歌舞伎役者が離脱。

一七一九年（享保四年）	車善七に訴えられて裁判。非人の放火などで弾左衛門の支配がゆらぐ。この一件については、「車善七・年表」を参照。同年、六代目弾左衛門が「由緒書」を町奉行所に提出。弾左衛門の非人支配の正当性を訴える（翌年、弾左衛門側が全面勝訴）。
一八四〇年（天保十一年）	寺田小太郎、南町奉行において十三代目弾左衛門を襲名。
一八四二年（天保十三年）	天保改革で、灯心草の一手販売を禁止される。一八五一年（嘉永四年）の「株仲間再興令」が発布されるまでの十年間、大打撃を受けた。
一八四三年（天保十四年）	武州鼻緒一揆。岩殿観音での盟約。
一八六六年（慶応二年）	第二次長州征伐に、弾左衛門配下の五十名ほどが参加、大坂で荷揚げなどの仕事にたずさわった。前線に出してもらえなかったのは訓練してなかったからだと考え、関八州の配下の者で「銃隊編成」を準備する。
一八六八年（慶応四年／明治元年）	一月十三日、弾左衛門は北町奉行で平人に引きあげられる。弾内記と改名。二月、手代六十五人が平人になった。徳川のこの決定は新政府に引きつがれる。三月、甲陽鎮撫隊に四、五十名の配下を送った。三月、徳川慶喜は上野に謹慎。死牛馬勝手処置令が出て弾左衛門独占はなくなる。四月、江戸城明け渡し。五月、上野戦争終結。政治の実権は薩長の武士に渡される。明治維新である。
一八六九年（明治二年）	軍靴製造を計画。二月、軍靴教師の米人チャーリー（チャールス・ヘンニンガー）来日。
一八七〇年（明治三年）	弾直樹と改名。
一八七一年（明治四年）	六月、弾直樹、民部省に勤務。八月二十八日、解放令出る。弾左衛門制度消滅。

車善七・年表

一五九〇年	（天正十八年）	徳川家康、江戸に入国。すぐに本町の町割（都市改造）に着手。	鳥越御仕置場／日本橋御仕置場
？		処刑場を、いまの日本橋本町四丁目から鳥越に移す。「鳥越御仕置場」時代。	
一六〇三年	（慶長八年）	日本橋完成。	
一六〇六年	（慶長十一年）	伝馬町ができる。	
一六〇八年	（慶長十三年）	車善七、「非人頭」になる。	
一六一三年	（慶長十八年）	向坂甚内が鳥越御仕置場で死刑になる。一六四四～四八年（正保年間）とも。	
一六一七年	（元和三年）	吉原遊郭ができる。	
一六二〇年	（元和六年）	日本堤・山谷堀完成。浅草御米蔵ができる。	
一六三〇年	（寛永七年）	鳥越の猿屋町が制定される。	
一六四五年	（正保二年）	米蔵「矢之蔵」建造のため、鳥越一帯の上地が実施される。処刑場とともに、エタ、非人、猿飼は、鳥越から代替え地の山谷堀近辺に移る。「新鳥越御仕置場」の時代になる。	新鳥越御仕置場
一六五一年	（慶安四年）	由井正雪の乱。丸橋忠弥、鈴ヶ森御仕置場での処刑第一号になる。	
一六五七年	（明暦三年）	振袖火事で、江戸城をはじめほとんどの市街が灰燼に帰す。秋に吉原が、山谷堀のそばに移転。「新吉原」時代になる。	
一六六〇年	（万治三年）	「新鳥越御仕置場」に隣接する土地が、本丸に使う砂利をとるための「砂利場」として、御用地になる。	
一六六六年	（寛文六年）	車善七、吉原裏に移るよう、町奉行からいわれる。	

＊年表中の「車善七」は世襲職名である。

一六六七年（寛文七年）	車善七居宅、吉原裏にできる。千住回向院が建つ。金剛太夫事件が起こる。
一六七七年（延宝五年）	砂利場が、小屋頭弥右衛門に預けられる。非人小屋建ち、無縁仏の墓地が隣接した。
一六八七年（貞享四年）	浅草溜（品川溜も）できる。
一七一九年（享保四年）	七月、車善七、弾左衛門を訴える。十一月に裁許が出るが、善七が拒絶。裁判はまる二年半におよぶ。この年、「弾左衛門由緒書」。
一七二〇年（享保五年）	一月、車善七、弾左衛門役所への年始を拒否。二月、こんどは弾左衛門が善七を訴える。六月、車善七病死。組頭七人、裁判を引きつぐ。
一七二一年（享保六年）	十二月二十一日に判決。非人全面的に敗訴。七人のうち三人は死罪になる。
一七二二年（享保七年）	一月、善七の息子、菊三郎（十四歳）は、弾左衛門役所に年始挨拶。
一七二三年（享保八年）	菊三郎、善七を襲名。手下が放火したために、罰金二十貫文と逼塞の罰。品川松右衛門も同罪。
一七二四年（享保九年）	二百二十六人の非人が遠島（島流し）になる。
一七二五年（享保十年）	町奉行にいわれて、再度、「弾左衛門由緒書」を提出。
一七九〇年（寛政二年）	石川島に人足寄場ができる。
一八四三年（天保十四年）	浅草溜に隣接して、非人寄場できる。
一八五三年（嘉永六年）	非人寄場閉鎖。
一八六九年（明治二年）	品川溜閉鎖。高輪救育所できる。
一八七〇年（明治三年）	七月、車庸之助が最後の車善七を襲名。九月、車善七は、長谷部善七と改名。
一八七一年（明治四年）	八月、解放令。
一八七二年（明治五年）	浅草溜閉鎖。十月、乞食廃止令。
一八七三年（明治六年）	二月、東京養育院はじまる。

小塚原御仕置場

＊本書は、二〇〇八年一月刊の河出文庫『弾左衛門とその時代』を第Ⅰ部とし、同年三月刊の同文庫『江戸の非人頭 車善七』を第Ⅱ部として合冊したものです。「まえがき」と「弾左衛門・年表」は新たな書き下ろしです。

弾左衛門《だんざえもん》と車善七《くるまぜんしち》
江戸《えど》のエタ頭《がしら》と非人頭《ひにんがしら》

二〇二三年 八 月一〇日　初版印刷
二〇二三年 八 月二〇日　初版発行

著　者　塩見鮮一郎《しおみせんいちろう》
発行者　小野寺優
発行所　株式会社河出書房新社
〒一五一－〇〇五一
東京都渋谷区千駄ヶ谷二－三二－二
電話〇三－三四〇四－八六一一（編集）
〇三－三四〇四－一二〇一（営業）
https://www.kawade.co.jp/

ロゴ・表紙デザイン　粟津潔
本文フォーマット　佐々木暁
印刷・製本　中央精版印刷株式会社

Printed in Japan ISBN978-4-309-41984-8

貧民の帝都

塩見鮮一郎　41818-6

明治維新の変革の中も、市中に溢れる貧民を前に、政府はなす術もなかった。首都東京は一大暗黒スラム街でもあった。そこに、渋沢栄一が中心になり、東京養育院が創設される。貧民たちと養育院のその後は…

差別の近現代史

塩見鮮一郎　41761-5

人が人を差別するのはなぜか。どうしてこの現代にもなくならないのか。近代以降、欧米列強の支配を強く受けた、幕末以降の日本を中心に、50余のQ＆A方式でわかりやすく考えなおす。

部落史入門

塩見鮮一郎　41430-0

被差別部落の誕生から歴史を解説した的確な入門書は以外に少ない。過去の歴史的な先駆文献も検証しながら、もっとも適任の著者がわかりやすくまとめる名著。

異形にされた人たち

塩見鮮一郎　40943-6

差別・被差別問題に関心を持つとき、避けて通れない考察をここにそろえる。サンカ、弾左衛門から、別所、俘囚、東光寺まで。近代の目はかつて差別された人々を「異形の人」として、「再発見」する。

吉原という異界

塩見鮮一郎　41410-2

不夜城「吉原」遊廓の成立・変遷・実態をつぶさに研究した、画期的な書。非人頭の屋敷の横、江戸の片隅に囲われたアジールの歴史と民俗。徳川幕府の裏面史。著者の代表傑作。

被差別部落とは何か

喜田貞吉　41685-4

民俗学・被差別部落研究の泰斗がまとめた『民族と歴史』２巻１号の「特殊部落研究号」の、新字新仮名による完全復刻の文庫化。部落史研究に欠かせない記念碑的著作。

陰陽師とはなにか

沖浦和光　41512-3

陰陽師は平安貴族の安倍晴明のような存在ばかりではなかった。各地に、差別され、占いや呪術、放浪芸に従事した賤民がいた。彼らの実態を明らかにする。

幻の韓国被差別民

上原善広　41662-5

朝鮮半島に古来存在した、牛を解体し、箕作りに携わった被差別民「白丁」。彼らは現在どうしているのか。現地に滞在し、その跡を追い、差別の根源を考える。著者の処女作の待望の文庫化。

性・差別・民俗

赤松啓介　41527-7

夜這いなどの村落社会の性民俗、祭りなどの実際から部落差別の実際を描く。柳田民俗学が避けた非常民の民俗学の実践の金字塔。

禁忌習俗事典

柳田国男　41804-9

「忌む」とはどういう感情か。ここに死穢と差別の根原がある。日本各地からタブーに関する不気味な言葉、恐ろしい言葉、不思議な言葉、奇妙な言葉を集め、解説した読める民俗事典。全集未収録。

葬送習俗事典

柳田国男　41823-0

『禁忌習俗事典』の姉妹篇となる１冊。埋葬地から帰るときはあとを振り返ってはいけない、死家と飲食の火を共有してはいけないなど、全国各地に伝わる風習を克明に網羅。全集未収録。葬儀関係者に必携。

日本の聖と賤　中世篇

野間宏／沖浦和光　41420-1

古代から中世に到る賤民の歴史を跡づけ、日本文化の地下伏流をなす被差別民の実像と文化の意味を、聖なるイメージ、天皇制との関わりの中で語りあう、両先達ならではの書。

サンカの民を追って

岡本綺堂 他　41356-3

近代日本文学がテーマとした幻の漂泊民サンカをテーマとする小説のアンソロジー。田山花袋「帰国」、小栗風葉「世間師」、岡本綺堂「山の秘密」など珍しい珠玉の傑作十篇。

山窩奇談

三角寛　41278-8

箕作り、箕直しなどを生業とし、セブリと呼ばれる天幕生活を営み、移動暮らしを送ったサンカ。その生態を聞き取った元新聞記者、研究者のサンカ実録。三角寛作品の初めての文庫化。一級の事件小説。

山窩は生きている

三角寛　41306-8

独自な取材と警察を通じてサンカとの圧倒的な交渉をもっていた三角寛の、実体験と伝聞から構成された読み物。在りし日の彼ら彼女らの生態が名文でまざまざと甦る。失われた日本を求めて。

山に生きる人びと

宮本常一　41115-6

サンカやマタギや木地師など、かつて山に暮らした漂泊民の実態を探訪・調査した、宮本常一の代表作初文庫化。もう一つの「忘れられた日本人」とも。没後三十年記念。

海に生きる人びと

宮本常一　41383-9

宮本常一の傑作『山に生きる人びと』と対をなす、日本人の祖先・海人たちの移動と定着の歴史と民俗。海の民の漁撈、航海、村作り、信仰の記録。

旅芸人のいた風景

沖浦和光　41472-0

かつて日本には多くの旅芸人たちがいた。定住できない非農耕民は箕作り、竹細工などの仕事の合間、正月などに予祝芸を披露し、全国を渡り歩いた。その実際をつぶさに描く。